거룩한 등정의 사다리

거룩한 등정의 사다리

The Ladder of Divine Ascent

ⓐ 2006 은성출판사
초판 발행: 2006. 5. 1
재판 발행: 2013 01. 15
제7쇄: 2021.12.31
저자: 요한 클리마쿠스(John Climacus)
번역자: 최대형
발행처: 은성출판사
등록: 1974년 12월 9일 제9-66호
주소: 서울특별시 강동구 성내동 538-9번지
전화: (070) 8274-4404
팩스: (02) 477-4405
http:www.eunsungpub.co.kr

e-mail: esp4404@hotmail.com

출판 및 판매에 관한 모든 권한은 본 출판사가 소유하고 있습니다.
출판사의 사전 서면 허락 없이 상업적인 목적으로 번역, 재제작, 인용, 촬영, 녹음 등을 할 수 없음을 알려드립니다.

Printed in Korea.

ISBN: 97-89-7236-406-1 33230

The Ladder of Divine Ascent

John Climacus

거룩한 등정의 사다리

요한 클리마쿠스 지음 | 최대형 옮김

| 목차 |

역자서언 9

첫 번째 계단 | 삶을 부인하는 것 … 33
두 번째 계단 | 이탈 … 43
세 번째 계단 | 유랑생활에 관하여 … 49
네 번째 계단 | 순종 … 57
다섯 번째 계단 | 참회 … 99
여섯 번째 계단 | 죽음을 기억하는 것 … 115
일곱 번째 계단 | 애통 … 121
여덟 번째 계단 | 평온과 온유 … 135
아홉 번째 계단 | 악의 … 143
열 번째 계단 | 비방 … 147
열한 번째 계단 | 수다와 침묵 … 151
열두 번째 계단 | 거짓말 … 153
열세 번째 계단 | 권태 … 157
열네 번째 계단 | 탐식 … 161
열다섯 번째 계단 | 순결 … 169
열여섯 번째 계단 | 탐욕 … 191

193 … 열일곱 번째 계단 | 가난
197 … 열여덟 번째 계단 | 무감각
201 … 열아홉 번째 계단 | 잠, 기도, 시편찬송
203 … 스무 번째 계단 | 깨어 경계함
207 … 스물한 번째 계단 | 두려움
209 … 스물두 번째 계단 | 허영
217 … 스물세 번째 계단 | 교만
227 … 스물네 번째 계단 | 온유, 단순, 순진 그리고 사악함에 관하여
233 … 스물다섯 번째 계단 | 겸손
249 … 스물여섯 번째 계단 | 분별

287 … 1-26계단들의 요약

295 … 스물일곱 번째 계단 | 정적
313 … 스물여덟 번째 계단 | 기도
325 … 스물아홉 번째 계단 | 무정념
331 … 서른 번째 계단 | 믿음과 소망과 사랑

337 … 요약과 권면

역자 서언

정교회 전통에서 성경과 전례서를 제외하고 요한 클리마쿠스John Climacus가 쓴 이 책만큼 널리 읽히고 있는 책은 없을 것이다. 이 책이 세계 대부분의 나라의 언어로 번역되어 많이 읽히고 있지만, 우리나라에서는 이제 처음으로 번역 출간되는 바이다. 이는 주로 미국을 통해서 선교된 우리나라 개신교회의 특수성으로 말미암아 정교회에 대한 인식이 부족하였으며, 그로 인해 정교회 전통의 서적들에 대한 관심이 부족한 탓이었다고 생각한다.

정교회 전통에서 사순시기에 사제들과 수도사들과 신실한 신앙인들은 이 책을 읽고 묵상하는데, 일생에 40~50번 이상 읽게 된다. 서방교회 전통에 『천로역정』이 있다면, 동방 정교회 전통에는 『사다리』가 있어서 이 둘은 기독교 문학서의 대표적 쌍벽을 이룬다.

저자 요한은 579년경에 태어나 649년까지 살았던 사람이다. 그의 생몰년生沒年에 대한 정확한 기록이 없으므로 학자마다 추측 연대가 다르나, 정확한 기록을 가진 고백자 막시무스Maximus the Confessor ; 580-662와 동연대의 인물임이 확실시되므로 우리는 그를 7세기의 인물이라고 기억하는 것으로 만족하는 것이 좋겠다. 그의 출생지에 대해서도 기록이 없지만 그의 글에서 바다에 대한 비유가 자주 보이는 것을 보면 그가 태어난 곳은 시내 산 근처의 해안인 것으로 추정된다.

저자의 이름은 영어식으로 존 클리마쿠스John Climacus라고 하는데, 이 이름은 라틴어 Joannes Climacus에서 유래하며, 원래의 이름은 Ioannis tis Klimakos, 즉 "사다리의 요한"이라고 부르는 것이 정확하다. 헬라어 클리마쿠스klimakos는 사다리를 뜻한다. 또한 그를 두고 스콜라학자 요한John the Scholastic이라고도 불렀다. 여기서 말하는 스콜라학자scholastikos란 문자 그대로 스콜라 철학자를 의미하는 것이 아니라, 광범위하게 학문 활동을 펼친 지식인이라는 의미일 것이다. 그는 학문에 대한 지식을 몸소 실천함으로써 진정한 의미의 신학자theologian이었다. 정교회 전통에서 신학자는 신화deification를 이룬 사람으로서 지식과 삶이 일치하는 자를 의미한다. 아마 이런 의미에서 그의 이름에 학자라는 명칭을 붙였을 것이다.

요한 클리마쿠스는 모세의 산Jebel Musa, 즉 시내 산 기슭에 있는 수도원에서 40년 동안 은수사로 지냈으며, 말년에 이 수도원의 원장으로 봉직하다가 생을 마감했다. 요한은 열여섯 살 되던 해에 수도원에 들어가서 영적 지도자 마르티리우스 사부Abba Martyrius에게 가르침을 받았다. 그는 스승 마르티리우스가 사망한 후 시내 산 기슭에 있는 모Center 수도원에서 약 5마일 떨어진 톨라스Tholas로 갔다. 그는 거기서 살고 있던 한 무리의 수도승들 가까이에 있는 동굴에서 40여 년 동안 독거생활을 했다. 독거 수도생활에서 으레 발생하는 정념들 중의 하나인 아케디아akedia, 즉 영적 권태를 경험하였지만 눈물의 은사와 쉬지 않는 기도를 체험하기도 했다. 그는 말년에 자신의 뜻과 상관 없이 모 수도원의 원장이 되었다. 이 시기에 인근 수도원에 있는 라이투의 요한John of Raithu 수도원장의 요청에 순종하여 이 책을 집필하게 되었다.

당시 수도생활의 형태는 세 종류였는데, 첫째는 모 수도원에서 수도사들이 모여 공주생활을 하는 형태이며, 둘째는 모 수도원 주변의 암자나 동굴에서 은둔과 독거로서 은수隱修하면서 특별한 전례에만 참여하는 형태, 또 하나는 은수사들 두셋이 가까이에 있으면서 독자적으로 은수하며 서로 긴밀히 교제하고 상호 영적 지도를 교환하는 형태이다. 저자는 이 세 가지 형태의 삶을 모두 살았다.

여기서 모 수도원이란 시내 산 입구에 있는 성 캐더린St. Catherine 수도원이다. 이 수도원은 유스티누스Justinus 황제의 통치 기간 중인 545년에 요새로 지어졌다가 수도원으로 사용되었다. 그곳에는 불붙은 떨기나무와 세계에서 가장 오래된 예수님의 변모상 모자이크가 있다.

산을 나타내는 상징들

성경 고고학자들에 의하면 이 산이 모세가 십계명을 받은 출애굽의 시내산이 아니라는 것이 정평으로 받아들여지고 있다. 그럼에도 이 책의 저자 요한은 성경에 나오는 두 가지의 상징을 염두에 두고 이 책을 집필했다.

첫째는 산에 대한 상징이다. 시내 산은 해발 2,285m나 되는 높은 산으로서 출애굽기를 읽으면 그 모습을 상상으로 떠올릴 수 있다. 천둥과 번개가 치고 구름에 싸인 어둠 속에 간혹 우뚝 솟은 정상이 보이는 산이다. 실제로 이 산은 풀 한 포기 없는 붉은 돌산으로 생물이 도저히 살 수 없다. 그래서 이 산을 두고 스스로 계시는 하나님이 아니고서는 존재할 수 없다고 해서 하나님이 계시는 산이라고 하면서 두려워했다.

모세는 백성들을 산 밑에 두고 홀로 산에 올라가서 40일 동안 금식하며 하나님이 계신 흑암으로 나아가 어둠 속에서 하나님을 뵙고 계명을 받아왔다(출 20:18-21). 인간의 생리적 기준으로 볼 때 도저히 이 산에서 40일을 버틸 수 없다. 그럼에도 그는 산에서 내려올 때 얼굴의 광채로 인해 사람들이 직접 그의 얼굴을 볼 수 없을 정도였다. 그의 모습이 변화된 것이다. 이를 두고 성 마카리우스는 그의 『신령한 설교』에서 하나님이 세상의 음식이 아닌 천상의 음료를 마련해 주셨기에 생존이 가능했을 것이라고 했다.[1)]

저자 요한은 이 산을 구약에서 이스라엘 민족이 모세를 통하여 언약을 받은 "모세의 산"으로 상징했다. 신약에서는 새 언약의 상징으로서 변화 산에 비견한다.[2)] 제자 셋을 데리고 이 산에 올라가신 주님의 얼굴이 해같이 변모되었다.

따라서 저자는 이 책에서 시내 산과 변화 산을 보여준다. 이 책은 건조한 사막과 시내 산의 바위 및 어둠을 상기시킨다. 그러나 이러한 것을 통해 참회만이 아니라 기쁨을 누리며, 자기부인뿐만 아니라 하나님의 영광으로 들어간다는 것을 발견하게 한다. 시내 산의 흑암에는 불타는 떨기나무의 불빛과 변화 산의 광채가 동시에 존재한다.

또 하나는 사다리 상징이다. 머세아 엘리아드 Mircea Eliade 1907~1986는 종교적으로 산을 천국과 세상을 잇는 축axis mundi이라고 했다. 하늘에 더 가까이 가려

---

1) "눈에 보이는 음식 외에 다른 음식이 있습니다. 모세가 산에 올라가서 40일을 금식했습니다. 그는 인간으로서 홀로 올라갔으나 하나님을 품고 내려왔습니다. 우리는 음식을 먹지 않으면 며칠 후에는 몸이 기진하여 죽는다는 것을 알고 있습니다. 그런데 모세는 40일간 금식했는데도 모든 사람보다 더 원기 왕성하여 내려왔습니다. 하나님이 그를 먹이셨고, 그의 몸이 하늘의 양식을 먹었기 때문입니다. 하나님의 말씀이 그에게 양식이 되었고, 그의 얼굴에는 하나님의 영광이 빛나고 있었습니다. 그에게 일어난 일은 하나의 본보기입니다. 그 영광은 이제 기독교인들의 마음속에서 빛나고 있으며, 부활할 때 그들의 몸은 다른 신령한 옷을 입으며 하늘의 음식을 먹게 됩니다"(『신령한 설교』 12, 14).

2) "엿새 후에 예수께서 베드로와 야고보와 그 형제 요한을 데리시고 따로 높은 산에 올라가셨더니 그들 앞에서 변형되사 그 얼굴이 해같이 빛나며 옷이 빛과 같이 희어졌더라"(마 17:1-2).

고 했다. 높은 산을 찾았기에 성산이라 한다. 일반적으로 인간은 높은 곳에서 하나님을 쉽게 만날 수 있다고 생각한다.[3] 바벨탑을 쌓은 것도 동일한 심리적 동기에서일 것이다. 저자는 산의 등정과 야곱의 사다리를 동시적으로 상징했다.[4] 요한은 이 책에서 30개 계단의 사다리를 묘사했는데, 이는 예수님이 공생애를 나서시기 전의 30년 세월을 상징한다.

『사다리』의 구성

이 책은 수도사들을 위한 것이다. 그러나 수도사란 복음의 계명을 온전히 이루려는 열망을 품은 평신도였다는 점을 감안할 때, 이 책은 특별한 부르심을 받은 수도사뿐만 아니라 신실하게 신앙생활을 하려는 사람 누구에게나 적용될 수 있다. 저자는 세상으로부터의 분리, 선덕의 실천과 하나님의 모상의 회복을 위한 등정을 야곱의 사다리(창 28:12) 상징을 통해 전개했다.

이 책은 크게 세상과의 별리의 단계, 실천적$_{praxis}$이며 수덕적인 단계, 관상적 $_{theoria}$인 단계 등 세 부분으로 구성되어 있다.

『사다리』의 구조

제1부 세상과의 결별

---

[3] "내가 산을 향하여 눈을 들리라 나의 도움이 어디서 올까 나의 도움은 천지를 지으신 여호와에게서로다"(시 121:1-2).

[4] "꿈에 본즉 사닥다리가 땅위에 서 있는데 그 꼭대기가 하늘에 닿았고 또 본즉 하나님의 사자들이 그 위에서 오르락내리락 하고"(창 28:12).

    1. 부인

    2. 이탈

    3. 유랑생활

제2부 수덕생활(활동적인 영성생활)

  (1) 기본적인 덕

    4. 순종

    5. 참회

    6. 죽음을 기억하는 것

    7. 애통

  (2) 정념에 대항한 싸움

   ① 주요한 비물질적 정념

    8. 분노

    9. 악의

    10. 비방

    11. 수다

    12. 거짓말

    13. 권태

   ② 육신 및 물질적인 정념

    14. 탐식

    15. 정욕

    16-17. 탐욕

   ③ 비물질적인 정념(계속)

    18-20. 무감각

    21. 두려움

    22. 허영

    23. 교만

④ 적극적인 활동(수덕생활)에 있어서 최고의 덕
　　24. 단순
　　25. 겸손
　　26. 분별

제3부 하나님과의 합일(관상생활)
　　27. 정적
　　28. 기도
　　29. 무정념
　　30. 믿음 · 소망 · 사랑[5]

제1부: 세상과의 결별 단계(1 – 3계단)

　제1부는 세상과의 결별 또는 이탈의 단계로서 1–3계단이 여기에 해당된다. 특히 수도원 영성은 인간의 한계성을 깨닫고 그것을 인정하면서 죽음을 기억하는 데 초점을 둔다. 그래서 저자는 첫 계단을 "삶을 부인하는 것에 관하여"로부터 시작한다.

　존 번연John Bunyan의 『천로역정』에서도 자신이 살고 있는 집과 이웃에서 탈출하는 것으로부터 기독도의 여정이 시작된다. 한나 허나드Hannah Hurnard의 저서인 『높은 곳을 뛰노는 암사슴 발과 같이』Hinds' Feet on High Places에서 주인공 "다우"Much-afraid 는 "굴욕의 계곡"에 살고 있었는데, 입이 삐뚤어져 있으며 다리를 절고 있는 불구자인 자신을 멸시하고 학대하는 "근심"이라는 친척들에게서

---

5) Bishop Kalistos가 쓴 *The Ladder of Divine Ascent*(Mahwa, Paulist Press, 1982), p. 12–13의 Introduction에서 인용했다.

도망쳐 멀리 높은 산 위에 "목자장"이 있는 곳을 향해 여정을 시작한다. 믿음의 조상 아브라함의 여정 역시 대대로 내려오며 살아온 고향 하란을 떠남으로써 시작되었다.

이탈은 여정의 시작이다. 이탈은 또 다른 가치관, 인생의 원대한 목적을 이루기 위해 말할 수 없는 고민으로 시작된다. 그 고민은 인생의 무상함과 인간의 한계성에 대한 깨달음과 관련된다. 그래서 시편 기자는 "인간의 종말과 연한年限"(시 39:4)을 알게 해 달라고 기도한다. 인생의 무상과 허망감은 우리로 하여금 염세적 세계관을 키우려는 것이 아니라 우리가 흔히 망각하며 살고 있는 인간의 유한성을 깨닫게 함으로써 영원하신 우리들의 창조주를 기억하게 하려 함이다.

사다리의 요한은 세상적인 삶을 부인하고(제1단계), 그것으로부터 이탈하고(제2계단), 탈출(제3 계단)하는 순서를 밟으며 그리스도의 온전하심을 향한 사다리를 타고 하늘로 올라가는 여정을 시작한다.

제2부: 수덕생활의 단계(제4 – 26계단)

제2부는 이 책의 대부분을 차지하는 제4 – 26계단들로 정념들과 싸우는 적극적이며 활동적인 삶Active Life에 관한 부분이다. 이 부분은 다시 세 가지로 구분지어 읽을 필요가 있다. 이 부분에서는 수덕 생활에 필요한 저음 네 가지의 기본적인 덕(제4-7계단)으로서 순종, 참회, 죽음에 대한 기억, 애통을 언급하고 있다. 수도사들은 이 기본적인 덕을 통해 정념들과의 투쟁(제8-23계단)에서 승리함으로써 수덕생활의 정점이며 열매(제24-26계단)인 단순, 겸손, 분별의 덕을 얻는다.

이러한 과정을 생각하고 수덕생활의 계단들을 하나하나씩 밟아가면서 읽기 바란다.

① 근본적인 덕에 관하여(4 – 7계단)

수덕생활의 기본적인 덕, 다시 말해서 정념과의 투쟁을 위한 적극적이며 활동적인 영성생활에 필요한 근본적인 덕으로 순종(제4 계단), 참회(제5 계단), 죽음에 대한 기억(제6 계단), 애통(제7 계단)을 꼽고 있다.

순종 또는 순명은 자기의 삶을 포기하는 신앙의 행위이다. 순종은 겸손의 덕(제25계단)을 낳으며, 신비와의 합일의 단계인 무정념(제29계단)으로 이어진다.

> "순종은 자신의 삶을 완전히 포기하는 것으로서 우리의 행동 방식 안에서 분명히 드러납니다. 또 순종은 정신이 살아있는 동안에 지체들을 죽이는 것입니다.… 실제로 진지하게 순종한다는 것은 곧 스스로 판단하는 능력을 내려놓는 것입니다"(사다리 4).

저자는 제4계단에서 순종으로 겸손을 얻는 것에 대해서 설명한다.

> "언젠가 나는 매우 경험이 많은 아버지에게 순종을 통해서 겸손을 얻는 방법에 대해 질문했습니다. 그는 이렇게 대답했습니다: '지혜롭게 순종하는 사람은 자신이 죽은 사람을 살릴 수 있고 눈물의 은사를 가지고 있고 갈등에서 자유로울 수 있어도, 그것이 영적 지도자의 기도로 말미암아 주어진 것이라고 판단할 것이며, 그렇기 때문에 주제넘게 행동하지 않습니다. 자기가 노력해서 얻은 것이 아니라 지도자의 노력으로 주어진 것을 어찌 자랑할 수 있겠습니까?'"(사다리 4).

요한은 순종의 덕에 이어서(제 5-6 계단) 참회와 죽음을 기억하는 것에 대해 설명한다. 참회와 죽음을 기억하는 것은 고통스럽고 괴로운 덕이지만 인간에게 기쁨을 제공해 주는 덕이다.

저자는 "회개는 소망의 딸이다"라고 말한다. 회개는 죄와 반대되는 선한 행위를 행함으로써 주님과 화목하는 것이며, 양심의 정화요 자발적으로 고난을 참고 견디는 것이라고 한다. 그리고 "죽음을 기억하는 것도 다른 모든 축복과 마찬가지로 하나님에게서 오는 선물"이라고 확신한다. 그러면서 "하루하루를 마지막 날로 생각하지 않고서는 경건하게 하루를 보낼 수 없다"라고 한다.

회개와 죽음에 대한 기억은 우리로 하여금 애통하게 한다. 애통이란 겸손과 사랑의 눈물로 인도하는 하나님의 사랑을 소유하지 못한 것으로 인해 몸부림치며 흘리는 회한의 눈물을 말한다. 우리는 죄로 인해 신음하고 애통하며 고통스러워하지만, 실제로는 벌집 안에 꿀이 들어있듯이 애통 안에 기쁨이 있음을 망각해서는 안 된다. 양심의 가책으로 인해 흘리는 육체적인 눈물이 바로 하나님이 주시는 선물임을 깨달아야 한다. 육체적인 것과 영적인 것이 상반되는 것만은 아니다. 그러나 타락한 것과 타락하지 않은 것은 상반된다.

> "나는 양심의 가책의 참된 본질에 대해 깊이 생각하면서, 애통과 애통이라고 부르는 것에 내적인 기쁨과 즐거움이 마치 벌집 속에 꿀처럼 섞이는 것을 발견하고 놀랐습니다. 여기에서 양심의 가책은 하나님이 주시는 선물이라는 것을 깨달아야 합니다. 하나님은 진심으로 회개하는 사람에게 은밀히 위로를 주시므로 영혼 안에는 참된 기쁨이 있습니다"(사다리, 7).

② **정념과의 싸움**

저자는 정념을 비물질적인 것(제 8-13계단; 제18-23계단)과 물질적인 것(제14-17계단)으로 구분하여 설명한다. 물질을 대상으로 삼는 정념에는 식탐・탐욕・정욕 등이 있으며, 정신적 또는 비물질적인 정념에는 11개가 있다고 한다.

저자 요한은 비물질적이며 가장 으뜸이 되는 주요 정념 여섯 가지를 들고 있다(제8-13 계단). 제13계단에서 "여덟 가지 악덕"이 있다고 언급하지만,[6] 이는 에바그리우스 폰티쿠스Evagrius Ponticus나 요한 카시안John Cassian이 주장하는 여덟 가지 정념과는 다르다고 생각된다. 저자는 이 여섯 가지 주요 정념을 설명하면서 스토아 학파에서 영혼을 세 가지로 구분[7]하는 것과 흡사하게 적용하고 있다. 좀 더 자세히 언급하자면 성마른irascible 부분에 분노와 권태acedia를, 욕망적인concupiscible 부분에 탐식과 색욕을, 이성적인rational 부분에는 허영(또는 무감각)과 교만을 적용하며 설명하고 있다.

저자 요한은 성령의 역사하심에 대한 가장 큰 방해거리로 분노(제8계단)를 들고 있다.[8] 분노와 유사한 것이 악의와 원한이며(제9계단), 이것은 마음에 상처를 낸다. 분노한 영혼은 비방(제10계단)을 만들기 때문에 요한은 침묵(제11계단)을 찬양한다. 그리고 분노는 영적 권태(제13계단)로 이어진다. 저

---

6) "권태는 여덟 가지 치명적인 악덕들 중 하나이며, 실제로 그것들 중 가장 위험한 것입니다. 시편을 노래할 필요가 없을 때는 권태가 발생하지 않으며, 성무일과가 끝날 때쯤 되면 우리의 두 눈은 다시 생기를 얻습니다"(사다리, 13).

7) 스토아학파는 인간 영혼을 정념적인 부분(irascible), 욕망적인 부분(concupiscible), 이성적인 부분(rational)으로 구분한다.

8) "성령이 영혼의 평화요 노염이 마음의 소란함이라면, 우리 안에 성령이 거하시는 것을 방해하는 가장 큰 장애물은 노염입니다"(사다리, 8).

자는 정념 중에서 가장 처리하기 곤란한 것으로 영적 권태_acedia_을 꼽는다. 따라서 공동체 생활을 하는 데 있어서 가장 조심해야 할 정념은 분노와 권태이다.

"권태의 마귀는 제3시(오전 9시)가 되면 우리에게 오한과 두통과 현기증을 가져다줍니다. 환자는 제9시(오후 3시)가 되면 기운을 회복하며, 저녁 식사가 준비되면 침상에서 일어납니다. 그러나 기도 시간이 되면 그의 몸이 다시 나른해지기 시작합니다. 그는 기도를 시작하지만, 권태가 그를 졸고 하품하게 만들기 때문에 시편찬송을 제대로 행하지 못합니다"(사다리, 13).

그 다음으로 육신적이며 물질적인 정념, 즉 탐식과 정욕과 물욕을 나열한다(제14-16계단). 탐식_gluttony_에 대해서 저자는 "위의 절제는 순결함으로 이어진다"(사다리 14)라고 했다. 따라서 탐식의 절제는 순결(제15계단)로 이어지며, 물욕에서도 벗어날 수 있게 되며, 인간의 세상적인 사랑은 신적인 사랑으로 변형된다. 그러므로 영성생활에 있어서 금식이 필수적인 요소이며, 단순히 밥을 굶는다는 것 이상의 의미를 지닌 금식 훈련은 매우 의미가 깊다.

저자는 세상과 가정을 버리고 사막으로 들어간 수도사들이 가장 근절하기 어려운 정념으로 허영(헛된 영광: 제22계단)과 교만(제23계단)을 꼽았다. 허영은 교만에서 나온다. 그는 허영에 치중하는 자를 우상숭배자라고 단언한다.

"허영심이 강한 신자는 우상숭배자입니다. 그는 겉으로는 하나님께 영광을 돌리지만, 실제로는 하나님이 아닌 사람들의 마음에 들려고 노력합니다. 과시하는 것은 허영심의 발로입니다"(사다리, 22).

③ 수덕생활(능동적인 활동)에서의 최고의 덕

저자 요한은 정념에 대항해서 싸운 후에 얻는 열매로 단순과 겸손, 그리고 분별을 들고 있다. 영성생활의 진보 정도를 알 수 있는 리트머스는 단순·겸손·분별이다. 단순은 청빈의 삶으로 표현된다. 청빈은 하나님의 단순함에 참예하고, 진리에 대한 시시비비를 분명히 하며(마 5:37), 하나님의 뜻을 분별(제26계단)하게 한다. 하나님의 뜻을 깨달은 사람은 겸손해진다(제25계단). 겸손은 그리스도의 모방이며 천국으로 들어가는 입구이다. 성 프란시스코는 청빈 양Lady Poverty을 아내로 맞이했다.

제3부: 완덕의 단계(27 – 30계단)

이 책의 결론에 해당되는 제3부에서는 네 개의 덕을 설명하는데, 이는 기독교 신비신학에서 언급하는 신인합일의 경지이며 관상의 단계이다. 저자 요한은 이를 평온(제27계단), 기도(제28계단), 무정념(제29계단), 믿음·소망·사랑(제30계단)으로 묘사한다.

① 정적

정적의 헬라어는 헤시키아hesychia로서 고요, 정적, 평온 등을 의미한다. 따라서 헤시카스트hesychast는 고요 속에서 생활하는 사람, 특히 독거생활을 하면서 예수기도를 바치며 마음의 평온을 유지하고 있는 사람을 말한다. 일반적인 의미에서 헤시카즘hesychasm은 4세기 이후 동방 기독교에서, 특히 수도공동체에서 가르치고 실천해온 내면적 기도를 의미한다. 때로 헤시키아는 외적이고 물질적인 의미로 이해되며, 헤시카스트는 공주수도원에서 생활하는 수도사가 아닌 은수사들을 지칭한다.

그러나 헤시카스트는 보다 보편적인 의미로서 내면적인 사람을 의미한다. 다시 말해서 헤시카스트는 "자신의 내면으로 돌아가는" 사람, "내면의 천국"을 찾으며(눅 17:21 참조), "깨어 마음을 지키는 사람"(잠 4:23), 방문객들이 들어오지 못하도록 수실을 닫을 뿐만 아니라 악한 생각과 분심이 들어오지 못하도록 마음의 문을 닫는 사람을 말한다. 따라서 요한 클리마쿠스는 "이상한 말 같지만 헤시카스트는 자신의 영적 자아를 몸이라는 집 안에 가두어두기 위해 싸우는 사람"이라고 했다(사다리, 27).

헤시키아는 종종 심상과 개념으로부터 벗어난 기도, 상상과 추론적인 이성을 필요로 하지 않는 기도, 즉 닛사의 그레고리, 에바그리우스 폰티쿠스, 고백자 막시무스, 니느웨의 이삭 등이 권한 순수한 기도를 의미한다. 저자는 "헤시키아는 생각을 버리는 것"(사다리, 27)이라고 말한다. 시나이의 그레고리는 헤시카스트를 "생각을 삼가는" 사람이라고 말했다.

좁은 의미의 헤시카즘은 호흡조절을 포함한 육체적 방법을 동원하여 예수기도를 사용하는 것을 말한다. 보다 제한적인 의미로는 1337년부터 1347년 사이에 그레고리 팔라마스가 발람Barlaam, 아킨디노스Akindynos, 니세포로스 그레고라스Nicephorus Gregoras 등과 헤시키아에 대해 논쟁하면서 발달시킨 신학을 지칭한다. 팔라마스는 자기 시대 이전의 그리스 교부들에 의지했으며 내적인 기도, 특히 예수기도가 신적인 빛을 보는 것으로 이어진다고 믿었다. 그는 이 빛을 다볼 산에서 변화하신 그리스도를 둘러싼 영광과 동일시했다. 성인들은 육체적인 눈을 통해 이 빛을 보지만, 그 자체는 피조 된 물질적인 빛이 아니라 하나님의 피조되지 않은 빛이요 다가올 세대의 광채라고 했다. 그러나 팔라마스는 신적 에네르기아energia와 신적 본질ousia을 구분한다. 인간은 은혜로써 하나님의 에네르기아에 참여하지만, 하나님의 본질은 모든 지식과 참여를 초월한다. 팔라마스는 예수기도에 동반되는 육체적인 기법에는 별 중요성을 부여하지 않은 채 그 정당성을 옹호했다. 인간은 정신과 육체의 통일체[9] 이므로 영혼은 물론이요 육체도 적극적으로 기도에 동참한다. 팔라마스의 가르침은 1341년, 1347년, 1351년에 콘스탄티노플에서 개최된 세 차례의 공의회에서 인정받았고, 그리하여 인정받는 정교회 전통의 일부가 되었다. 오늘날에도 정교회에서 팔라마스의 신학은 현저하게 부흥해왔다.

헤시카스트 전통에 속한 주요 문서로 마카리우스와 니코데무스의 『필로칼리아』가 있다.

헤시키아를 정적stillness으로 번역하는 경우가 많아 정적주의로 오해하는 사람들이 있지만, 17세기 서방의 정적주의자들의 교의는 헤시카즘과는 전혀 관련이 없다.

② 기도

저자 요한의 기도에 대한 권고를 읽어보면 그가 말하는 기도가 흔히 현대인들이 이해하고 있는 기도 개념에서 얼마나 벗어나 있으며 독특한지 알게 된다. "본질적으로 기도는 인간과 하나님의 대화이며 결합"이라고 한다.

> "기도는 눈물의 원천이요 결과입니다. 그것은 죄의 속죄요, 시험을 건너는 다리요, 고통을 막는 방벽입니다. 기도는 대립을 일소해줍니다. 그것은 천사들의 일이요, 모든 영적 존재들의 양식입니다. 기도는 장래의 기쁨이

---

[9] psychosomatic unity ; 정신과 육체가 상관되어 있는 유기체적인 존재; 예를 들면 신체의 병은 정신적인 상태에 의해 영향을 받아 생긴다는 것이다.

요, 끝없는 활동이요, 덕의 원천이요, 은혜의 근원이요, 은밀한 발전이요, 영혼의 양식이요, 정신의 조명이요, 낙심을 잘라내는 도끼요, 증명된 희망이요, 제거된 슬픔입니다. 그것은 수도사의 재산이요, 독수도사의 보물이요, 소멸된 분노입니다. 그것은 발전의 거울이요, 성공의 증거요, 우리의 상태를 보여주는 증거요, 계시된 미래요, 영광의 상징입니다. 진정으로 기도하는 사람들의 기도는 법정이요, 주님의 재판정이며, 장래의 심판에 선행하는 것입니다"(사다리, 28).

저자 요한은 기도할 때 단순한 기도 말에 집중하라고 한다: "아주 단순하게 기도하십시오. 세리와 탕자는 간단한 기도 말에 의해서 하나님과 화해했습니다." 중언부언하는 기도는 분심을 일으킬 뿐이라고 말하면서 소경 바디메오의 외침(막 10:46-47)과 세리의 기도(눅 18:13)를 모범으로 삼으라고 한다. 이 두 기도를 연결해서 만든 것이 예수기도이다. 예수기도를 통하여 쉬지 않는 기도를 실천하는 것을 정교회 전통에서는 마음의 기도라 한다. 마음의 기도를 통해서 무정념의 상태에 도달한다.

"기도할 때 말을 지나치게 많이 하려고 노력하면, 적절한 단어를 찾으려 하다가 정신이 산만해지기 쉽습니다. 세리의 한 마디, 예수님의 십자가 오른 편에 달린 강도의 한 마디가 하나님을 회유했습니다. 수다스러운 기도는 정신을 산만하게 하고 미혹시킵니다. 반면에 간결한 기도는 정신집중을 강화해줍니다"(사다리, 28).

"정념에 휩쓸린 사람은 쉬지 않고 주님께 기도해야 합니다. 정념에 휩싸인 모든 사람들이 정념에서 무정념으로 나아갔습니다"(사다리, 28).

③ 무정념

무정념apatheia은 하나님과 관련해서는 정념의 부재를 의미하며, 인간과 관련해서는 정욕들을 이기고 제어한다는 의미를 지닌다. 이 말은 스토아 철학에 근원을 두고 있다. 철학적인 개념으로 무정념이라는 단어를 저스틴Justin이 처음으로 사용했으며, 기독교인으로는 알렉산드리아의 클레멘트가 전문용어로 사용하기 시작했다. 닛사의 그레고리와 에바그리우스 폰티쿠스는 그 단어를 자주 사용했는데, 에바그리우스는 실천praktike, 즉 활동적인 삶의 궁극적인 목표로 이 단어를 사용했다. 고백자 막시무스Maximus the Confessor도 에바그리우스를 인용하면서 무정념을 중심적인 것으로 여기고 그것을 다시 네 단계로 나누었다. 그러나 오리겐과 키루스의 테오도렛Theodoret of Cyrrhus은 의도적으로 이 단어를 사용하지 않았다.

무정념의 정확한 의미는 저자가 pathos(정념)라는 단어에 대한 질문에서 부여한 의미에 의존한다. 어떤 헬라 교부들은 아리스토텔레스의 견해를 따라 정념을 본질적으로 선하지도 않고 악하지도 않은 중립적인 충동으로서 인간이 이를 어떻게 사용하느냐에 따라 선한 것이 되기도 하고 악한 것이 되기도 한다고 간주한다. 예를 들어 테오도렛은 정념이 인간 본성에 필요하고 유익한 것이라고 했다. 정념에 대해 이러한 견해를 취하는 사람들은 전반적으로 무정념을 이상으로 여기는 일을 삼간다. 혹시 그것을 이상으로 추천하더라도 그것은 단지 정념을 완전히 제거하는 것이 아니라, 그 지향하는 바를 재설정하는 것을 의미한다.

그러나 정념에 대해 스토아적 견해를 취하여 그것들을 자연스럽지 못하고 본질적으로 악한 영혼의 "질병"으로 간주하는 그리스 저자들도 있다. 알렉산드리아의 클레멘트는 정념을 이런 의미로 이해하면서 진실로 선한 사람에게는 정념이 없다고 주장한다.

이러한 문맥에서 무정념은 정념의 제거라는 의미에 가깝다. 메살리아니즘이라는 이단에서 볼 수 있듯이 이 말이 "결함이 없이 완전함", "사람이 더 이상 시험에 빠지거나 범죄하지 않는 상태"라는 극단적인 의미를 취하기도 한다. 그러나 대부분의 저자들은 그러한 의미를 배제한다. 포티케의 디아도쿠스St. Diadochus of Photice는 "무정념이란 마귀의 공격으로부터 자유로운 것이 아니라…마귀가 공격할 때 패배하지 않는 것"이라고 했다.

정념에 대해 스토아적 견해를 취하는 에바그리우스도 무정념을 완전히 부정적인 것으로 보지 않는다. 왜냐하면 그는 무정념이 사랑agape과 밀접한 연관이 있다고 주장하기 때문이다. 그것은 무감동apathy · 무관심 · 무감각[10]이 아니라, 욕정을 사랑으로 대치하는 것이라고 하였다. 그러므로 무정념이란 정념의 억제가 아니라 정념의 정화가 된다. 그래서 요한 카시안John Cassian은 에바그리우스의 가르침을 서방으로 전달하면서 무정념을 "마음의 정화"(마 5:8)라고 번역했다. 디아도쿠스는 그것의 역동적인 특성을 강조하면서, "apatheia의 불"이라고 말한다.

요한 클리마쿠스는 그것을 "몸의 부활에 앞선 영혼의 부활"이라고 정의한다. 이러한 작가들은 무정념을 감각의 부재로 본 것이 아니라, 하나님의 은혜로 주어지는 재결합과 영적 자유의 상태로 본다.

> "육체에서 부패함을 완전히 씻어버린 사람, 정신을 모든 피조물 너머로 들어 올리고 감각의 주인으로 만든 사람, 영혼을 끊임없이 주님 앞에 거하

---

10) 이런 의미를 나타내기 위해서 에바그리우스는 무감각(akedia) 또는 anaisthesis를 사용했다.

게 하며 힘껏 주님에게 손을 내미는 사람은 진실로 무정념한 사람입니다. 무정념이 몸의 부활에 선행하는 영혼의 부활이라고 주장하려는 사람들이 있고, 또 그것이 하나님에 대한 완전한 지식으로서 그것을 능가하는 것은 천사들의 지식뿐이라고 주장하려는 사람들도 있습니다"(사다리, 29).

④ 믿음, 소망, 사랑

신앙인들이 해야 하는 일은 영혼과 몸의 성화이다. 우리는 자신의 "진흙"을 하나님의 보좌 위에 올려놓으려고 노력해야 하는데, 이때 우리를 방해하는 것이 정념들이다. 하나님과의 합일을 이루기 위해서는 정념에서 벗어남으로써 관상 또는 신지(神知; gnosis)에 이르러야 한다. 이러한 관점에서는 폰투스의 에바그리우스가 주장하는 단계와 같다.[11] 그러나 요한 클리마쿠스에게 있어서 이러한 스토아적인 신인합일의 경지인 무정념(제29단계)이 그 종국이 아니며, 여기에서 한 단계 더 나아가 하나님을 향한 "믿음·소망·사랑"으로써 모든 단계를 결론짓는다.

저자 요한은 무정념과 사랑은 표현상으로 언어가 다를 뿐이라고 결론 내린다: "사랑과 무정념과 양자 결연은 명칭으로만 구분됩니다"(사다리, 30). 하나님을 갈망하고 사랑하는 사람은 완전히 변화된다.

"사랑하는 사람의 모습을 보면 우리는 완전히 변화되어, 염려하지 않고 즐거워하고 기뻐합니다. 하물며 깨끗한 영혼 안에 눈에 보이지 않게 거하러 오시는 주님의 얼굴을 볼 때 우리가 느끼는 기쁨이 얼마나 크겠습니

---

11) Evagrius Ponticus의 *Ad Monachos* 3: "믿음은 사랑의 시작이며, 사랑의 끝은 하나님의 지식이다."

까?"(사다리, 30)

사다리 위의 여정

사다리는 세계적인 종교들, 특히 기독교 영성에서 지속적으로 등장하는 주제였다. 기독교 영성에서 사다리는 하나님과의 연합을 향한 진보를 나타내는 상징이었다. 그것은 덕목들, 사랑 또는 관상의 사다리였다. 종종 사다리는 동정녀 마리아나 십자가 또는 예수 그리스도를 나타내기도 했다.

사다리라는 기독교적 상징은 원래 천사들이 하늘까지 닿은 사다리를 타고 오르락내리락 하는 것을 본 야곱의 꿈에서 기원한 것이다(창 28:12). 이 꿈은 하늘과 땅, 인간적인 것과 신적인 것 사이의 관련성을 확인해 준다. 후일 예수님은 자신을 야곱의 꿈에 나타난 사다리와 연결하셨다(요 1:51). 창세기 주석서에서 이 주제를 자세히 설명하고 있으며, 종종 논문에서 하나님을 향한 여정의 단계들을 분명히 설명하기 위하여 이 주제를 다루어왔다.

필로Philo의 영향을 받은 오리겐은 성경 이후의 기독교 문학에 처음으로 십자가라는 주제를 도입했다. 동방교회에서 가장 알려진 저서는 요한 클리마쿠스의 『사다리』 The Ladder of Divine Ascent이고, 서방교회의 경우는 귀고 2세Guigo II, 1188년 사망의 『수도사들의 사다리』 The Ladder of the Monks이다. 귀고는 하나님께로 올라가는 수도사들의 사다리를 독서, 묵상, 기도, 그리고 관상이라고 본다. 영어로 된 널리 알려진 서적은 월터 힐튼의 『완전의 저울』 The Scale of Perfection이다. 개신교에서는 특히 루터와 칼빈이 사다리 주제를 사용했다.

어떤 현대 비평가는 사다리가 하나님과의 관계에 있어서 성장을 나타내는 상징으로 적합한지 의문을 갖고 있다. 그러나 이는 사다리에 대한 문자적이고 개인적인 신앙과 이해에서 비롯된 것이라고 생각된다. 물론 사다리라는 이미지는 하강이라는 측면은 간과하고 상승의 측면만 강조하는 것으로 나타난다. 이런 까닭에 사다리를 하나님을 향한 여정의 부정적Apophatic인 특성과 연결 짓고, 긍정적인 특성kataphatic 즉 창조와 성육신 안에 있는 하나님의 자기-전달과 계시는 무시되었다고 할 수도 있다. 사다리가 갖는 이미지와 주제에는 한계가 있을 수밖에 없다. 그러나 어느 피조물을 상징으로 삼아 신비를 설명하더라도 거기에는 한계성이 상존할 수밖에 없지 않는가! 아예 부정하는 편이 더 확실하지 않겠는가!

이 책은 등정의 여정을 말한다. 상승은 하강을 내포한다. 오르막길은 내리막길을 예견한다. 성화가 원초적인 타락을 이미 말하고 있듯이, 우리의 등정은 하강이라는 정황을 생략하였지만 그것을 내포하고 있음을 눈치 채야 한다. 거룩한 등정의 사다리는 우리가 추방되었던 낙원에 닿아있으며, 점차 그곳에 가까워지면서 상실되었던 모상Imago Dei이 회복되고 있다.

역자로서 나는 수년 전부터 등정으로서의 여정에 관심이 많았다. 그 중에 요한의 『사다리』에 특별한 관심을 갖고 수차례 읽어왔다. 나는 이 책을 통해서 하나님을 향한 인간의 여정과 하나님께서 우리에게 오시는 신비적인 방법은 지속적이며 발전적이며 점진적이라는 것을 깨달았다.

그렇지만 우리가 흔히 상상할 수 있는 사다리 계단에 대한 개념을 조심스럽게 해석해야 할 것을 제안한다. 저자는 사다리의 한 계단 한 계단을 오르면서 점차 위로 상승한다는 이미지를 사용했지만, 실제 삶의 정황으로 볼 때 30개의 계단이 동시에 혼합되어 있다고 여겨진다. 계단step이라기보다는 정황condition이라고 하는 편이 더 좋을 듯하다. 어떤 때는 첫째 계단도 시작하지 못했다고 여겨 의기소침해 있다가도, 또 어떤 때는 사다리의 마지막 계단인 사랑에 불타오르고 있음을 발견하기도 한다. 이 부침은 무슨 현상인가? 사다리라는 이미지로는 이해되지 않는다. 그래서 나는 인간의 여정에 하나님이 동행하시며 적절한 시기에 적절한 성령의 인도하심과 역사하심이 끊이지 않고 있음을 알게 된다. 하나님의 은혜로만 인생 여정이 가능하다고 고백하지 않을 수 없다. 우리는 그 은혜의 역사에 개방하고 동참할 뿐이다.

나는 영성 형성을 위한 여정을 깊이 탐구하면 할수록 "알 수 없다"는 결론에 이르게 된다. 그래서 하나님은 신비이심을 깨닫게 된다. 나는 신비이신 하나님과 동행하고 있는 순례자이다. 한 치 앞도 내다볼 수 없는 불확실성으로 가득 찬 여정이지만, 한 가지 확실한 것은 하나님이 나와 현존해 계시다는 것이다. 그것으로 모든 불확실한 것이 확실하게 된다. 주님은 나의 여정의 친구이시며, 길이시며, 동시에 나의 여정의 목적지이시다. 그분은 고해(苦海)의 바다에서 항해를 마치고 돌아갈 항구이시다.

사랑하는 나의 영적 친구들이여! 하나님과 이웃을 열렬히 사랑합시다. 그것이 바로 우리의 여정을 가능하게 하며, 목적지로 이동하게 하는 힘입니다. 이 사랑은 변하는 세상에서 변치 않는 하나님의 성품에 참예하게 해줄 것입니다.

2006년 사순절에
주님의 작은 종 **최대형**

거룩한 등정의 사다리

첫 번째 계단
삶을 부인하는 것

  하나님의 종들에게 편지를 쓸 때는 우리 왕이신 하나님, 지극히 선하신 분과 더불어 시작해야 합니다. 자유의지를 지니고 피조된 이성적인 인간들 중에서 어떤 사람들은 하나님의 친구요, 어떤 사람들은 하나님의 참된 종들이요, 어떤 사람들은 무익한 종들이며(눅 17:10), 어떤 사람들은 하나님과 거리가 먼 사람들입니다. 또 자신의 연약함 때문에 하나님께 저항하는 사람들도 있습니다. 우리 무식한 사람들은 거룩하신 하나님의 친구들이 하나님을 둘러싸고 있는 형체가 없는 지혜로운 존재들에 대해 제대로 이야기하고 있다고 생각합니다. 하나님의 참된 종들이란 쉬지 않고 망설임 없이 하나님의 뜻을 행해왔고 지금도 행하고 있는 사람들입니다. 하나님의 무익한 종들이란 자신이 세례의 은사를 받을 자격이 있었음에도 불구하고 하나님의 언약의 보호를 전혀 받지 못했다고 생각하는 사람들입니다. 우리가 볼 때 하나님을 대적하는 사람들은 불신자들이거나 이단자들입니다. 하나님의 원수들은 주님의 명령을 부인하거나 거부할 뿐만 아니라 하나님께 순종하는 사람들을 대적합니다.
  위에서 묘사된 부류의 사람들은 각기 특별한 성품을 가지고 있으며 적절히 분류될 수 있습니다. 그러나 우리처럼 무식한 사람들이 지금 이것들을 조사하는 것은 전혀 유익하지 않습니다. 그러므로 비록 자격이 없지만 우리는 절대적으로 순종하면서 참 하나님의 종들에게, 즉 열심히 우리를 권고하며 믿음 안에서 명령하고 강권하는 사람들에게 손을 내밀어야 합니다. 우리는 저술이라는 도구에 의해서 그들의 겸손을 잉크로 삼고, 그들의 마음을 깨끗한 양피지로 삼거나 그들의 영을 서판으로 삼아 그들의 지식을 글로 표현해야 합니다. 그 위에 다음과 같은 말로 하나님의 말씀을 기록하기 시작합시다.

하나님은 모든 자유로운 존재들의 생명이십니다. 하나님은 신자들과 불신자들, 의로운 사람들과 불의한 사람들, 경건한 사람들과 경건하지 못한 사람들, 정욕에서 해방된 사람들과 그것에 사로잡힌 사람들, 수도사들과 세상에 살고 있는 사람들, 유식한 사람들과 무식한 사람들, 건강한 사람들과 병든 사람들, 젊은이와 노인 등 모든 사람들의 구원이십니다. 하나님은 흘러나오는 빛과 같고, 태양의 섬광과 같고, 날씨의 변화와 같습니다. 이것들은 예외 없이 모든 사람들에게 동일한 것들입니다. "이는 하나님께서 외모로 사람을 취하지 아니하시기" 때문입니다(롬 2:11).

불신앙의 사람은 이성적인 존재, 필연적으로 죽는 존재입니다. 그는 자원하여 생명으로부터 도망치며 자신의 영원한 창조주의 존재를 믿지 않습니다. 죄인이란 자신의 타락한 방식으로 하나님의 법을 지키며 하나님을 대적하여 이단적인 신앙에 매달리는 사람입니다. 기독교인이란 인간으로서 가능한 한도까지 말과 행동과 생각으로 하나님을 본받는 사람입니다. 그는 거룩한 삼위일체 하나님을 흠없이 바르게 믿습니다. 하나님의 친구란 죄가 없이 모든 자연적인 것과 교제하면서 살아가는 사람, 자신이 행할 수 있는 선한 것을 소홀히 하지 않는 사람입니다. 극기하는 사람이란 세상의 시련과 올무와 소음 속에서도 보다 우월한 사람처럼 되려고 힘껏 노력하는 사람입니다. 수도사란 자신이 세속적이고 더러운 몸 안에 있다는 것을 알고 있으면서 영적인 천사들의 지위와 신분에 들어가려고 노력하는 사람입니다. 수도사는 시간과 장소와 상황을 가리지 않고 항상 하나님의 명령과 말씀에 매달립니다. 수도사는 항상 자신과 싸우며, 확실하게 자신의 감각들을 감시합니다. 수도사는 몸을 거룩하게 하고, 혀를 깨끗하게 하고, 정신을 교화합니다. 수도사는 깨어있을 때나 잠들었을 때나 항상 죽음을 기억하여 영혼을 일깨웁니다. 수도사는 세상을 멀리함으로써 물질적으로 소중히 여겨지는 모든 것을 미워하고, 본성을 초월하는 것을 얻기 위해서 본성을 부인합니다.

이 세상에 속한 것을 멀리하는 사람은 무슨 일이든지 장래의 나라를 위해서, 자신의 많은 죄 때문에, 또는 하나님을 향한 사랑 때문에 행합니다. 그러한 목적이 없다면 세상을 부인하는 것이 무의미할 것입니다. 경기의 심판자이신 하나님은 이 경주에 참여한 사람의 최종 결과를 보려고 서서 기다리십니다.

죄의 짐을 벗어버리기 위해서 세상을 버리는 사람은 도시 외곽의 무덤가에 앉아 있는 사람처럼 행해야 합니다. 예수님이 오셔서 그에게서 완악함의 바위를 치우시고 정신을 해방시켜 주실 때까지, 우리의 나사로를 죄의 속박에서 해방시켜 주시며 자신을 섬기는 천사들에게 "그를 정념들에게서 풀어주어 복된 무정념 안에 들어가게 하라"[12]고 말씀하실 때까지 뜨거운 눈물을 흘려야 합니다. 이렇게 행하지 않는 것은 전혀 소용이 없습니다.

애굽에서 탈출하기를 원하는 사람, 즉 바로에게서 도망치기를 원하는 사람에게는 하나님과의 중재자, 즉 행동과 관상 사이에 서서 하나님께 두 팔을 뻗

---

12) 이 책에서 "무정념"(dispassion)은 헬라어 *apatheia*를 말한다. 사다리의 요한이 말하는 무정념이란 금욕적 훈련에 의한 부정적인 방법으로만 아니라 몸과 영혼의 본성적 충동들의 방향이 올바른 목표를 향하게 함으로써 정념들을 부인하는 것을 의미한다.

어주는 모세가 필요합니다. 그의 인도를 받는 사람들은 죄의 바다를 건너서 정념들의 아말렉족을 물리칠 것입니다.[13] 하나님께 자신을 맡겼지만 자신이 지도자가 없어도 앞으로 나아갈 수 있다고 생각하는 것은 잘못입니다. 애굽에서 도망치는 사람들에게는 지도자 모세가 있었고, 소돔에서 도망치는 사람들에게는 천사가 있었습니다. 전자는 의사의 보살핌에 의해서 영혼의 정념들을 치료하는 사람들과 같습니다. 그들은 애굽에서 나온 사람들입니다. 후자는 비참한 육신의 더러움을 벗어버리기 원합니다. 그렇기 때문에 그들에게는 천사 또는 그와 비슷한 존재의 도움이 필요합니다. 우리에게는 부패한 상처들을 치료해줄 노련한 의사가 필요합니다.

육신과 함께 천국으로 올라가려 하는 사람의 운명은 폭력(마 11:12 참조)과 끝없이 계속되는 고통입니다. 특히 초기 단계, 쾌락을 사랑하는 우리의 성향과 무감각한 마음이 우리를 압도하는 슬픔을 통과하여 하나님의 사랑과 거룩함을 향해 여행해야 할 때 그러합니다. 그것은 참으로 어려운 일입니다. 특히 부주의한 사람들은 눈에 보이지 않게 많은 비통함을 경험하며, 그리하여 마침내 푸줏간 주위에서 냄새를 맡고 돌아다니며 법석을 떨고 흥청거리는 개 같은 우리의 정신이 단순함을 통해서 노염으로부터 해방되며 거룩함과 인도하심을 사랑하게 됩니다. 우리는 아직 정념들과 연약함으로 가득 차 있지만, 용기를 가지고 전적으로 신뢰하면서 그리스도께로 가서 자신의 연약함과 무력함을

---

13) 이것은 출애굽기 17장 11-13절을 언급하며, 풍유적 해석에 적용된다. 훌(행동)과 아론(관상)이 기도에 의해서 모세의 두 팔을 들어 올리고 있는 한, 이스라엘 백성(영적 지도자 밑에 있는 영혼)은 아말렉 족속(정념들)과의 전쟁에서 승리했다. 행동(*praxis*)은 덕을 실천하고 정념들을 정복하기 위한 금욕적인 노력이다. 그것은 관상(*theoria*)의 기초이며, 관상은 지성에 의해서 직접적으로 하나님을 이해하거나 보는 것을 말한다.

고백하고 맡겨야 합니다. 항상 겸손의 깊은 곳에 거한다면, 우리는 받을 만한 것보다 더 많은 도움을 받을 것입니다.

이처럼 놀랍고 고통스럽고 고달픈 것에 직면한 사람들은 마치 불속에 뛰어들 듯이 도약해야 합니다. 그리하면 영적인 불길이 그들 안에 자리 잡을 것입니다. 그러나 심판을 받지 않으려면, 각 사람은 자기 자신을 성찰하며 고통의 빵을 먹고 눈물의 잔을 마셔야 합니다.

세례를 받았다고 해서 모두가 구원을 받는 것이 아니라면, 수도사들이라고 해서 모두 자신의 목표에 도달하지는 못할 것입니다.

경건한 생활을 하려는 의도를 가진 사람들은 바위처럼 든든한 기초를 확보하기 위해서 모든 것을 피하며, 모든 것을 멸시하며, 모든 것을 조롱하며, 모든 것을 떨쳐버릴 것입니다. 순결과 절제와 극기는 삼중의 견고한 기초를 이룹니다. 그리스도 안에 있는 모든 어린아이들은 이 세 가지를 가지고 시작하며, 실제로 어린아이들을 본보기로 삼아야 합니다. 어린아이들에게서는 속이는 것이나 만족을 모르는 탐욕이나 탐식, 뜨거운 정욕과 같은 악한 것이 발견되지 않습니다. 우리가 그런 것들을 충족시켜 줄수록, 그것들은 강하게 자라서 결국 정념들이 됩니다.

씨름선수가 경기에 태만하여 관람하는 사람들로 하여금 그의 패배를 예측할 수 있게 하는 것은 위험하고 혐오스러운 태도입니다. 우리는 확고한 태도로 경건생활을 시작해야 합니다. 그렇게 하면 혹시 나중에 태만함이 임해도 도움이 될 것입니다. 담대하고 열심을 내는 영혼은 처음에 지녔던 열심을 기억함으로써 자극을 받을 것이며, 그리하여 새로운 날개를 달게 될 것입니다.

영혼이 제 본성을 드러내거나 처음에 지녔던 따뜻함이 식었다면, 그 원인을 찾아내야 합니다. 원인을 발견한 후에는 가능한 한 열심히 그것과 싸워야 합니다. 왜냐하면 처음에 지녔던 열심이 빠져나갔던 문을 통해서 돌아와야 하기 때문입니다. 두려움 때문에 세상을 부인하는 사람은 타는 향과 같아서 처음에는 향기를 내지만 나중에는 연기를 냅니다. 상을 바라고 세상을 떠나는 사람은 동일한 축의 주위를 도는 맷돌과 같습니다. 그러나 하나님을 향한 사랑 때문에 세상을 버리는 사람은 처음부터 불붙듯이 열심을 내며 곧 큰 불이 됩니다.

어떤 사람들은 집을 지을 때 바위 위에 벽돌을 쌓습니다. 또 어떤 사람들은 땅에서부터 기둥을 세웁니다. 또 다른 사람들은 산책을 할 때 얼마 동안은 천천히 걷다가 근육과 관절을 풀어준 후에 큰 걸음으로 빨리 걷습니다. 지각이 있는 사람은 이 비유를 이해해야 합니다. 우리는 왕이신 하나님의 부르심을 받은 사람처럼 힘껏 경주해야 합니다. 인생은 짧습니다. 임종하는 날에 우리가 수확한 것이 없어서 굶어 죽어서는 안 될 것입니다. 우리는 왕을 기쁘게 하는 군인처럼 주님을 기쁘시게 해야 합니다. 왜냐하면 원정이 끝날 때 우리는 자신에 대한 보고서를 제출해야 하기 때문입니다. 우리는 사나운 짐승을 두려워하듯이 하나님을 두려워해야 합니다. 하나님을 두려워하지 않고 도둑질을 하러 나갔다가 개 짖는 소리가 들리는 곳에서 멈추는 사람들이 있습니다. 이는 하나님에 대한 경외심이 그들의 내면에서 솟아난 결과입니다.

우리는 친구를 사랑하듯이 하나님을 사랑해야 합니다. 나는 사람들이 생각 없이 하나님을 슬프게 하는 것을 보았습니다. 그러한 사람들은 사소한 불평에 의해서 붕괴된 옛 관계를 회복하기 위해서 모든 방법과 계획과 압박, 자신과 친구들의 호소, 모든 선물들에 의지합니다.

우리는 경건생활을 시작할 때 수고하고 힘써 덕을 배양합니다. 그 다음에는 조금씩 전진하면서 점차 슬픔을 의식하지 않게 됩니다. 그러나 우리의 유한한 지성이 열정의 지배를 받게 되면, 우리는 거룩한 불길에 사로잡혀 충만한 기쁨과 결단력과 갈망을 가지고 일합니다.

  처음부터 열심히 기꺼이 하나님의 계명을 지키는 사람은 모든 사람들의 칭송을 받습니다. 오랫동안 수덕생활을 한 후에도 여전히 크게 수고하며 계명을 지키는 사람들은 크게 동정을 받아야 합니다. 외적 환경 때문에 경건생활을 버린 사람들을 모질게 비판하거나 겁에 질리게 해서는 안 됩니다. 나는 어느 도망자들이 우연히 황제를 만나서 황제와 함께 궁궐에 살게 된 것을 보았습니다. 또 우연히 땅에 떨어진 씨앗이 많은 열매를 맺는 것도 보았습니다. 물론 그와 반대되는 일도 발생합니다. 어떤 사람은 저하되는 시력 문제로 훌륭한 의사를 찾아가서 치료를 받아 정상적인 시력을 회복했습니다. 종종 통찰과 계획의 작용에 의해서가 아니라 우연히 분명하고 지속적인 결과가 나타나기도 합니다. 따라서 건강이 좋지 않아 수도생활을 할 수 없다거나 쾌락을 좋아하기 때문에 죄 가운데 머물러 있어야 한다고 말할 수는 없습니다. 부패함이 많을수록 그 더러움을 제거하기 위해서 더 많은 치료를 받아야 합니다. 건강한 사람은 수술을 받을 필요가 없습니다.

  이 세상에서 황제가 우리를 불러 복종을 명한다면, 우리는 지체하거나 핑계를 대지 않고 모든 것을 버리고 즉시 그 부름에 응답합니다. 우리는 왕의 왕, 만군의 주, 신들의 하나님이신 분을 섬기는 거룩한 삶으로의 부르심을 게으름이나 무력함 때문에 거부하지 않도록 조심해야 합니다. 심판의 대법정에서 자신을 변호할 수 없는 상태가 되지 않도록 조심해야 합니다. 굳게 결심하고서 세상일에 몰두하는 사람은 진보를 이룰 수 있지만, 쉽지는 않습니다. 발에 쇠사슬을 차고서도 걸을 수 있지만, 종종 넘어져 상처를 입습니다. 결혼하지 않고서 세상에 사는 사람은 많은 짐을 지고서도 수도생활을 향해 서둘러 갈 수 있습니다. 그러나 결혼한 사람은 마치 손과 발이 쇠사슬에 묶인 사람과 같습니다.

세상에서 부주의하게 생활하는 어떤 사람이 나에게 이렇게 질문했습니다: "결혼하여 공적인 염려를 안고 살면서 어떻게 수도생활을 갈망할 수 있습니까?"

나는 이렇게 대답했습니다: "당신이 할 수 있는 선한 일을 행하십시오. 사람들을 비방하지 말고, 다른 사람의 것도 강탈하지 마십시오. 거짓말하지 마십시오. 다른 사람을 멸시하거나 미워하지 마십시오. 교회의 모임에 빠지지 마십시오. 누구에게도 물의를 일으키지 마십시오. 당신의 아내에게 만족하고 다른 여인에게 마음을 두지 마십시오. 이 모든 일을 행한다면, 하늘나라가 당신 가까이에 있을 것입니다."

원수를 두려워하지 말고 기뻐하면서 서둘러 고귀한 경기에 참여해야 합니다. 우리 눈에는 원수들이 보이지 않지만, 원수들은 우리 영혼을 볼 수 있습니다. 만일 우리의 영이 두려움 때문에 고개 숙이는 것을 원수들이 본다면, 그들은 우리가 두려워 떨고 있다는 것을 알기 때문에 한층 더 사납게 우리를 공격할 것입니다. 우리는 그들을 대적하기 위해서 용감하게 무장해야 합니다. 전쟁터에서 용감한 투사를 대적하는 사람은 없습니다.

지혜로우신 주님은 풋내기들이 처음 싸움에서 패배하여 다시 세상에 빠지지 않도록 싸움을 쉽게 해주셨습니다. 그러므로 하나님의 종들은 항상 주 안에서 기뻐해야 합니다. 주님의 사랑의 첫 번째 표식을 인식하십시오. 우리를 부르신 분은 주님이십니다. 주님은 종종 다음과 같은 방식으로 행동하십니다: 주님은 담대한 영혼을 보시면, 보다 빨리 그에게 상을 주시려고 처음부터 그가 싸움에 임하는 것을 허락하십니다.

주님은 세상에 있는 사람들에게는 이 싸움이 지닌 훌륭하지만 가혹한 본질을 감추셨습니다. 사람들이 그것을 이해한다면, 아무도 세상을 부인하려 하지 않을 것입니다. 젊을 때 그리스도를 위해 기꺼이 수고하십시오. 그리하면 노년에 주께서 풍성한 선으로 당신을 행복하게 해주실 것입니다. 젊은 시절에 모아놓은 것들이 늙어 기력이 쇠한 사람들을 지탱해줍니다. 그러므로 우리는 젊었을 때 열심히 수고하며 진지한 마음으로 경주해야 합니다. 언제 죽음이 임할지 모릅니다. 우리 앞에는 주님의 성전에 불을 질러 그 안에 있는 것을 태워버리려 하는 많은 악한 원수들이 손에 햇불을 들고 숨어 있습니다. 이 원수들은 힘이 세고 잠을 자지 않으며 눈에 보이지도 않습니다. 풋내기 신자들은 "네 육신을 지치게 하지 말라. 그렇지 않으면 네 몸이 병들고 약해질 것이다"라고 속삭이는 원수의 말에 귀를 기울이지 마십시오. 오늘날 사람들은 풍성한 음식의 즐거움을 부인할 수는 있겠지만 자원하여 육신을 연약하게 하지는 않습니다. 이 마귀의 목표는 경기장에 들어가는 우리를 연약하고 둔감하게 만들고 그에 따른 결과를 초래하는 데 있습니다.

그리스도의 참된 종들은 영적 아버지들 및 그들 스스로 자기 이해의 도움을 받아 하나의 장소, 생활 방식, 거처 및 그에 합당한 훈련을 선택하기 위해서 노력할 것입니다. 공동생활에는 탐식하는 성향들이 나타날 수 있기 때문에 모든 사람이 공동생활을 할 수 있는 것이 아닙니다. 또 독거생활에는 노염의 경향이 나타나기 때문에, 모든 사람이 독거생활을 할 수 있는 것이 아닙니다. 각 사람은 자신에게 가장 적절한 방법을 찾아내야 합니다.

수도생활은 세 가지 형태 중 하나를 취한다고 말할 수 있습니다. 영적 경주자를 위한 이탈과 독거의 길이 있습니다; 한두 사람이 함께 생활하는 정적생활이 있습니다; 공동체 내에서 인내하는 생활이 있습니다. 잠언에서는 "우편으로나 좌편으로나 치우치지 말고"(잠 4:27) 왕의 길을 따르라고 말합니다. 세 가지 중 둘째 방법이 많은 사람에게 적합하다고 알려져 있습니다. 전도자는 "혹시 그들이 넘어지면 하나가 그 동무를 붙들어 일으키려니와 홀로 있어 넘어지고 붙들어 일으킬 자가 없는 자에게는 화가 있으리라"고 말하며(전 4:10), 주님은 "두세 사람이 내 이름으로 모인 곳에는 나도 그들 중에 있느니라"고 말씀하십니다(마 18:20).

그렇다면 지혜롭고 충실한 수도자란 어떤 사람입니까? 그는 소명의 열정을 식지 않게 보존하는 사람, 죽을 때까지 날마다 열정에 열정을, 열심에 열심을, 사랑에 사랑을 더하는 사람입니다.

이것이 사다리의 첫 단계입니다. 이 단계에 들어섰다가 퇴보하는 사람이 없기를 바랍니다.

두 번째 계단

이탈

  하나님을 사랑하며 장차 임할 나라에 들어가기 원한다면, 참으로 당신의 부족함 때문에 고통하며 영원한 심판과 형벌을 기억한다면, 참으로 죽음을 두려워한다면, 당신은 돈이나 소유나 가족관계나 세상의 영광이나 사랑이나 형제애 등 세상에 속한 것들에 애착하거나 그것으로 인해 염려하지 않을 것입니다. 자신의 처지와 육신에 대해 염려하는 사람들은 장차 미운 것으로 밀려날 것입니다. 이러한 것들에 대한 생각을 완전히 벗어버리고 그것들에 대해 전혀 염려하지 않는 사람은 자유로이 그리스도를 향할 것입니다. 우리는 도움을 기대하면서 하늘을 바라볼 것입니다. 성경에서는 "나는 목자의 직분에서 물러가지 아니하고 주를 따랐사오며 재앙의 날도 내가 원하지 아니하였음을 주께서 아시는 바라"(렘 17:16)라고 말합니다.

  사람의 부름을 받은 것이 아니라 하나님의 부르심을 받아 모든 것을 버린 사람이 죽을 때 유익을 주지 못할 것에 대해 염려하는 것은 수치스러운 일일 것입니다. 이것이 바로 주께서 천국에서 무익한 존재로 드러나지 않도록 조심하라고 말씀하신 의미입니다. 주님은 우리가 경건생활을 시작할 때 얼마나 연약하며, 얼마나 쉽게 세상으로 돌아가서 세속적인 사람들을 만나고 교제할 수 있는지 알고 계셨습니다. 그렇기 때문에 어떤 사람이 주님께 "내가 먼저 가서 내 아버지를 장사하게 허락하옵소서"라고 말했을 때, 주님은 "죽은 자들이 그들의 죽은 자들을 장사하게 하라"고 대답하셨습니다(마 8:22). 우리가 세상을 부인한 후에도 귀신들은 우리를 공격합니다. 이들은 우리로 하여금 바깥 세상에 머물러 지내면서 자비하고 긍휼히 생활하는 사람들을 부러워하게 만듭니다. 이들은 우리로 하여금 이러한 덕들을 빼앗긴 것처럼 보인다는 사실로 인해 후회하게 만듭니다. 이들의 절대적인 목표는 거짓 겸손에 의해서 우리를 다시 세상으로 돌아가게 만들거나, 수도사로 머물러 지내면서 절망의 절벽 아래로 뛰어내리게 만드는 것입니다.

　자만심은 우리로 하여금 세속생활을 헐뜯게 하거나, 은밀하게 세상에 머물러 지내는 사람들을 멸시하게 만듭니다. 우리는 절망을 피하거나 희망을 얻기 위해서 이런 식으로 행동할 수도 있습니다. 그러므로 우리는 거의 모든 계명을 지킨 청년에게 주님이 "네게 아직도 한 가지 부족한 것이 있으니 가서 네게 있는 것을 다 팔아 가난한 자들에게 주라"(막 10:21)고 말씀하신 것에 주목해야 합니다. 이는 청년이 자신을 거지로 만듦으로써 다른 사람들의 자선을 받아들이는 법을 배우도록 하기 위해서입니다.

　만일 우리가 진정으로 경건생활을 시작하려 한다면, 주님이 세상에 남아 있는 사람들을 살아있는 시체들이라고 말씀하신 의미에 주목해야 합니다(마 8:22). 주님이 말씀하신 취지는 "세상에 있는 살아 있는 시체들로 하여금 육신 안에서 죽은 사람들을 장사지내게 하라"는 것입니다. 재산은 청년이 세례를 받으러 나오는 것을 막지 못했습니다. 주님이 청년에게 세례를 받으려면 재산을 처분해야 한다고 말씀하셨다고 말하는 것은 옳지 못합니다. 우리는 자신의 소명과 병행하는 큰 영광의 약속에 만족해야 합니다. 우리는 세상에 살면서 철야하고 금식하고 노동하고 고난을 받다가 친지들을 떠나 수도생활을 시작한 사람들이 더 이상 겉치레의 위선적인 금욕을 행하지 않는 이유를 살펴보아야 합니다. 나는 그들이 세상에 살면서 온갖 종류의 덕의 나무를 심고서 그 나무에 마치 시궁창 물을 대듯이 허영의 물을 주고 칭찬의 거름을 주어 과시욕의 싹을 틔운 후 허영심이라는 더러운 냄새 나는 물이 없는 메마른 땅에 옮겨 심으면 나무가 곧 시들어 버리는 것을 보았습니다. 물속에서 자라는 것들은 메마르고 황량한 곳에서는 열매를 맺지 못합니다.

만일 어떤 사람이 세상을 미워한다면, 그는 세상의 불행으로부터 도망칠 것입니다. 그러나 만일 그가 눈에 보이는 것을 사랑하여 그것에 매달린다면, 슬픔을 깨끗이 제거하지 못할 것입니다. 자신이 사랑하는 것을 빼앗긴 사람이 어찌 슬퍼하지 않을 수 있겠습니까? 우리는 모든 일에 크게 조심해야 하지만, 특히 이미 버린 것들과 관련하여 더욱 조심해야 합니다.

세상에 있는 많은 사람들은 근심, 걱정, 말하려는 욕구, 밤새도록 깨어있어야 할 필요성 등의 공격을 받으며, 육신의 광기로부터 도망칩니다. 그들은 완전히 자유로운 심령으로 수도생활을 시작하였지만, 불쌍하게도 육신의 요동으로 인해 여전히 타락해 있습니다.

입으로는 좁고 협착한 길을 따라 가야 한다고 말하면서 실제로는 넓은 대로를 방황하는 일이 발생하지 않도록 조심해야 합니다.

욕망을 억제하는 것, 밤새도록 수고하는 것, 먹을 것과 마실 것을 절제하는 것, 수치를 감수하는 것 등은 우리가 좁은 길로 가고 있음을 나타내줄 것입니다. 조롱과 멸시를 받을 때, 우리는 자신의 의지를 부인해야 합니다. 반대를 받을 때 인내하며, 무시당할 때 불평하지 말며, 오만함을 참고 견디십시오. 불의를 당할 때 인내하며, 비방을 당해도 슬퍼하지 말고, 멸시당할 때 노하지 말며, 비난받을 때 겸손하십시오. 큰 길로 가지 않고 이 좁은 길을 가는 사람들은 복됩니다. 천국이 그들의 것입니다.

먼저 세 가지를 부인하지 않은 사람은 거룩한 신방에 들어갈 수 없습니다. 첫째, 세상적인 염려, 사람들, 가족들을 버려야 합니다. 둘째, 이기심을 버려야 합니다. 셋째, 순종한 후에 등장하는 허영심을 잘라내야 합니다. 주님은 "너희는 그들 중에서 나와서 따로 있고 부정한 것을 만지지 말라"고 말씀하셨습니다(고후 6:17).

바깥 세상에 있으면서 기적을 행하고 죽은 자들을 살리고 귀신을 쫓아낸 사람이 있습니까? 없습니다. 수도사들만이 그러한 일을 행합니다. 그것은 수도사들이 받는 상급입니다. 세속 생활을 하는 사람들은 그러한 일을 행할 수 없습니다. 만일 그들이 그러한 일을 행할 수 있다면, 금욕적 수행과 독거 생활의 목표는 무엇이겠습니까?

세상을 버린 후에 부모와 형제에 대한 기억으로 감정이 뜨거워지는 것은 귀신들의 역사이므로, 기도라는 무기로 그것들을 대적해야 합니다. 영원한 지옥 불을 생각하면서 그것들을 몰아내고 마음속에서 타오르는 적절하지 못한 불을 꺼야 합니다. 어떤 사람이 자신이 어떤 것의 유혹을 받지 않는다고 생각하면서도 그것을 잃어 슬퍼한다면, 그는 스스로를 속이는 사람입니다. 육체적인 사랑과 쾌락을 향한 충동을 강렬하게 느끼면서도 수도생활에 참여하기 원하는 청년들은 온갖 형태의 철야와 기도로써 자신을 연단하며 모든 위험한 위안거리들을 피해야 합니다. 그리하면 그들의 마지막 상태가 처음 상태보다 못하지 않을 것입니다. 영성의 조류를 타고 항해하는 사람들은 경건 생활이 구원의 항구나 멸망의 항구가 될 수 있다는 것을 잘 알고 있습니다. 안전하게 바다를 항해한 배가 항구에서 좌초되는 것은 참으로 가련한 광경입니다.

 이상이 사다리의 두 번째 단계입니다. 만일 당신이 이 단계에 들어섰다면, 롯의 아내처럼 행하지 말고 롯처럼 행하십시오.

세 번째 계단
유랑생활에 관하여

유랑생활과 비슷한 것, 거룩이라는 이상을 획득하지 못하게 방해하는 주변의 친숙한 것들을 철저히 부인하는 것이 있습니다. 유랑생활은 단련된 심령, 예상 밖의 지혜, 선전되지 않은 이해, 감추어진 삶, 숨겨진 이상입니다. 그것은 눈에 보이지 않는 묵상, 겸손을 향한 노력, 가난하고자 하는 소원, 거룩한 것을 향한 갈망입니다. 그것은 사랑의 토로吐露요, 허영심을 부인하는 것이요, 정적의 깊음입니다.

주님을 따르는 사람들에게 있어서 이러한 사고방식은 처음에 풍성하게 작용합니다. 그들은 마치 거룩한 불에 의해서인 듯이 크게 동요합니다. 이것은 이 선을 사랑하는 사람들을 몰고 가는 곤경과 단순함을 위해서 그들의 관계들로부터 단절하는 것을 의미합니다. 그것은 칭찬받을 만한 것임에도 불구하고, 모든 종류의 유랑생활이 극단적으로 치우칠 경우에는 좋은 것이 아니므로 여기에는 분별이 필요합니다.

주님은 선지자들이 모두 자기 고향에서 존경을 받지는 않는다고 말씀하십니다(요 4:44 참조). 만일 주님의 말씀이 옳다면, 어떤 것을 부인하는 우리의 행동이 허영을 위한 것이 되지 않도록 조심해야 합니다. 유랑생활이란 완전히 하나님께 매달리기 위해서 모든 것을 떠나는 것입니다. 그것은 큰 슬픔이라는 경로를 선택하는 것입니다. 유랑생활은 도피, 친척들이나 낯선 사람들과의 관계를 모두 버리는 것입니다. 독거와 유랑생활을 추진할 때 영혼이 세상에 매혹되기를 기다리지 마십시오. 어쨌든, 전혀 예상하지 않고 있을 때 죽음이 우리에게 다가옵니다. 많은 사람들은 무관심하고 게으른 사람들을 구하는 것을 목표로 삼지만, 결국은 자기 자신을 잃고 맙니다. 그들의 내면에서 타오르는 불길은 시간이 흐르면서 희미해집니다. 그러므로 만일 당신의 내면에 그러한 불이 타오르고 있다면, 언제 그것이 꺼져 당신을 어둠 속에 남겨둘 것인지 알지 못하므로 힘껏 달리십시오. 우리 모두가 다른 사람들을 구하라는 소명을 받은 것은 아닙니다. 거룩한 사도 바울은 "이러므로 우리 각 사람이 자기 일을 하나님께 직고하리라"고 말하며(롬 14:12), 또 "다른 사람을 가르치는 네가 네 자신은 가르치지 아니하느냐"(롬 2:21)라고 선언합니다. 그는 마치 "나는 다른 사람들에 대해서는 알지 못하지만, 우리는 분명히 해야 하는 일에 주의해야 한다"라고 말하는 듯합니다.

만일 당신이 유랑생활을 시작하려 한다면, 방랑과 쾌락의 귀신을 조심하십시오. 왜냐하면 여기에 그 귀신이 활동할 기회가 있기 때문입니다.

이탈은 선한 것이요 그 근원은 유랑생활입니다. 주님을 위해서 세상을 버리는 사람은 재산에 집착하지 않습니다. 그는 정념들에 미혹된 것처럼 보여서는 안 됩니다. 만일 당신이 세상을 버리고 떠났다면, 다시 세상과 연락하려 하지 마십시오. 그렇지 않으면, 정념들이 다시 당신에게 돌아올 것입니다. 하와는 낙원에서 쫓겨나기를 원하지 않았지만, 수도사는 자신의 고향을 기꺼이 버릴 것입니다. 하와는 또다시 금지된 열매를 먹으려 하겠지만, 수도사는 육체를 친근히 대하는 데서 오는 위험을 확실히 제거한 사람입니다. 죄와 관련된 곳들을 마치 전염병을 피하듯이 피하십시오. 열매가 분명히 보이지 않으면, 그것을 맛보려는 강력한 충동을 느끼지 않습니다.

우리는 도둑들의 방식과 간계를 경계해야 합니다. 도둑들은 우리가 진정으로 세상을 버려서는 안 된다고 암시하면서 우리에게 다가옵니다. 그들은 우리가 여인들을 바라보면서도 그들을 향한 욕망을 극복하기만 하면 상을 받을 것이라고 말합니다. 우리는 이러한 암시에 굴복하지 말며, 오히려 그와 반대로 행해야 합니다.

또 우리는 얼마 동안 친척들을 떠나서 생활하면서 어느 정도 동정, 양심의 가책, 극기를 실천합니다. 그러나 헛된 생각들이 우리에게 몰려와 과거에 우리가 알았던 곳으로 우리를 데려가려 합니다. 그것들은 우리의 과거의 사악한 행동을 목격한 사람들에게 우리가 얼마나 큰 교훈이 되고 본보기가 되며 도움이 되는지 모른다고 말합니다. 혹시 우리가 모든 것을 잘 알고 있고 생각을 분명히 표현한다면, 그것들은 우리가 영혼을 구원하며 세상을 가르치는 자가 될 수 있다고 장담할 것입니다. 그것들은 이 모든 것이 우리가 항구에 있는 동안 모든 보물들을 바다에 흩어버리기 위한 것이라고 말합니다. 그러므로 우리는 롯의 아내를 본받지 말고 롯을 본받아야 합니다. 자신이 떠났던 곳으로 돌아가는 영혼은 맛을 잃은 소금, 그 유명한 소금기둥처럼 될 것입니다. 애굽에서 탈출하여 다시는 그곳으로 돌아가지 마십시오. 땅을 갈망하는 심령은 결코 예루살렘, 즉 무정념의 땅을 보지 못할 것입니다.

어떤 사람들은 처음 고향을 떠날 때 순결함이 가득하며 그 영혼이 깨끗합니다. 그 후에 그들은 자신이 이미 구원을 얻었으므로 다른 사람들을 구원할 수 있다고 생각하여 고향으로 돌아가기를 간절히 원합니다. 하나님을 본 모세는 자기 지파의 사람들을 구하기 위해서 고향으로 돌아갔습니다. 그러나 그는 애굽에서 많은 위험에 직면했고 세상의 어둠에 휩싸였습니다.

하나님께 범죄하기보다는 차라리 부모에게 범죄하십시오. 하나님은 우리를 지으시고 구원하셨지만, 부모님은 종종 사랑하는 이를 죽이거나 멸망에 넘깁니다.

진정한 유랑자는 지식이 있음에도 불구하고 다른 언어를 사용하는 사람들 가운데 있는 사람처럼 행동합니다.

만일 우리가 독거생활을 시작했다면, 자신의 관계나 자신이 처한 장소를 멸시하지 말고 그것이 끼치는 해로움을 피하기 위해 조심해야 합니다. 여기에서도 그리스도는 우리의 교사가 되십니다. 종종 주님은 세상의 부모님을 부인하려고 노력하신 것처럼 보였습니다. 어떤 사람이 주님께 "당신의 모친과 동생들이 당신께 말하려고 밖에 섰나이다"라고 말했을 때, 주님은 즉시 거친 감정이 전혀 섞이지 않은 이탈의 본보기를 보이시며 "누구든지 하늘에 계신 내 아버지의 뜻대로 하는 자가 내 형제요 자매요 어머니이니라"(마 12:50)고 말씀하셨습니다. 그러므로 당신의 아버지는 당신의 죄 짐을 함께 질 수 있고 또 기꺼이 지려 하는 자가 되어야 하며, 당신의 어머니는 당신의 더러움을 씻어버릴 수 있을 만큼 강력한 양심의 가책이 되어야 합니다. 당신의 형제는 천국을 향한 경주의 동반자요 경쟁자가 되며, 당신의 배우자는 항상 죽음을 상기시켜 주는 역할을 해야 합니다. 당신이 고대하던 자손은 마음의 애통함이 되어야 합니다. 당신의 육신은 당신의 종이 되며, 친구들은 당신이 임종할 때 당신을 도와줄 수 있는 거룩한 권세들이 되어야 합니다. "이는 여호와를 찾는 족속이요 야곱의 하나님의 얼굴을 구하는 자로다"(시 24:6).

만일 당신이 하나님을 열망한다면, 가족을 향한 사랑을 몰아내십시오. 이 열망들을 결합할 수 있다고 말하는 사람은 미혹된 사람입니다. "한 사람이 두 주인을 섬기지 못할 것입니다"(마 6:24). 주님은 부모들이 주님을 섬기려 하는 아들이나 형제들을 대적하여 일어날 것을 아시고서 "내가 세상에 화평을 주러 온 줄로 생각하지 말라"고 말씀하십니다. 또 하나님을 사랑하는 사람들과 세상을 사랑하는 사람들, 물질적인 정신의 소유자들과 영적 정신의 소유자들, 허영심이 가득한 사람들과 겸손한 사람들을 분리하기 위해서 "화평이 아니요 검을 주러 왔노라"고 말씀하십니다(마 10:34).

하나님을 향한 사랑에서 솟아나는 반대와 불화는 하나님을 기쁘시게 하지만, 당신 자신에게 친숙한 것들에게 열정적으로 애착하는 동안에는 감정의 물결에 휩쓸리지 않도록 조심해야 합니다. 내세에 영원히 눈물을 흘리지 않으려면, 부모나 친구의 눈물 때문에 그들을 동정하지 마십시오. 그들이 벌떼처럼 당신의 주위를 빙빙 돌거나 당신으로 인해서 탄식할 때 망설이지 말고 당신의 죽음을 생각하며 영혼의 눈으로 항상 바라보던 것을 바라보십시오. 그리하면 하나의 고통을 다른 고통으로 상쇄할 수 있을 것입니다. 우리의 친척이나 친구들은 우리가 고귀한 경주를 하지 못하게 하며 그들의 목표로 끌기 위하여 우리에게 거짓 약속을 합니다. 우리는 자신의 소재지도 떠나는 것이 좋습니다. 위로를 적게 주며 허영심을 줄이고 겸손하게 만들어주는 곳으로 피해야 합니다. 그렇지 않으면 우리는 자신의 정념들과 함께 비행하게 될 것입니다.

당신은 귀족입니까? 그 사실을 숨기십시오. 당신은 유명한 사람입니까? 그것에 대해 논하지 마십시오. 그렇지 않으면 당신의 신분과 행위가 충돌할 것입니다.

"너는 너의 고향과 친척과 아버지의 집을 떠나라"(창 12:1)는 명령을 들은 위대한 사람(아브라함)만큼 위대한 포기의 예는 없습니다. 그는 순종하여 언어가 다른 외국으로 갔습니다. 이러한 포기의 모델을 따르는 사람을 주님은 한층 더 영화롭게 해주실 것입니다.

 이 영광은 하나님께서 주시는 것이지만, 겸손이라는 방패로 그것을 방어하는 것이 한층 더 좋습니다. 귀신이나 사람들이 우리의 유랑생활이 위대한 업적인 것처럼 칭찬을 아끼지 않을 때, 우리를 위해서 자신을 낮추고 이 세상에 내려오신 분을 생각해야 합니다. 우리가 행할 수 있는 어떤 일도 이와 비견할 수 없을 것입니다.

 우리가 친척이나 나그네에게 갖는 애착은 다루기가 어렵습니다. 그것은 점진적으로 우리를 세상으로 끌어가며, 통회의 불을 식게 만듭니다. 우리는 천국과 세상을 동시에 볼 수 없습니다. 마찬가지로 만일 우리가 생각으로나 육체적으로 친척 혹은 다른 사람들로부터 완전히 등을 돌리지 않는다면, 우리 영혼을 위험하게 만드는 일을 피할 수 없습니다.

 우리 안에 선하고 견고한 성품을 확립하는 것은 대단히 어렵고 힘든 일입니다. 하나의 위기는 우리가 매우 어렵게 일하여 바로 세운 것들을 파괴할 수 있습니다. 악하고 세속적이고 난잡한 교제는 선한 성품을 파괴합니다(고전 15:33 참조). 세상을 부인하고서도 여전히 세상 일로 돌아오거나 세상 일을 가까이하는 사람은 세상의 올무에 빠지거나 세상 생각으로 마음이 더럽혀질 것입니다. 아마 그 자신은 타락하지 않을 수도 있을 것입니다. 그러나 만일 그가 타락한 사람을 멸시한다면, 그는 확실히 그 사람의 타락에 합류하게 될 것입니다.

초심자의 꿈에 대하여

 정신은 지식의 도구이지만 매우 불완전하며 온갖 종류의 무지로 가득합니다. 이것은 간과할 수 없는 사실입니다.

 미각은 여러 종류의 음식을 식별하며, 청각은 감지하는 것들을 구분하며, 태양은 눈의 연약함을 드러내며, 말은 영혼의 무지를 드러내 줍니다. 그럼에도 불구하고, 사랑의 법은 우리로 하여금 자신을 초월하라고 자극합니다. 내가 보기에, 유랑생활에 대한 이 논의를 마친 후나 논의하는 도중에 꿈에 대해서 말해야 할 듯합니다. 왜냐하면 우리는 교활한 원수들이 행하는 이러한 유형의 속임수에 대해서 알지 않으면 안 되기 때문입니다.

 꿈은 몸이 휴식하는 동안에 이루어지는 정신의 동요이며, 환상은 지성이 잠들어 있는 동안에 눈을 속이는 것입니다. 몸은 깨어 있지만 정신이 배회할 때 환상이 발생합니다. 환상은 실제로 존재하지 않는 것과 관련된 생각입니다.

 여기에서 내가 꿈에 대해 말하려는 이유는 분명합니다. 우리가 주님을 위해서 고향과 가족을 떠난 후에, 그리고 하나님의 사랑 때문에 유랑생활을 시작한 후에 귀신들은 꿈으로 우리를 흔들려고 노력합니다. 그들은 우리 때문에 슬퍼하거나 임종을 앞두고 있거나 가난에 시달리거나 감옥에 갇힌 친지들을 우리에게 보여줍니다. 그리하여 꿈을 믿는 사람은 마치 자신의 그림자를 잡으려고 달려가는 사람과 같습니다.

 허영의 마귀들은 꿈속에서 예언합니다. 그것들은 미래를 예측하고, 속임수의 일부로서 그것을 우리에게 알려주므로 우리는 자신의 환상들이 실현되는 것을 발견하고 놀랍니다. 실제로 우리는 자신이 이미 예지의 은사에 접근해 있다는 생각에 몰두합니다.

 쉽게 속아 넘어가는 사람들이 볼 때 마귀는 예언자지만, 마귀를 무시하는 사람들이 볼 때는 거짓말쟁이에 불과합니다. 마귀는 영적 존재이기 때문에 저급한 영역에서 발생하는 일, 예를 들면 어떤 사람이 죽어가고 있다는 것과 같은 일을 알고 있습니다. 그리하여 그는 꿈에 속기 쉬운 사람들에게 이 정도를 전해줍니다. 그러나 귀신들에게는 실질적인 예지가 부족합니다. 만일 그렇지 않다면, 이 사기꾼들은 우리의 죽음을 예고해줄 수 있을 것입니다.

마귀들은 종종 빛의 천사나 순교자의 모습으로 꿈에 나타나 우리에게 말을 함으로써 깨어났을 때 우리를 거룩하지 못한 기쁨과 자만심에 빠지게 만듭니다. 그러나 이것은 그들의 속임수를 드러낼 뿐입니다. 왜냐하면 천사들이 실제로 드러내주는 것은 고통과 심판과 분리이므로 우리가 꿈에서 깨어나면 두려워 떨고 괴로워하기 때문입니다. 만일 우리가 꿈의 마귀들을 믿기 시작한다면, 깨어 있을 때도 그것들의 노리개가 될 것입니다.

꿈을 믿는 사람은 자신의 미숙함을 나타내지만, 꿈을 모조리 믿지 않는 사람은 대단히 민감합니다. 우리를 위해서 고통과 심판을 예고해 주는 꿈만 믿으십시오. 그러나 만일 그러한 꿈이 우리 안에 절망을 낳는다면, 그것은 귀신들에게서 온 것일 수 있습니다.

이것이 삼위의 숫자에 상응하는 세 번째 단계입니다. 여기에 도달한 사람은 시선을 오른쪽으로나 왼쪽으로나 돌리지 마십시오.

네 번째 계단

순종

이제 그리스도의 군사들과 운동선수들에 대해서 다루려 합니다.

꽃이 지면 열매가 맺듯이, 육체나 의지의 유배생활에는 순종이 따릅니다. 거룩한 영혼은 이 두 가지 덕을 마치 황금날개처럼 달고 하늘로 올라갑니다. 아마 시편 기자가 성령으로 충만하여 "나는 말하기를 만일 내게 비둘기같이 날개가 있다면 날아가서 편히 쉬리로다 내가 멀리 날아가서 광야에 머무르리로다"(시 55:6-7)라고 말한 것이 이것에 대한 말인 듯합니다.

이 글에서 고귀한 전사들의 무기, 그들이 하나님과 훈련하는 자 앞에서 모든 불신앙이나 배교의 생각들을 물리치기 위해 들고 있는 믿음의 방패, 항상 이기적인 갈망을 근절하기 위해서 들고 있는 영적인 칼, 모든 모욕을 격퇴하기 위한 온유와 인내의 흉배, 구원의 투구처럼 소유하는 영적 교사의 기도 등에 대한 분명한 묘사를 생략해서는 안 될 것입니다. 그들은 두 발을 붙이고 서지 않으며, 한쪽 발은 봉사를 위해 내딛고 다른 쪽 발은 기도 안에 두고 서 있습니다.

순종은 자신의 삶을 완전히 포기하는 것으로서 우리의 행동 방식 안에서 분명히 드러납니다. 또 순종은 정신이 살아 있는 동안에 지체들을 죽이는 것입니다. 순종은 의문의 여지가 없는 움직임이요, 거리낌 없이 받아들여진 죽음이요, 단순한 삶이요, 걱정 없이 직면하는 위험이요, 하나님 앞에서 예고 없이 행하는 항변이요, 죽음 앞에서 두려워하지 않음이요, 안전한 항해요, 잠자는 자의 여정입니다. 순종은 의지의 매장지요 겸손의 부활입니다. 시체는 선하거나 악하게 보이는 것을 반박하거나 검토하지 않습니다. 경건하게 제자의 영혼을 죽이는 영적 아버지는 모든 것에 대해 대답할 것입니다. 실제로, 진지하게 순종한다는 것은 곧 스스로 판단하는 능력을 내려놓는 것입니다.

영혼의 의지와 육체의 지체를 죽이는 일의 시작은 어렵습니다. 중간 단계는 때로는 어렵고 때로는 어렵지 않습니다. 그러나 마지막은 감각으로부터의 해방이요 고통으로부터의 자유입니다.

살아 있으나 죽은 것처럼 사는 복된 사람은 자신이 스스로의 유익을 위해서 행동하고 있음을 발견할 때 마음에 병이 들며, 자신의 개인적인 판단을 사용하고 있음을 깨달을 때 크게 놀랍니다.

그러므로 영적인 신앙고백을 하고 입회한 동료들을 위하여 벌거벗어 그리스도의 멍에를 목에 걸고, 당신의 짐을 다른 사람에게 맡기며, 자원하여 하나님의 종이 되기로 맹세했습니까? 또 이를 위해서 다른 사람의 손에 의해 당신의 진로가 바뀌는 이 큰 바다를 헤엄쳐 건너더라도 그 보상으로 자유를 얻는다는 것을 글로 쓰기 원합니까? 그러나 우리는 좁고 협착한 길로 여행하기 시작했으며, 돌아가는 길이라곤 자신의 제도를 좇아 자신의 의지를 충족시키는 길뿐임을 인정해야 합니다. 만일 겉으로는 선하고 신령하고 하나님을 기쁘시게 하는 듯한 일에 있을지라도 그것을 피한다면, 곧바로 우리의 여정은 끝날 것입니다. 그러므로 순종이란 죽는 날까지 모든 일에 있어서 자아를 신뢰하지 않는 것입니다.

우리가 구원을 향한 참된 갈망을 가지고 겸손하게 고개를 숙이며 주님 안에서 자신을 다른 사람에게 맡기기로 결심한 후에 먼저 해야 할 일이 있습니다. 조금이라도 신중한 사람이라면 자신의 교사를 조사하고 시험해 보아야 합니다. 그리하면 선원을 조타수로 여기거나, 환자를 의사로 여기거나, 정념을 품은 사람을 무정념한 사람으로 여기거나, 바다를 항구로 여겨 영혼이 좌초하는 결과를 초래하지 않을 것입니다. 그러나 거룩한 삶과 순종의 경기장에 들어선 후에는 비록 심판에게서 몇 가지 허물을 발견한다 해도 심판을 비판할 수는 없습니다. 결국 심판은 인간일 따름이며 만일 우리가 그를 비판하기 시작한다면 우리의 순종은 유익을 거두지 못할 것입니다.

상급자들에 대한 확고한 믿음을 유지하려면, 그들의 선한 행위를 기록하여 우리 마음에서 지워질 수 없도록 해야 합니다. 그리하면 귀신들이 우리 안에 그들에 대한 불신의 씨를 뿌려도 우리는 마음속에 보존되어 있는 것에 의해서 그것들을 몰아낼 수 있습니다. 마음에서 믿음의 꽃이 만발할 육신은 그만큼 더 열심히 그것을 섬깁니다. "믿음을 따라 하지 아니하는 것은 다 죄"(롬 14:23)이므로, 불신은 곧 실족하는 것입니다. 상급자를 판단하거나 정죄하려는 생각이 떠오르면, 간음을 물리치듯이 그러한 생각을 떨쳐버리십시오. 그 생각을 출발점으로 삼지 말고, 신뢰하지 말고, 그것이 들어오는 것을 허락하지 마십시오. 그 독사에게 이렇게 말하십시오: "속이는 자여, 내 말을 들어라. 나에게는 상급자를 판단할 권리가 없지만 그분은 나의 재판관으로서의 권위를 가지고 계시다. 나는 그분을 판단하지 않지만, 그분은 나를 판단하신다."

시편으로 노래하는 것은 무기요, 기도는 성벽이요, 정직한 눈물은 목욕이며, 순종은 신앙고백입니다. 순종 없이 정념들에게 복종하는 사람은 주님을 보지 못할 것입니다.

　순종하는 사람은 자신에 대한 판결을 내리는 사람입니다. 주님을 위한 그의 순종이 완전하다면 심판을 피할 것입니다. 그러나 어떤 일에 있어서 자기 스스로의 뜻을 따른다면, 비록 순종한다고 생각할지라도 그것은 자신의 자아에게 책임을 지우는 것입니다. 장상이 책망하는 것은 선한 행동이지만, 그것을 포기하는 경우에 대해서는 할 말이 없습니다.

　단순한 마음으로 주께 복종하는 사람은 선한 경주를 할 것입니다. 만일 그들이 계속 정신을 제어한다면, 귀신들의 사악함을 자신에게 끌어들이지 않을 것입니다.

　특히 우리는 자신의 선한 재판관에게만 죄를 고백해야 합니다. 공개적으로 드러낸 상처들은 악화되지 않고 치유될 것입니다.

　언젠가 나는 어느 수도원에서 무서운 판결을 내리는 것을 보았습니다. 그것은 내가 그곳에 머무는 동안에 인간으로서나 목자로서 매우 선한 수도원장이 내린 판결이었습니다. 강도였던 사람이 수도원에 들어오려고 허락을 구했습니다. 치유의 능력을 가진 탁월한 수도원장은 수도원 생활을 알게 하려고 일주일 동안 완전히 쉬라고 그에게 명령했습니다. 일주일이 지난 후 수도원장은 은밀하게 그에게 사람을 보내어 그곳에서 살고 싶은지를 물었습니다. 강도였던 사람이 수도원 생활에 열심을 보였기 때문에, 수도원장은 그가 세상에서 어떤 나쁜 일을 행했는지를 질문했습니다. 그가 모든 것을 쉽게 인정하는 것을 보고서, 그는 "나는 당신이 이것을 형제들에게 말하기를 원합니다"라고 말했습니다. 강도였던 사람은 자신의 악행을 정말로 미워했고 수치를 두려워하지 않았으므로, 즉시 그 말에 동의하며 "당신이 원하신다면, 알렉산드리아 한복판에서 죄를 고백하겠습니다"라고 말했습니다.

수도원장은 수도원 사람들 모두를 교회에 모이게 했습니다. 모두 230명이 모였습니다. 그날은 주일이었습니다. 거룩한 예배가 진행되었습니다. 복음서를 낭독한 후에 몇 명의 형제들이 이 책망할 수 없는 죄수를 끌고 나왔습니다. 그는 두 손이 뒤로 묶인 채 털로 만든 고행복을 입었고 머리에는 재가 뿌려져 있었습니다. 사람들은 모두 크게 놀랐습니다. 영문을 몰라 소리치는 사람들도 있었습니다. 그러나 강도가 본당 문 앞에 모습을 나타냈을 때, 이 지극히 자비로운 수도원장은 큰 소리로 "멈추시오. 당신은 이곳에 들어올 자격이 없습니다"라고 소리쳤습니다.

강도는 성소에서 들려오는 수도원장의 음성을 듣고 깜짝 놀랐습니다. (그는 나중에 말하기를 그것은 인간의 음성이 아니라 천둥소리 같았다고 말했습니다.) 그는 즉시 땅에 엎드려 한없이 눈물을 흘렸습니다. 그때 이 놀라운 치유자는 그에게 다가가 그를 구원하여 다른 모든 사람에게 구원과 참된 겸손의 본보기로 세우기 위해서 모든 일을 행하려 했습니다. 수도원장은 그에게 모든 사람들 앞에서 자신이 행한 모든 일을 자세히 이야기하라고 권면했습니다. 강도는 두려워 떨면서 본성적인 죄와 그렇지 않은 죄, 인간에게 범한 죄와 짐승들에게 범한 죄, 살인, 그밖에 그가 듣거나 기록하기에도 무서운 여러 가지 죄를 모조리 고백했습니다. 모든 사람이 겁에 질렸습니다. 그러나 그가 고백을 마치자 수도원장은 그에게 수도복을 주고 형제들의 무리에 들어오는 것을 허락했습니다.

나는 이 거룩한 수도원장의 지혜에 크게 놀랐습니다. 나는 그와 단둘이 있을 때 그렇게 특별한 일을 계획한 이유를 물어보았습니다. 이 참된 치유자는 이렇게 대답했습니다: "두 가지 이유가 있습니다. 첫째, 이 사람이 지금 수치스럽게 죄를 고백함으로써 장래에 이러한 행위로 인한 새로운 회한을 느끼지 않게 하려는 것이었는데, 이것은 이미 이루어졌습니다. 그는 자기의 죄를 모두 용서받기까지 바닥에서 일어나지 않았습니다. 그것은 확실한 사실입니다. 실제로 그곳에 있던 형제 중 한 사람은 그가 자기의 죄를 하나씩 고백할 때마다 무섭게 생긴 사람이 책과 펜을 들고서 각각의 죄를 지우는 것을 보았다고 말했습니다. 이것은 있을 수 있는 일입니다. 당신은 '내가 이르기를 내 허물을 여호와께 자복하리라 하고 주께 내 죄를 아뢰고 내 죄악을 숨기지 아니하였더니 곧 주께서 내 죄악을 사하셨나이다'(시 32:5)라는 말을 기억하실 것입니다. 두 번째 이유는 다음과 같습니다. 형제들 중에는 자기의 죄를 고백하지 않은 사람들이 몇 있으며, 나는 이 일을 계기로 그들이 죄를 고백하게 되기를 원합니다. 왜냐하면 죄를 고백하지 않은 사람은 결코 사함을 받지 못할 것이기 때문입니다."

  나는 그 잊을 수 없는 목자와 그의 양무리와 교제하면서 많은 놀라운 일들을 보았으며, 그들에 대해 되도록 많이 이야기하려고 합니다. 나는 잠시 그들과 함께 지내는 동안 그들의 생활방식을 공부할 수 있었고, 이 사람들이 세상에 속해 있으면서도 천상의 존재들을 본받는 데 크게 성공한 것에 끊임없이 놀랐습니다.

  이들은 끊을 수 없는 사랑의 끈으로 묶여 있었습니다. 한층 더 놀라운 것은 그들이 모든 교제와 한가로운 잡담에서 자유롭다는 것이었습니다. 특히, 그들은 결코 형제의 양심을 아프게 하지 않으려고 노력했습니다. 또 누군가가 다른 사람을 미워하면, 목자는 그를 죄수를 가두듯이 고립된 수도원으로 추방했습니다. 언젠가 한 형제가 이웃을 비방했는데, 수도원장은 즉시 그를 쫓아냈습니다. 그는 "나는 이곳에 눈에 보이는 마귀와 눈에 보이지 않는 마귀가 존재하는 것을 원하지 않는다"라고 말했습니다.

나는 이 거룩한 교부들 가운데서 진정 유익하고 칭찬할 만한 일들을 보았습니다. 나는 주 안에서 모여 연합하고 활동과 관상을 훌륭히 결합하여 행하는 형제들을 보았습니다. 그들은 천국에 속한 것들에 몰두해 있었고, 많은 선을 행하기 때문에 수도원장의 격려가 거의 필요하지 않았습니다. 또 그들은 서로 호의를 가지고 거룩한 경계를 하도록 자극했습니다. 그들은 거룩한 훈련을 계획하고 연구하여 제정했습니다. 만일 수도원장이 부재할 때 한 형제가 부정한 말을 하거나 이웃을 비판하거나 한가하게 잡담을 하면, 다른 형제가 말없이 신중하게 고개를 끄덕임으로써 그로 하여금 입을 닫게 만들었습니다. 혹시 고개를 끄덕여도 그 형제가 말을 그치지 않으면, 고개를 끄덕였던 형제가 그 형제 앞에 엎드렸다가 떠나갑니다.

그들이 하는 말은 오직 죽음을 기억하는 것과 영원한 심판을 생각하는 것에 대한 것뿐이었습니다.

그곳에 거주하는 제빵공의 놀라운 업적에 대해서 이야기하겠습니다. 나는 그 제빵공이 일하는 동안 완전히 묵상 상태를 유지하며 많은 눈물을 흘리는 것을 보고서, 어떻게 하여 그러한 은혜를 얻었는지 집요하게 물었습니다. 그는 "나는 항상 사람들이 아니라 하나님을 섬기는 듯합니다. 또 나는 스스로를 조금도 쉴 자격이 없다고 판단합니다. 이 빵 굽는 곳에서 타는 불은 내세의 영원한 불을 기억하게 해줍니다"라고 대답했습니다.

그들에 대한 또 다른 이야기가 있습니다. 그들은 수도원 식당에 있을 때도 마음의 기도를 쉬지 않으며, 은밀한 몸짓과 표식을 통해 서로에게 그것을 상기시켜 줍니다. 그들은 식당에서뿐 아니라 자기들이 모이는 모든 곳에서 그렇게 행했습니다.

그들 중 한 사람이 잘못을 범했을 때 형제들은 그의 동의하에 그 문제를 목자에게 가져가서 그 일에 대한 책임과 형벌을 받게 하려 했습니다. 수도원장은 제자들이 이렇게 행하는 것을 보고서, 실제로는 벌 받는 사람에게 죄가 없다는 것을 알았기 때문에 쉬운 벌을 부과했고 실질적인 범인을 찾아내려 하지 않았습니다.

한담과 경솔한 행위에 대해서는 어떻게 행했을까요? 혹시 그들 중 한 사람이 이웃과 말다툼을 시작한다면, 우연히 그곳을 지나가던 세 번째 사람이 그 일에 대한 참회를 행하여 노염을 해소시킬 것입니다. 혹시 논쟁하는 사람들 사이에 좋지 않은 감정이 지속되는 것을 보면, 그는 그 문제를 수도원장 밑에 있는 신부에게 보고하고, 신부는 해가 지기 전에 두 사람을 화해시키도록 조처할 것입니다. 만일 그들이 계속 좋지 않은 감정을 품는다면, 서로 불화를 해소할 때까지 그들에게 음식을 주지 않거나 그들을 수도원에서 쫓아낼 것입니다.

이러한 엄격함은 그들 가운데서 크게 성장하여 많은 열매를 맺습니다. 이 거룩한 교부들 중 많은 사람들은 활동적인 생활과 영성, 분별과 겸손의 달인이 되었습니다. 그들 중에는 사람들이 보기에 엄격하고 탁월하게 거룩하며 덕망 있는 노인인데도 마치 순종하는 어린아이처럼 행동하며 자신의 겸손함을 가장 즐거워하는 사람들이 있었습니다. 나는 그곳에서 50년 동안 완전히 순종하며 살아온 사람들을 보았습니다. 나는 그들에게 수고함으로써 얻은 위로에 대해 질문했습니다. 어떤 사람은 그렇게 함으로써 그처럼 완전히 자기를 낮춘 후에야 모든 공격을 물리칠 수 있다고 대답했습니다. 한편 또 다른 사람들은 자신이 감각으로부터의 완전한 자유를 획득했고, 온갖 중상과 모욕 가운데서도 평정을 누릴 수 있었다고 말했습니다.

나는 이 훌륭한 교부들에게서 천사들의 흰 머리,[14] 가장 깊은 순결, 그리고 자발적이지만 하나님의 지시를 받은 지혜로운 단순함을 보았습니다. 악한 사람은 두 얼굴을 가지고 있어 공적인 얼굴과 개인적인 얼굴이 서로 다르지만, 단순한 사람은 이중적이지 않고 완전합니다. 그들 중에 세상의 노인들처럼 어리석고 바보 같은 사람들은 하나도 없습니다. 그들은 온유하고 친절하고 행복으로 빛나며, 위선이나 가식이나 거짓된 말과 성향이 없이 성실합니다. 그들은 영적으로 어린아이와 같아서 하나님과 수도원장을 자신의 호흡처럼 여기며, 정신의 눈으로는 귀신들과 정념들을 엄히 경계합니다.

이 복된 사람들의 덕이나 그들의 거룩한 생활에 대해서는 평생을 이야기해도 부족할 것입니다. 또 나의 보잘것없는 제안보다는 그들의 위대한 노력이 더욱 당신을 자극하여 하나님을 향한 사랑에 열심을 다하게 할 수 있을 것입니다. 결국, 겸손한 것은 탁월한 것으로 치장됩니다. 내가 당신에게 요구하는 것은 단지 내가 저술하는 내용이 허구라고 생각하지 말아 달라는 것입니다. 그런 종류의 의심은 이 글의 가치를 줄이는 결과만 초래할 뿐입니다.

이야기를 계속하겠습니다.

지금 이야기하고 있는 수도원에 알렉산드리아 출신의 이시도어라는 사람이 있었습니다. 그 사람은 지배 계층 출신의 수도사였습니다. 나는 그곳에서 그 사람을 만났습니다. 그 사람이 수도원에 들어온 후에 거룩한 수도원장은 그가 잔인하고 음흉하고 거만한 말썽꾸러기라는 것을 알고 그의 내면에 있는 마귀들의 교활함을 압도하였습니다. 그는 이시도어에게 "당신이 그리스도의 멍에

---

14) 흰 머리는 종종 천사들과 연결된다. 세상에서의 수도생활은 천사와 같은 생활이다. 왜냐하면 그것을 획득한 사람은 천사들과 같기 때문이다: 죄에서 자유한 하나님과 인간들의 종.

를 받아들이기로 결정했다면, 우선 순종하는 법을 배우십시오"라고 말했습니다.

이시도어는 "지극히 거룩하신 아버지여, 나는 쇳덩이가 대장장이에게 복종하듯이 당신께 복종합니다"라고 대답했습니다.

수도원장은 즉시 이 비유를 이용하여 이시도어를 연단하기 위한 훈련을 제시하면서 이렇게 말했습니다: "형제여, 내가 당신에게 원하는 일은 이것입니다. 당신은 수도원 문 앞에 서십시오. 그리고 사람들이 문으로 들어가고 나가기 전에 무릎을 꿇고서 '아버지여, 나를 위해 기도해 주십시오. 나는 간질병자입니다'라고 말하십시오." 이시도어는 주님께 순종하는 천사처럼 그 말에 복종했습니다.

그는 7년 동안 문 앞에 서서 그렇게 행하면서 깊이 통회하고 겸손해졌습니다.

7년이 흘러 이 사람이 매우 든든해졌으므로, 수도원장은 그가 수사가 될 자격이 충분하다고 생각하여 수도사로 서품하려 했습니다. 이시도어는 사람들을 통해서 자신이 이 과정을 마칠 수 있게 해달라고 여러 번 수도원장에게 청했습니다. 그는 자기가 머지않아 죽을 것이라고 암시했는데, 실제로 그렇게 되었습니다. 수도원장은 그의 청을 허락했고, 그로부터 열흘 후에 그는 겸손하고 영광스럽게 세상을 떠났습니다. 복된 이시도어는 생전에 수도원의 짐꾼에게 "만일 내가 주님 앞에서 은총을 발견한다면, 당신도 곧 나와 합류하게 될 것입니다"라고 말했었는데, 그가 죽고 나서 일주일 후에 짐꾼 역시 세상을 떠났습니다. 이것은 실제로 있었던 일로서 그의 부끄럽지 않은 순종과 큰 겸손을 증언해 줍니다.

이시도어가 살아 있을 때 나는 그에게 수도원 문 앞에 서 있으면서 어떻게 정신을 집중하는지 물었습니다. 그는 나에게 도움을 주기 원했기 때문에 숨김 없이 말했습니다. "처음에 나는 내가 죄 때문에 노예로 팔렸다고 판단했습니다. 그래서 비통한 마음으로 피를 흘리며 애써 참회했습니다. 일 년이 지났습니다. 내 마음에서는 슬픔이 사라졌고 나는 나의 순종에 대해 하나님께서 주실 상을 생각하기 시작했습니다. 또 일 년이 지났습니다. 나는 마음속으로 수도원에서 살 자격이 없다는 것, 형제들을 만날 자격이 없다는 것, 성찬을 받을 자격이 없다는 것 등을 깨닫기 시작했습니다. 나는 사람들을 대면할 용기가 없어서 시선을 아래로 두었고, 생각을 더욱 낮추고서 드나드는 사람들에게 진심으로 기도를 부탁했습니다."

언젠가 내가 수도원장과 함께 식당에 있을 때, 수도원장은 아주 나이가 많은 사람의 거룩한 분별력을 보기 원하느냐고 작은 소리로 물었습니다. 나는 그렇다고 대답했습니다. 그는 수도원에서 약 48년 동안 지낸 보조 사제인 로렌스라는 사람을 불렀습니다. 옆의 식탁에 있던 그는 수도원장 앞에 한쪽 무릎을 구부리고 앉아 축복을 받은 후에 일어섰습니다. 수도원장은 그에게 아무 말도 하지 않고 식탁 곁에 그냥 세워 두었습니다. 마침 점심시간이 시작되었는데도, 그는 한두 시간 정도 그대로 서 있었습니다. 나는 80세의 백발 노인의 얼굴을 바라볼 수 없었습니다. 그는 우리가 식사를 마칠 때까지 그곳에 서 있었습니다. 식사를 마치고 자리에서 일어나면서 수도원장은 그를 이시도어에게 보내며 "내가 여호와를 기다리고 기다렸더니 귀를 기울이사 나의 부르짖음을 들으셨도다"(시 40:1)를 그에게 낭송해 주라고 명했습니다.

나는 짓궂게도 그 노인을 놀릴 수 있는 기회를 잃지 않으려고 식탁 곁에 서 있으면서 무엇을 생각했느냐고 노인에게 물었습니다. 그는 "나는 그리스도의 상징인 목자를 생각했습니다. 나는 그 명령이 수도원장의 명령이 아니라 하나님의 명령이라고 생각했습니다. 그래서 나는 사람들의 식탁이 아니라 하나님의 제단 앞에 있는 듯이 서서 기도했습니다. 또 나는 내 목자를 믿고 사랑하기 때문에, 그분에 대해서 악한 생각을 하지 않았습니다. 사랑은 무례히 행하지 않는다고 기록되었습니다. 단순하고 교활함이 없는 자가 되기를 원하는 사람은 마귀에게 공격할 시간이나 장소를 제공하지 않습니다."

의로우신 주님은 그 거룩한 무리의 목자에게 그를 똑같이 닮은 사람을 수도원의 회계로 보내주셨습니다. 그는 드물게 겸손하고 온화한 사람이었습니다. 언젠가 이 위대한 수도원장은 사람들에게 교훈을 주기 위해서 교회 안에서 이 사람 때문에 성난 체하면서 시간이 되기도 전에 그에게 밖으로 나가라고 명령했습니다. 나는 그 사람에게는 수도원장이 지적한 죄가 없다는 것을 알고 있었습니다. 나는 수도원장과 단 둘이 있을 때, 그 회계를 용서해달라고 부탁했습니다. 그런데 이 지혜로운 원장은 이렇게 말했습니다: "아버지여, 나도 그에게 죄가 없다는 것을 알고 있습니다. 그러나 굶주린 어린아이가 들고 있는 빵을 빼앗는 것이 부당한 일인 것처럼, 수도원장이 모욕과 수치와 멸시와 조롱을 참고 견딤으로써 매 시간 받을 자격이 있다고 생각하는 면류관을 얻을 기회를 거부한다면, 영혼을 지도하는 자는 자기 자신과 수도자들에게 해를 끼치게 됩니다. 매우 잘못된 일 세 가지가 발생합니다. 첫째, 지도자는 잘못을 고쳐준 데 대해 받아야 할 상을 잃습니다. 둘째, 지도자는 그 한 사람의 덕을 통해서 다른 사람들에게 유익을 줄 수 있었음에도 불구하고 유익을 주지 못합니다. 셋째, 애써 일하며 순종하여 덕 안에 확고히 선 것처럼 보이는 사람도 수도원장이 얼마 동안 비난하거나 책망하지 않고 내버려두면 이전에 가졌던 온유함과 순종을 잃어버립니다. 이것은 가장 좋지 않은 일입니다. 비옥하여 많은 열매를 맺는 좋은 땅이라도 수치라는 물을 주지 않고 내버려두면, 허영심과 비겁함과 오만이라는 가시덤불이 자라는 숲으로 변할 수 있습니다. 위대한 사도 바울은 이것을 이해했기 때문에 디모데에게 '범사에 오래 참음과 가르침으로 경책하며 경계하며 권하라' (딤후 4:2)고 훈계합니다."

그러나 수도원장과 그 문제에 대해 논하던 중 나는 그의 인간적인 연약함을 상기시키면서 그러한 벌은 합당하든지 그렇지 않든지 간에 많은 사람들로 하여금 무리를 떠나게 만들 수도 있다고 주장했습니다. 지혜로운 수도원장은 이렇게 말했습니다. "그리스도를 위하여 믿음과 사랑으로 지도자와 결합된 영혼은 피를 흘려도 떠나가지 않습니다. 비록 목자로 말미암아 상처가 났았어도 그는 떠나지 않습니다. 왜냐하면 그는 '천사들이나 권세자들이나…다른 어떤 피조물이라도 우리를 우리 주 그리스도 예수 안에 있는 하나님의 사랑에서 끊을 수 없으리라' (롬 8:38-39 참조)는 말을 명심하고 있기 때문입니다. 이런 식으로 목자와 결합되어 헌신하지 않는 영혼은 이곳에 있어서는 안 될 것입니다. 왜냐하면 그는 위선과 거짓 순종으로써 목자와 결합되어 있기 때문입니다." 이 위대한 수도원장은 양들을 완전함으로 이끌고 인도하여 흠이 없는 제물로 그리스도께 바쳤습니다.

이제 질그릇 안에서 발견되는 하나님의 지혜의 말을 들어보겠습니다.

나는 그곳에 있으면서 수련수사들의 믿음과 인내심을 보고 크게 놀랐습니다. 그들은 흔들림 없는 용기를 가지고 수도원장이나 그들보다 지위가 낮은 사람들의 비난을 받아들였습니다.

나는 15년 동안 수도원 생활을 했는데도 불구하고 거의 모든 사람들로부터 부당한 대접을 받는 아바키루스라는 형제에게 몇 가지를 물었습니다. 거의 날마다 식탁에서 시중을 드는 사람들은 그가 말을 자제하지 않는다는 이유로 그를 쫓아냈습니다. 나는 "형제 아바키루스여, 당신이 거의 날마다 식당에서 쫓겨나 저녁을 먹지 못한 채 잠자리에 드는 이유는 무엇입니까?"라고 물었습니다.

그는 이렇게 대답했습니다: "아버지여, 당신은 그들이 정말로 나를 모질게 대하려는 의도에서 그렇게 행하는 것이 아니라 내가 수도사가 될 수 있는지 알기 위해서 나를 시험하고 있다고 확신하실 것입니다. 나는 수도원장과 형제들이 무엇을 하려고 노력하고 있는지 알기 때문에 이 모든 일을 참고 견디며, 그로 인해 부담을 느끼지 않습니다. 이런 식으로 1년을 살아왔습니다. 처음에 수도원에 들어왔을 때, 나는 세상을 버린 사람들은 30년 동안 시험을 받는다는 말을 들었습니다. 그들의 말이 옳습니다. 금은 정련되지 않으면 순금이 되지 못합니다."

아바키루스는 내가 수도원에 도착하고 나서 2년을 더 살았습니다. 그는 임종하기 직전에 수사들에게 이렇게 말했습니다. "주님과 여러분에게 감사합니다. 여러분은 나의 구원을 위해서 나를 시험했고, 지금까지 17년 동안 나는 마귀의 유혹을 받지 않고 살았습니다." 수도원장은 그를 참회자로서 그 지역 성인들이 묻힌 곳에 매장하라고 명했습니다.

그들 중에서 하나님을 향한 열심을 가진 사람인 마케도니우스 부주교의 업적과 그가 받은 상에 대해서 언급하지 않을 수 없습니다.

언젠가 주현절 이틀 전에 마케도니우스는 수도원장에게 개인적인 일로 알렉산드리아에 가는 것을 허락해 달라고 요청했습니다. 그는 주현절 준비를 위해서 늦지 않게 돌아오겠다고 약속했습니다. 그러나 선한 것을 미워하는 마귀는 이 부주교가 가는 길을 방해했습니다. 그리하여 마케도니우스는 수도원장이 정해준 시간에 수도원으로 돌아오지 못했습니다. 그는 하루 늦게 돌아왔기 때문에 수도원장은 그를 부주교직에서 해임하고 가장 낮은 수련수사의 지위로 강등시켰습니다. 이 선한 순종의 종, 인내의 사람은 수도원장의 결정을 마치 다른 사람의 일인 것처럼 평온한 마음으로 받아들였습니다. 그렇게 40일 동안 지낸 후 수도원장은 그를 다시 원래의 지위로 복귀시켰습니다. 그런데 불과 하루 뒤에 그는 "나는 알렉산드리아에 있는 동안 용서받지 못할 죄를 지었습니다"라고 말하면서 이전의 치욕스러운 지위로 돌려 달라고 청했습니다. 그의 말은 사실이 아니었고, 수도원장도 그 사실을 알고 있었습니다. 그는 겸손을 위해서 벌을 받으려 했고, 그의 소원은 받아들여졌습니다. 이 백발의 노인은 수련수사로서 지내면서 모든 사람들에게 자기를 위해 기도해 달라고 부탁했습니다. 그는 "나는 불순종이라는 간음죄를 범했습니다"라고 말했습니다. 그러나 위대한 마케도니우스는 자신이 자원하여 이렇게 비천한 생활을 선택한 이유를 나에게 설명해 주었습니다. "나는 지금처럼 내면에서 갈등을 느끼지 않고 거룩한 빛의 달콤함을 느끼며 지낸 적이 없었습니다. 천사들은 타락하지 않으며 타락할 수 없다고 말합니다. 그러나 사람들은 타락하지만 곧바로 다시 일어설 수 있습니다. 마귀들은 한 번 넘어지면 다시 일어설 수 없습니다."

  그 수도원에서 회계를 맡고 있는 형제는 자신 있게 말했습니다: "나는 젊어서 짐승들을 돌보는 책임을 맡았을 때 아주 좋지 않은 영적 잘못을 범했습니다. 그 이후로 나는 마음의 은신처에 뱀을 숨겨두지 않고 뱀의 꼬리를 잡아서 치유자에게 보여드렸습니다. 그러면 치유자께서는 내 뺨을 살짝 때리고 미소를 지으면서 '됐습니다. 이제 조금도 무서워하지 말고 하던 일을 계속하십시오'라고 말했습니다. 나는 치유자께서 말씀하신 대로 열심히 행했고, 며칠 뒤에 나는 완전히 치유받았음을 알게 되었습니다. 그리하여 나는 두려움과 기쁨을 동시에 느끼면서 계속 일을 수행했습니다."

각각의 피조물에게는 다른 피조물과 구분되는 차이점들이 있다고 합니다. 형제들의 모임에서도 그렇습니다. 그곳에서는 성공과 성향의 차이점들이 발견됩니다. 만일 바깥 세상에서 수도원을 찾아온 사람들 앞에서 자신을 자랑하는 사람을 발견하면, 치유자는 방문객들 앞에서 그에게 크게 모욕을 주고 가장 치욕스러운 일을 하게 합니다. 그리하면 그가 급히 물러가곤 합니다. 세속적인 방문객들이 찾아오는 일은 극기의 기회가 됩니다. 그리하여 허영심이 스스로를 몰아내는 장관을 볼 수 있습니다.

주님은 수도원의 거룩한 아버지들 중 한 분의 기도를 나에게서 빼앗지 않으셨습니다. 내가 떠나기 일주일 전에 그분은 나를 수도원에서 서열이 두 번째인 메나스라는 훌륭한 사제에게 데려가셨습니다. 그분은 59년 동안 공동체에서 생활하면서 모든 직무를 수행해 오신 분이었습니다. 이 거룩한 수도사가 세상을 떠난 지 사흘 뒤 갑자기 그분이 묻혀있는 곳에 향기가 피어올랐습니다. 우리가 수도원장의 허락을 받고 관을 열어보니 그분의 두발에서 두 줄기 몰약처럼 보이는 것이 흘러나오고 있었습니다. 선생님은 우리 모두에게 "보십시오. 그분이 수고하며 흘린 땀이 몰약처럼 하나님께 드려졌고 받아들여졌습니다"라고 말씀하셨습니다.

그곳의 형제들은 이 거룩한 성인 메나스가 행한 많은 승리의 사건들에 대해 묘사했습니다. 그중에는 다음과 같은 이야기가 있습니다. 한번은 수도원장이 그분의 인내심을 시험해보려 했습니다. 저녁 때 그분이 수도원장의 수실에 들어와 엎드려 항상 하던 대로 가르침을 구했습니다. 그런데 수도원장은 그분을 땅에 엎드린 채로 내버려 두었다가 성무일과 시간이 되어서야 축복해주었습니다. 거룩한 수도원장은 그의 영웅적인 인내심을 알기 때문에 그가 자기를 과시하며 조급하다고 비판했습니다. 이것은 모든 사람들의 교화를 위한 행동이었습니다.

이 이야기는 거룩한 메나스의 제자에 의해 확인되었습니다. "나는 그분이 거룩한 수도원장 앞에 엎드려 있는 동안에 잠이 들었었느냐고 물었습니다. 그러나 그 분은 엎드려 있는 동안 시편 전체를 낭송했다고 말해 주었습니다."

이 담화를 한층 더 아름답게 만들어주는 내용이 있습니다. 언젠가 나는 그곳에서 가장 경험이 많은 원로들과 함께 정적에 대해서 논의했습니다. 그분들은 미소를 지으면서 쾌활하게 다음과 같이 말했습니다: "요한 신부님, 우리는 육적인 존재들이며 육적인 생활을 하고 있습니다. 이 사실을 알기 때문에 우리는 자신의 연약함의 분량대로 싸웁니다. 우리는 항상 격분하여 우리를 대적하는 무기를 가지고 다니는 귀신들과 싸우기보다는 때로는 격분하고 때로는 통회하는 사람들과 싸우는 편이 낫다고 생각합니다."

그 훌륭하신 분들 중 한 사람은 나에게 큰 사랑을 보여주었습니다. 그분은 무척 솔직한 분이었는데, 언젠가 그분 나름대로 친절하게 이렇게 말씀해주셨습니다:

"지혜로운 사람이여, 만일 당신의 내면에 '내게 능력 주시는 자 안에서 내가 모든 것을 할 수 있느니라'(빌 4:13)고 했던 분의 능력을 소유한다면, 만일 성령께서 거룩한 성모 마리아에게 순결의 이슬처럼 임하셨듯이 당신에게 임하신다면, 만일 지극히 높으신 분의 능력이 당신에게 인내의 그림자를 드리우신다면, 당신은 우리 하나님이신 그리스도처럼 순종의 수건을 허리에 묶고 침묵의 만찬 자리에서 일어나 통회하는 심령으로 형제들의 발을 씻고 뜻을 낮추어 형제들의 발 아래 뒹굴 것입니다. 잠들지 않는 엄격한 수문장을 당신의 마음 문에 세우십시오. 당신의 사지가 비틀리고 어지럽게 움직일 때 내적 침묵을 실천하십시오. 이상한 말처럼 들리겠지만, 격정이 솟구치는 동안 영혼의 평정을 유지하십시오.

　논쟁을 원하는 당신의 입을 억제하십시오. 당신의 입은 폭군입니다. 당신은 하루에 일곱 번씩 일흔 번 그것과 싸워야 합니다. 정신을 영혼에 고정시키고, 모루 위의 쇳덩이처럼 망치로 내리치십시오. 정신은 모욕과 조롱을 당해야 합니다. 그러나 결코 파괴되거나 짓밟혀서는 안 됩니다. 정신은 동요됨이 없이 평정을 유지해야 합니다. 더러운 옷을 벗어버리듯이 당신의 의지를 버리십시오. 그렇게 벗어버린 후에 실천의 경기장으로 들어가십시오. 손에 넣기가 매우 어렵지만 믿음의 흉배를 입으십시오. 그리고 당신을 훈련하신 사람의 불신 때문에 그것이 깨지거나 훼손되지 않도록 하십시오. 촉각의 부끄러움을 모르는 도약을 절제의 고삐로 억제하십시오. 육체적인 아름다움을 생각하면서 시간을 허비하려 하는 눈은 죽음을 묵상함으로써 억제하십시오. 쓸데없는 데 분주하며 형제의 무모한 비평과 정죄를 의지하려 하는 정신을 억제하십시오. 이웃을 사랑하고 동정하십시오. 지극히 사랑하는 아버지여, 우리가 함께 사는 것처럼 서로를 사랑한다면 우리가 그리스도의 제자라는 것을 모든 사람들이 알게 될 것입니다. 친구여, 이곳에 우리와 함께 머무십시오. 매 시간 생명수를 마시듯이 단숨에 조롱을 들이키십시오. 다윗은 해 아래서 모든 쾌락을 시도해 보았지만 결국은 '형제가 연합하여 동거함이 어찌 그리 선하고 아름다운고' 라고 말합니다(시 133:1). 그러나 만일 이러한 인내와 순종의 복이 아직 우리에게 주어지지 않았다면, 우리가 행할 수 있는 최선의 일은 먼저 우리 자신의 연약함을 발견하고 경기장에서 떨어져 있으면서 경주하는 사람들을 축복하고 그들이 인내할 수 있는 힘을 얻도록 기도하는 것입니다."

　이것이 선한 아버지요 탁월한 교사이신 분, 나와 더불어 친구처럼 복음적이고 예언적으로 논쟁하신 분의 이야기였습니다. 나는 그의 말에 감복하여 조금도 망설이지 않고 복된 순종이 으뜸이라는 데 동의했습니다.

이 복된 교부들의 탁월한 덕에 대해 조금 더 언급하겠습니다.

복된 목자는 우리가 서서 기도하는 동안 어떤 사람들이 계속 이야기하는 것을 보았습니다. 목자는 그들을 일주일 내내 교회 앞에 서서 교회에 드나드는 사람들에게 엎드려 절하게 했습니다. 이보다 놀라운 일은 그러한 명령을 받은 사람들이 사제들이었다는 사실입니다.

나는 시편을 노래하는 동안 한 형제를 주목해 보았습니다. 그는 다른 형제들보다 더 많은 감정을 나타냈고, 그의 움직임과 표현은 마치 누군가와 대화를 계속하고 있는 듯했는데, 특히 찬송을 시작할 때 그러했습니다. 나는 그에게 그것에 대해 설명해 달라고 부탁했는데, 그는 그것에 대해 침묵하지 않는 것이 나에게 유익하다는 것을 알았기 때문에 다음과 같이 말해 주었습니다. "요한 사제님, 나의 생각과 정신과 영혼을 모으는 습관입니다. 나는 그것들을 부르면서 '오라 우리가 굽혀 경배하며 우리의 왕이요 하나님이신 그리스도 앞에 무릎을 꿇자'라고 소리칩니다."

나는 또 식당에서 일하는 형제를 주목해 보았습니다. 그 형제는 허리끈에 작은 책을 두르고 다녔습니다. 나는 그가 매일 자기의 생각들을 그 책에 기록하여 지도자에게 보여준다는 것을 알게 되었습니다. 나는 그 형제는 물론이요 많은 형제들이 이렇게 행한다는 것을 알게 되었는데, 이것이 수도원장의 지시에 따른 것임도 알게 되었습니다.

언젠가 수도원장은 이웃을 수다쟁이요 떠벌이라고 비방한 형제를 쫓아냈습니다. 쫓겨난 수도사는 꼬박 일주일 동안 수도원 문 앞에서 용서를 구했습니다. 영혼을 사랑하는 사람이 이것을 알게 되었습니다. 그분은 그 형제가 엿새 동안 아무것도 먹지 않았다는 말을 듣고서 그에게 "그대가 진심으로 수도원에서 살기를 원한다면, 나는 그대를 참회자의 지위로 강등시킬 것이오"라고 말했습니다. 통회하는 수도사는 기꺼이 동의했고, 지도자는 그를 자신의 실수로 인해 애통하고 있는 사람들이 거주하는 고립된 수도원으로 데려가라고 명령했습니다.

이 수도원에 대해서 언급했으므로, 그에 대해 몇 마디 더해야 할 듯합니다.

대수도원에서 얼마 떨어진 곳에 감옥이라고 불리는 모진 장소가 있었습니다. 그곳에서는 빵과 다진 채소 외에 음식을 준비하기 위한 기름이나 포도주나 땔감 등을 볼 수 없었습니다. 수도생활을 시작한 후에 죄를 범한 사람들은 허락 없이 그곳에서 나갈 수 없었고, 한 곳에 모일 수도 없었습니다. 각 사람에게는 자신의 방이 있었습니다. 주께서 수도원장에게 그들 각 사람에 관해 어떤 보증을 주시기 전까지는 기껏해야 두 사람이 함께 지낼 수 있었습니다. 그들을 맡고 있는 이삭이라는 위대한 사람은 그들에게 쉬지 말고 기도하라고 요구했습니다. 낙담을 막기 위해서 그들에게는 바구니나 멍석을 만들 수 있는 많은 종려 잎이 주어졌습니다. 진실로 야곱의 하나님의 얼굴을 구하는 그들의 실존과 규칙, 생활방식이 이러했습니다.

거룩한 사람들의 노고를 칭찬하는 것은 좋은 일이며, 그들을 본받는 것은 구원을 가져다 줍니다. 그러나 갑자기 변덕스럽게 그들의 생활방식의 모든 면을 본받으려는 것은 이성적이지 못하고 또 불가능합니다.

우리는 책망을 받을 때, 주님이 우리가 애써 결심하는 것을 보시고 우리의 죄를 씻어주시며 우리 마음을 잠식하는 슬픔을 기쁨으로 바꾸어 주실 때까지 자신의 죄를 기억해야 합니다. 성경에 "내 속에 근심이 많을 때에 주의 위안이 내 영혼을 즐겁게 하시나이다"라고 기록되었습니다(시 94:19). 또 우리는 "우리에게 여러 가지 심한 고난을 보이신 주께서 우리를 다시 살리시며 땅 깊은 곳에서 다시 이끌어 올리시리이다"(시 71:20)라는 말씀도 기억해야 합니다.

　날마다 주님을 위해서 멸시와 비방을 받으면서도 참고 인내하는 사람은 복된 사람입니다. 그는 순교자들의 합창대에 합류하며 천사들과 친밀하게 대화할 것입니다. 매시간 자신이 수치와 멸시를 받을 만하다고 생각하는 수도사는 복된 사람입니다. 또 그 목적을 위해서 자기의 뜻을 죽이는 사람, 주 안에서 지도자에게 자신을 돌보도록 맡기는 사람은 복된 사람입니다. 그는 장차 십자가에 돌아가신 분의 오른손에 놓일 것입니다. 그러나 정당한 비판이든지 그렇지 않든지 간에 비판을 받아들이려 하지 않는 사람은 자신의 구원을 포기하는 사람입니다. 반면에 비판을 받아들이는 사람은 곧 죄사함을 받을 것입니다.

　당신의 영적 아버지에 대한 믿음과 솔직한 사랑을 하나님께 보여드리십시오. 당신이 영적 아버지에 대해 호감을 갖듯이 하나님은 우리가 알지 못하는 방법으로 그분을 강권하여 당신에게 호의를 갖고 당신을 좋아하게 만드실 것입니다.

　모든 뱀들을 드러내 보이는 사람은 자신의 믿음의 실체를 보여주지만, 그것들을 감추는 사람은 길 없는 황무지를 걸어갑니다.

　형제의 죄 때문에 울며 형제의 진보와 주어진 선물들로 인해 기뻐하는 사람은 진심으로 그를 사랑하는 사람입니다.

　대화중에 비록 올바른 견해라도 자기의 견해를 주장하려는 충동에 사로잡힌다면, 자신이 마귀의 병에 감염되었음을 알아야 합니다. 만일 그가 자신과 대등한 사람들과 이야기할 때 이런 식으로 행동한다면, 상급자로부터의 책망이 그를 고쳐줄 수 있을 것입니다. 그러나 만일 그가 자기보다 위대하고 지혜로운 사람들을 대할 때도 이런 태도를 취한다면, 그의 질병은 인간적인 수단에 의해서는 치료될 수 없습니다.

대화중에 복종하지 않는 사람은 행동에 있어서도 복종하지 않을 것입니다. 작은 일에 충성하지 않는 것은 큰 일에 충성하지 않는 것이며, 이러한 태도는 통제하기가 대단히 어렵습니다. 그러한 수도사의 수고는 헛수고이며, 그는 거룩한 순종으로부터 심판만 초래할 것입니다.

영적 아버지에게 순종하는 일에 있어서 양심이 깨끗한 사람은 죽음이 마치 잠이나 생명인 듯이 날마다 죽음을 기다립니다. 또 그는 세상을 떠나야 할 때 자신이 아니라 영적 지도자가 보고서를 제출하라는 부르심을 받게 된다는 것을 확실히 알기 때문에 두려워하지 않습니다.

만일 어떤 사람이 자기의 영적 아버지를 위해 어떤 임무를 맡아 실천하는 동안에 실족한다면, 그는 자신에게 무기를 준 아버지가 아니라 자기 자신을 탓해야 합니다. 왜냐하면 그는 원수를 대적할 무기를 받고서 그것으로 자기 마음을 공격했기 때문입니다. 그러나 만일 처음에 영적 아버지에게 자신의 연약함을 설명했음에도 불구하고 어쩔 수 없이 주님을 위해서 그 임무를 받아들였다면, 용기를 내야 합니다. 그는 실족했을지는 모르나, 죽은 것은 아닙니다.

친구들이여, 나는 아직 한 가지 달콤한 덕을 이야기하지 않았습니다. 나는 하나님을 위해서 모욕과 멸시를 받아들임으로써 준비하였기 때문에 사람들로부터 모욕을 받더라도 비틀거리지 않는 주님의 종들을 보았습니다.

죄고백은 묵상하는 영혼을 보호하여 죄를 범하지 않게 해주는 고삐와 같습니다. 그러나 우리는 고백하지 않고 남겨둔 것을 마치 어둠 속에서 행할 때처럼 두려움이 없이 계속 행합니다.

만일 지도자가 떠나 없을 때에 그분의 얼굴을 그려본다면, 만일 그분이 항상 곁에 서 있다고 생각한다면, 만일 모임이나 말이나 음식이나 잠 등 지도자가 반대하리라고 생각되는 모든 것을 피한다면, 우리는 이미 참된 순종을 터득한 것입니다. 거짓 자녀들은 교사가 떠나 있으면 기뻐하지만, 참된 자녀들은 그것을 손해로 여깁니다.

언젠가 나는 매우 경험이 많은 아버지에게 순종을 통해서 겸손을 얻는 방법에 대해 질문했습니다. 그는 이렇게 대답했습니다: "지혜롭게 순종하는 사람은 비록 자신이 죽은 사람을 살릴 수 있고 눈물의 은사를 가지고 있고 갈등에서 자유로울 수 있어도, 그것이 영적 지도자의 기도로 말미암아 주어진 것이라고 판단할 것이며, 그렇기 때문에 주제넘게 행동하지 않습니다. 자기가 노력해서 얻은 것이 아니라 지도자의 노력으로 주어진 것을 어찌 자랑할 수 있겠습니까?"

위에서 언급한 덕의 실천은 은둔자hesychast에게는 알려지지 않은 것입니다. 그는 자부심 때문에 자신의 의로운 행동을 자신에게 돌리며, 자신의 업적들이 자신의 노력의 결과라고 주장합니다. 순종하며 사는 사람은 두 개의 올무(즉, 불순종과 자부심)를 피하고 그리스도의 순종하는 종으로 머뭅니다.

마귀는 순종하는 사람들을 대적합니다. 때때로 그는 육체적인 더러움과 무자비함으로 그들을 더럽히거나 평소보다 더 부산하게 만듭니다. 또 그들을 메마르고 건조하게 만들고, 기도를 게을리 하게 하고 졸고 조명을 받지 못하게 만듭니다. 그들이 낙심하여 노력하지 못하게 하고, 그들로 하여금 자신의 순종이 아무런 유익이 없으며 자신이 퇴보하고 있다고 생각하게 만들기 위해서, 마귀는 이렇게 행동합니다. 마귀는 우리의 것처럼 보이는 것을 섭리에 의해 거두어 가시는 것이 우리의 깊은 겸손의 전조임을 우리가 깨닫지 못하게 합니다.

미혹자는 종종 인내에 의해 극복되지만, 그가 활동하는 동안 또 다른 사자가 다른 방식으로 우리를 속이려고 기다리고 서 있습니다.

나는 순종하는 생활을 하면서 지도자의 인도를 받아 통회하고 온유하고 절제하고 열심을 내며 소란함이나 시끄러움에서 자유로운 사람들을 알고 있었습니다. 그런데 귀신들이 그들에게 와서는 그들이 이제 독거생활을 할 자격이 있다고, 즉 그들이 은둔자로서 정념으로부터의 완전한 자유라는 궁극적인 상을 얻게 될 것이라고 속삭였습니다. 그리하여 미혹된 사람들은 항구를 떠나 바다로 나갔고, 폭풍우가 임했을 때 안내인이 없어 불쌍하게도 이 더러운 바다에서 오는 재앙에 그대로 노출되었습니다.

마른 땅에서 자란 나무와 건초라는 정념의 강물에 의해서 운반된 부패한 것들을 떨쳐버리기 위해서 이 바다를 뒤흔들어 성나게 해야 합니다. 태풍이 잦아들면 바다에는 깊은 평온함이 옵니다.

어떤 때는 지도자에게 복종하고 어떤 때는 복종하지 않는 사람은 마치 시선을 약에 두었다가 생석회에 두었다가 하는 사람과 같습니다. "한 사람은 집을 짓고 한 사람은 그 집을 헐어 버린다면, 그들에게 헛수고 이외에 무엇이 남겠는가?"라는 말이 있습니다(집회서 43:23).

주님의 순종하는 종이여, 자만심의 영에 미혹되어 자신의 죄를 마치 남의 죄인 듯이 지도자에게 고백하지 않도록 하십시오. 당신의 상처를 치유자에게 그대로 보여드리십시오. 당신은 수치를 통해서만 수치로부터의 자유를 얻을 수 있습니다. 부끄러워하지 말고, 지도자에게 이렇게 고백하십시오: "아버지여, 이것이 나의 상처입니다. 그것의 원인은 다름 아닌 나의 태만함입니다. 이 일로 인해 다른 사람을 탓할 수 없습니다. 그것은 완전히 나의 태만함 때문입니다."

죄를 고백할 때는 정죄받은 사람처럼 바라보고 행동해야 합니다. 고개를 숙이고, 할 수 있으면 당신의 재판관이요 치유자이신 분을 그리스도처럼 여겨 그분의 발에 눈물을 흘리십시오(종종 귀신들은 우리를 설득하여 죄고백을 생략하거나 자신의 죄를 마치 다른 사람의 죄인 것처럼 고백하거나 또는 자신의 죄에 대한 책임을 다른 사람에게 전가하게 만들려 합니다).

습관은 취미가 되고 취미는 습관이 됩니다. 특히 덕이 습관에 의존할 때 그러합니다. 여기에서 하나님은 공동협력자이십니다.

우리가 처음에 자신의 완전한 영혼이 모욕을 당하는 것을 허락한다면, 여러 해 동안 복된 평안을 찾기 위해 애쓸 필요가 없습니다.

우리를 도와주는 사람에게 죄를 고백하면서 엎드리는 것이 옳지 않다고 생각해서는 안 됩니다. 유죄선고를 받은 죄수들은 가엾은 표정에 의해서, 진지한 고백과 탄원에 의해서 판사의 냉혹함을 부드럽게 하고 분노를 자비로 변하게 합니다. 나는 이러한 일이 발생하는 것을 본 적이 있습니다. 그렇기 때문에 세례 요한은 자기에게 오는 사람들에게 세례를 받기 전에 죄를 고백할 것을 요구했습니다. 이는 그가 그들의 죄를 알고자 했기 때문이 아니라 그들의 구원을 이루기 위한 것이었습니다.

죄를 고백한 후에 공격이 계속되어도 놀라지 마십시오. 자만심과 싸우는 것보다는 생각들과 싸우는 편이 낫습니다.

헤시카스트들과 은둔자들에 관한 이야기에 도취되거나 흥분하지 마십시오. 우리는 최초의 순교자이신 그리스도의 군사로서 행진하고 있습니다. 행진하다가 넘어지면 훈련장에 머물러 있어야 합니다. 왜냐하면 그 때는 어느 때보다 치유자가 필요하기 때문입니다. 도움을 받고 있는 동안에 바위에 발을 부딪치는 사람은 도움을 받지 못한 채 비틀거릴 뿐만 아니라 죽을 수도 있을 것입니다.

우리가 약할 때 마귀들은 재빨리 덤벼듭니다. 마귀들은 독거생활을 시작하라고 합리적인 구실처럼 보이는 것을 제안합니다. 우리가 죄를 범하고 있을 때 원수들은 우리에게 상처를 주려 합니다.

의사가 당신을 도울 수 없다고 말하면 다른 의사를 찾아가야 합니다. 왜냐하면 의사의 도움 없이는 병이 나을 수 없기 때문입니다. 솜씨 좋은 조타수가 타고 있는데도 배가 좌초했다면, 만일 조타수가 한 사람도 없었다면 그 배는 분명히 침몰했을 것입니다.

겸손은 순종에서 나오며, 겸손에서 무정념이 나옵니다. "우리를 비천한가운데서도 기억해 주신 이에게 감사하라 그 인자하심이 영원함이로다 우리를 우리 대적에게서 건지신 이에게 감사하라 그 인자하심이 영원함이로다"(시 136:23-24). 그러므로 순종에서 무정념이 나오며, 무정념을 통해서 겸손의 목표가 달성된다고 말할 수 있습니다. 모세가 율법의 시작인 것처럼, 겸손은 무정념의 시작입니다.

치료자를 철저히 시험해보고 그에게서 도움을 받고서는 완전히 낫기도 전에 그를 버리고 다른 사람에게 가는 환자는 하나님으로부터 벌을 받아 마땅합니다. 당신을 주님께 데려다준 사람의 손에서 도망치지 마십시오. 당신은 살면서 다시는 그분을 존경한 것만큼 다른 사람을 존경하지 않을 것입니다.

훈련 받지 않은 군인이 동료 병사들을 떠나서 홀로 싸우는 것은 안전하지 못합니다. 마찬가지로 수도사가 영혼의 정념들과의 싸움에서 풍부한 경험과 실천을 쌓기도 전에 독거생활을 시작하는 것은 위험한 일입니다. 전자는 자기의 육신을 위태롭게 하고, 후자는 자기의 영혼을 위태롭게 합니다. 성경은 "두 사람이 한 사람보다 낫다"(전 4:9)고 말합니다. 이것은 아들이 성령의 거룩한 능력의 도움을 받아서 자신의 성질과 싸울 때 아버지와 함께 있는 것이 낫다는 의미입니다. 장님에게서 안내인을, 양떼에게서 목자를, 길 잃은 사람에게서 조언자를, 아이에게서 아버지를, 병자에게서 의사를, 배에게서 조타수를 빼앗는 사람은 모든 사람에게 위협거리가 됩니다. 도움을 받지 않은 채 영들을 대적하여 싸우려는 사람은 오히려 영들에게 살해됩니다.

환자에게는 우선 아픈 곳을 지적해 주어야 하며, 순종을 시작한 사람은 겸손을 나타내야 합니다. 통증이 사라지는 것은 건강이 회복된다는 신호요, 자기-비판의 증가는 순종의 신호입니다. 이보다 더 분명한 신호는 없습니다.

우리의 양심은 순종의 거울이 되어야 합니다.

침묵생활을 하면서 아버지에게 복종하는 사람들을 대적하는 것은 귀신들뿐입니다. 그러나 공동체 안에 사는 사람들은 귀신들과 인간들을 대적하여 싸워야 합니다. 전자는 항상 스승의 엄밀한 감시 아래 있기 때문에 스승의 명령을 엄격하게 지키며, 후자는 스승이 떠나 있다는 이유로 어느 정도 스승의 명령을 범합니다. 그러나 그들은 열심히 일함으로써 자신의 고집으로 인한 실패를 보상하며, 그에 따라서 두 배의 면류관을 얻습니다.

우리는 조심하여 자신을 지켜보아야 합니다. 항구에 배들이 가득하면 배가 서로 충돌하기 쉽습니다. 특히 나쁜 기질의 벌레들에 의해 배에 구멍이 숭숭 뚫려 있을 때 그렇습니다.

지도자 앞에서 완전한 침묵과 무지를 실천해야 합니다. 침묵하는 사람은 지혜의 아들이요 항상 위대한 지식을 얻습니다. 나는 어느 수도사가 순종하면서 지도자의 말을 기다리는 것을 지켜보며 몹시 두려웠던 적이 있습니다. 왜냐하면 그것이 그를 겸손하기보다 교만하게 만드는 것을 보았기 때문입니다.

우리는 언제 어떤 형태로 봉사가 기도보다 우월함을 차지하는지 부지런히 조심하여 지켜보아야 합니다. 왜냐하면 우리는 항상 모든 일을 행할 수 없기 때문입니다.

　형제들과 함께 있을 때 자신을 지켜보십시오. 그리고 어떤 상황에서든지 자신을 그들보다 낫다고 여기지 마십시오. 만일 그런 행동을 한다면, 당신은 두 배나 잘못을 범하게 될 것입니다. 즉 당신의 거짓된 열심과 주제 넘는 행동은 그들을 성나게 할 것입니다.

　영혼 안에서 열심을 내십시오. 그러나 표면적으로는 그것에 대한 작은 신호나 말이나 암시를 하지 마십시오. 당신이 이웃을 멸시하는 일을 중지하는 순간, 그렇게 할 수 있을 것입니다. 또 만일 그렇다면, 당신이 자만심의 척도에 따라 형제들과 다르지 않게 되기 위해 형제들을 닮으십시오.

　언젠가 자기 스승의 업적을 자랑하곤 하는 미숙한 제자를 본 적이 있습니다. 그는 이런 식으로 다른 사람이 수확한 것에서 자신을 위한 영광을 획득하리라고 생각했지만 스스로에게 욕을 초래했을 뿐입니다. 모든 사람들이 그에게 "그런데 그렇게 좋은 나무에서 어떻게 죽은 가지가 자랄 수 있단 말입니까?"라고 질문했습니다.

　우리는 아버지의 조롱을 담대히 참고 견딜 때 인내심이 많다는 명성을 얻는 것이 아니라 온갖 종류의 사람들로부터 오는 모욕을 참을 때 인내심이 많다는 명성을 얻습니다. 우리가 아버지의 모욕을 참고 견디는 것은 존경심에서 오는 것이요, 그것이 의무이기 때문입니다.

　모든 사람에게서 오는 조롱을 정욕으로부터 당신을 깨끗이 하기 위해서 주어지는 생명수인 것처럼 들이키십시오. 그렇게 하면 당신의 영혼 안에서 깨끗함이 그 모습을 드러내며, 당신의 마음속에서 하나님의 빛이 희미하게 밝아올 것입니다.

형제들이 당신을 만족스럽게 여긴다고 하여 스스로 우쭐해서는 안 됩니다. 우리 주위에는 온통 도둑들이 가득합니다. "이와 같이 너희도 명령 받은 것을 다 행한 후에 이르기를 우리는 무익한 종이라 우리가 하여야 할 일을 한 것뿐이라 할지니라"(눅 17:10)는 경고를 기억하십시오. 우리는 임종할 때 우리에게 어떤 판결이 내려질지 발견할 것입니다.

수도원은 세상에 있는 천국입니다. 그러므로 우리는 주님을 섬기는 천사들처럼 우리 마음을 조율해야 합니다. 이 천국에 사는 사람들도 이따금 돌같은 마음을 갖습니다. 그러나 그들은 양심의 가책에 의해서 위로를 얻어 자만심에서 도망치며, 눈물로 자신의 고역을 가볍게 만듭니다.

작은 불이 큰 밀랍 덩어리를 녹일 수 있고, 작은 모욕이 마음의 냉혹함과 무감각함과 굳음을 부드럽게 하여 완전히 씻어낼 것입니다.

언젠가 두 사람이 눈에 뜨이지 않는 곳에 앉아서 금욕고행자들이 고생하고 신음하는 모습을 지켜보고 있었습니다. 한 사람은 그들을 본받기 위해서였지만, 다른 한 사람은 때가 되면 하나님의 일꾼을 조롱하고 그의 선한 일을 방해하기 위해서 지켜보고 있었습니다.

사람들의 내면에 혼란과 격한 감정을 초래하는 비합리적인 방법으로 침묵하지 말며, 서두르라는 말을 들었을 때 행동이나 속도를 늦추지 마십시오. 그렇지 않으면 당신은 귀신 들린 사람이나 반역자보다 더 나쁜 사람이 될 것입니다. 나는 욥의 말처럼 영혼들이 어떤 때는 느린 성격 때문에 괴로워하고, 어떤 때는 지나친 열심 때문에 괴로워하는 것을 보았습니다. 나는 악의 다양함에 크게 놀랐습니다.

사람들과 함께 있는 사람은 시편을 노래하기보다는 기도로부터 더 많은 유익을 얻을 수 있습니다. 왜냐하면 많은 사람의 음성들로 인한 혼란함이 시편을 불분명하게 만들기 때문입니다.

항상 생각들과 싸우며, 그것들이 멀리 배회할 때 그것들을 불러들이십시오. 하나님은 순종하는 사람들이 기도할 때 생각이 완전히 분심되지 않을 것을 요구하시지는 않습니다. 생각들을 도둑맞으면 낙심하지 말고 평정을 유지하며, 끊임없이 정신을 불러들이십시오.

숨이 끊어질 때까지 싸움을 포기하지 않겠다고, 몸과 영혼이 수천 번 죽어도 참고 견디겠다고 은밀히 맹세한 사람들은 쉽게 이러한 어려움에 빠지지 않을 것입니다. 마음이 한결같지 못하고 자신이 속한 곳에 충실하지 못할 때 비틀거리고 재앙을 초래하는 것입니다. 쉽게 이 수도원 저 수도원으로 옮겨 다니는 사람들은 가장 부적절한 사람입니다. 참을성이 없이 조급한 것은 무익함으로 가장 쉽게 이어집니다.

만일 당신이 지금까지 알지 못했던 병원과 의사를 발견한다면, 지나가는 나그네처럼 행동하면서 조용히 그곳에 사는 사람들의 의견을 조사해 보십시오. 그러나 만일 그곳에서 일하는 의사들과 직원들이 당신의 병을 고쳐줄 수 있다는 것, 특히 당신을 짓누르고 있는 영적 교만을 치료할 수 있다는 것을 발견한다면, 그들에게로 가서 겸손이라는 금을 주고 치료를 받으며, 순종의 양피지 문서에 당신의 조건을 기록하십시오. 그리고 천사들을 증인으로 삼아 그들 앞에서 당신의 외고집의 책을 찢어버리십시오.

만일 당신이 이곳저곳으로 방황한다면, 그리스도께서 당신의 몸값으로 지불하신 금을 낭비할 것입니다. 그러므로 당신에게 있어서 수도원은 무덤 이전의 무덤이 되어야 합니다. 일반적인 부활이 되기 전에는 아무도 무덤에서 나올 수 없습니다. 만일 밖으로 나간 수도사들이 있다면 그들은 정말로 죽은 자들입니다. 이런 일이 일어나지 않도록 주님께 부탁하십시오.

게으른 사람들은 명령이 가혹하다고 생각되면, 자기들에게는 기도가 더 좋다고 결정합니다. 그러나 하기 쉬운 일이 주어지면, 큰 불에서 뛰쳐나오듯이 기도를 중단합니다.

어떤 특별한 임무를 생각해 보십시오. 어떤 사람은 형제의 정신의 평화를 위해서 그것을 제쳐 놓고, 어떤 사람은 게으르기 때문에 제쳐 놓습니다. 그러나 어떤 사람은 허영심 때문에 그 일을 행하며, 또 어떤 사람은 열심 때문에 행합니다.

만일 어떤 의무를 행하기로 맹세한 후에 자신의 영혼의 눈이 전혀 진보하지 않았다는 사실을 의식하게 된다 해도, 그 일을 그만두는 것을 허락받으려 하지 마십시오. 참된 수도사는 어디에서든지 참고 견딥니다. 이것은 역으로도 성립됩니다.

세상에서는 비방이 불화를 초래해 왔지만, 수도 공동체에서는 탐식이 타락과 범죄를 초래합니다. 탐식을 억제하면 어디에 거하든지 냉정을 유지할 수 있지만, 탐식을 억제하지 못하면 무덤 밖에 있는 모든 장소가 당신에게 위협이 될 것입니다.

소경을 지혜롭게 하시는 주님은 순종하는 사람의 눈을 열어 영적 지도자의 덕을 보게 하시고 그의 허물은 보지 못하게 하시지만, 선한 것을 미워하는 사람에게는 그와 반대되는 일을 행하십니다.

수은을 완전한 순종의 모범으로 삼으십시오. 수은은 어떤 물질과 함께 굴려도 가장 낮은 곳으로 굴러가며 결코 더러운 것과 섞이지 않을 것입니다.

열성적인 사람들은 특히 스스로에게 좋지 않은 판결이 임하지 않도록 하려면 빈둥거리는 사람을 정죄하지 않도록 조심하십시오. 롯이 의롭다 함을 받은 이유가 바로 그것이었다고 생각됩니다. 그는 자신과 함께 사는 사람들을 정죄하지 않은 듯합니다.

언제나, 특히 찬송을 하는 동안에는 분심되지 않고 조용해야 합니다. 마귀는 분심이라는 수단에 의해서 우리의 기도를 무익하게 만들려고 노력합니다.

어느 주님의 종은 사람들 앞에 서 있으면서도 정신적으로는 기도하면서 천국의 문을 두드립니다.

초심자의 영혼에게 모욕과 멸시 등은 쓴 쑥과 같습니다. 칭찬, 영예, 인정 등은 꿀과 같아서 쾌락을 사랑하는 사람들 안에 온갖 종류의 달콤함을 낳습니다. 그러나 우리는 그것들 각각의 본질을 기억해야 합니다. 쓴 쑥은 모든 내면의 더러움을 정화해 주지만, 꿀은 담즙을 증가시킵니다.

주님 안에서 우리를 돌보는 사람들을 완전히 신뢰해야 합니다. 그들이 우리의 구원과 상반되는 것처럼 보이는 일을 행하라고 명령해도 신뢰해야 합니다. 그때 그들에 대한 우리의 믿음은 마치 수치의 용광로에서처럼 시험을 받습니다. 가장 순수한 믿음의 표식은 우리가 바라던 것과 반대되는 일이 일어나는 것을 볼 때도 망설임 없이 지도자에게 순종하는 것입니다.

앞서 말했듯이 순종에서 겸손이 나오며 겸손에서 분별이 나옵니다. 이것은 위대한 존 카시안(John Cassian)이 분별에 관한 글[15]에서 이야기한 것입니다. 분별에서 통찰이 나오고 통찰에서 예지가 나옵니다. 이러한 축복이 앞에 있는데도 이 훌륭한 순종의 경주를 하지 않으려는 사람이 있을까요? 시편 기자는 이 위대한 덕을 염두에 두고 이렇게 말했습니다: "하나님이여 주께서 가난한 자를 위하여 주의 은택을 준비하셨나이다"(시 68:10).

살아가는 동안 18년 동안 지도자에게서 "네가 구원받기를 기원한다"라는

---

15) 존 카시안(John Cassian)의 『담화집』(은성출판사, 엄성옥 역), "두 번째 담화"를 참조하라.

말을 듣지 못한 위대한 경주자를 기억하십시오. 그러나 그 사람은 내면에서 "네가 구원받기를 기원한다"라는 불확실한 소원이 아니라 "너는 구원받았다"라는 분명하고 확실한 말을 날마다 들었습니다.[16]

순종하며 사는 사람들이 있었습니다. 그들은 지도자가 친절하고 관대한 것을 알고서 자기들의 소원대로 하게 해달라고 허락을 구했습니다. 만일 그들이 허락을 받는다면, 그들 자신은 참회자의 면류관을 완전히 빼앗기게 된다는 것을 알아야 합니다. 순종은 위선이나 외고집과는 다릅니다.

어느 수도사에게 명령이 주어졌습니다. 그는 그 명령을 수행해도 자신에게 아무런 즐거움이 임하지 않으리라는 것을 알았습니다. 그래서 그는 명령을 취소해 달라고 요청했습니다. 또 다른 수도사는 그것을 알고서도 즉시 복종했습니다. 두 사람 중에 누가 더 경건하게 행동했겠습니까?

마귀는 자신의 뜻을 거슬러 행동하지 못합니다. 혼자서든지 공동체 안에서든지 태만하게 생활하는 사람들을 통해서 우리는 이것을 깨달아야 합니다. 만일 다른 곳으로 옮기라는 유혹이 임한다면, 그것을 그곳에서의 삶이 하나님이 기뻐하시는 삶이라는 증거로 삼으십시오. 우리를 대적하는 전쟁은 곧 우리가 전쟁을 하고 있다는 증거입니다.

이제 다른 한 가지에 대해 말하고자 합니다. 사람들이 알아야 할 것을 나만 알고 있는 것은 동료들을 배반하는 일과 같습니다.

사바스 수도원의 요한은 나에게 귀중한 것을 말해 주었습니다. 그는 편견이 없고 거짓이나 악한 말과 행위와는 거리가 먼 사람으로서 개인적인 경험을 토

---

16) 『사막 교부들의 금언』(The Sayings of the Desert Fathers, 은성출판사), "테베 사람 요한"을 참조하라.

대로 하여 볼 때 거룩한 사람이었습니다.

다음은 그가 나에게 말해준 것입니다: "내가 속해 있던 아시아에 있는 수도원에 대단히 부주의하고 연단되지 못한 장로가 있었습니다. 이것은 그를 비판하는 말이 아니라 사실입니다. 어떻게 하여 이루어졌는지 모르지만, 그에게 제자가 생겼습니다. 아카키우스Acacius라는 마음씨 곱고 현명한 청년이었는데, 그는 많은 사람들이 거의 믿을 수 없을 일을 이 장로에게서 당하면서도 참고 지냈습니다. 그는 날마다 모욕과 냉대를 받았을 뿐만 아니라 심지어 매를 맞기도 했습니다. 그의 상태는 가장 비천한 종의 상태처럼 좋지 않았습니다. 나는 그를 만나면 '아카키우스 형제여, 오늘은 어떻습니까?' 라고 말을 걸곤 했습니다. 그는 매 맞아서 멍든 눈이나 목이나 머리를 보여주곤 했습니다. 나는 그가 노동자라는 것을 알고 있었기 때문에 '잘했어요. 참고 견디십시오. 그러면 당신에게 유익할 것입니다' 라고 말해주곤 했습니다. 그는 그렇게 9년 동안 이 무자비한 장로의 학대를 참고 견디다가 세상을 떠났습니다. 그가 교부들의 공동묘지에 매장되고 나서 닷새 후에 아카키우스의 스승은 그곳에 살고 있는 어느 장로를 찾아가서 '아버지여, 아카키우스 형제가 죽었습니다' 라고 말했습니다. 장로는 '그 말을 믿을 수 없습니다' 라고 대꾸했고, 그는 '와 보십시오' 라고 말했습니다. 장로는 즉시 일어나서 아카키우스의 스승과 함께 공동묘지로 갔습니다. 그리고는 죽었으나 진실로 살아있는 그를 불러 마치 살아있는 사람에게 하듯이 이야기했습니다: '형제 아카키우스여, 네가 죽었느냐?' 이 지극한 순종의 사람은 죽어서조차 순종하여 '진실로 순종하는 사람이 어찌 죽을 수 있단 말입니까?' 라고 대답했습니다. 아카키우스의 스승이었던 장로는 겁에 질려 엎드려 눈물을 흘렸습니다. 후일 그는 대수도원Luara의 수도원장에게 무덤 근처에 있는 수실을 달라고 요청했습니다. 그는 그곳에서 경건하게 생활하면서 교부들에게 '나는 살인범입니다' 라고 말하곤 했습니다. 요한 신부님, 그런데 내 생각에 죽은 청년에게 말한 사람은 위대한 요한이었던 것 같습니다. 그 복된 영혼은 실제로 자신에 대한 이야기를 마치 다른 사람의 이야기처럼 해 준 적이 있기 때문입니다."

요한은 또 이렇게 말했습니다: "같은 수도원에 있는 안티오쿠스라는 사람이 매우 온유하고 너그럽고 온화한 수도사의 제자가 되었습니다. 그는 그 장로가 자기를 존경하며 보살펴주고 있다는 것을 깨닫고, 이것이 많은 사람들에게 해를 끼칠 수도 있다고 생각했습니다. 그래서 그는 장로에게 자기를 다른 곳으로 보내 달라고 부탁했습니다. 장로에게는 다른 제자가 있었기 때문에 그가 없어도 불편을 느끼지 않을 듯했습니다. 그리하여 그는 장로의 편지를 가지고 폰투스에 있는 수도원으로 갔습니다. 그는 그곳에 도착한 날 밤에 꿈을 꾸었습니다. 그에 대한 보고서가 작성되고 있었는데, 두려운 계산을 한 뒤에도 그에게는 여전히 100파운드의 금이 빚으로 남아 있었습니다. 잠에서 깬 뒤에 그는 이 꿈에 대해 생각하면서 '불쌍한 안티오쿠스야, 네가 빚을 갚으려면 아직도 멀었구나' 라고 말했습니다."

그는 계속해서 말했습니다.

"이 수도원에서 유일한 외국인 수도사로서 멸시와 모욕을 받으며 3년을 생활한 후에 나는 다시 누군가가 나에게 10파운드를 외상으로 팔았다는 어음을 주는 꿈을 꾸었습니다. 나는 잠에서 깨어나 꿈에 대해 생각하면서 '이제 10파운드뿐이구나. 나머지는 언제 갚을 수 있을까?' 라고 생각했습니다. 그 다음에는 '불쌍한 안티오쿠스, 아직도 어려운 일과 수치가 남아있다니' 라고 말했습니다. 그 후 나는 모든 사람들을 섬기는 일을 소홀히 하지 않으면서도 바보

exichon[17])인 체하며 지냈습니다. 무자비한 교부들은 내가 기꺼이 그들을 나와 동일한 신분으로 섬기는 것을 보고, 수도원의 힘든 일을 모두 나에게 맡겼습니다. 그렇게 13년이 지난 후 나는 꿈에서 전에 나에게 나타났던 사람들을 보았습니다. 그들은 빚을 완전히 갚았다는 증표의 영수증을 나에게 주었습니다. 그러므로 수도사들이 어떤 식으로든지 나에게 부담을 주면, 나는 나의 빚을 생각하고 용기를 얻었습니다."

지혜로운 요한은 이 모든 일을 마치 다른 사람의 일인 것처럼 이야기해 주었습니다. 그것이 그가 자기 이름을 안티오쿠스[18])라고 바꾼 이유였습니다. 그러나 실제로 그는 용감하게 인내함으로써 빚을 상쇄한 사람이었습니다(골 2:14 참조).

이 거룩한 사람은 완전한 순종을 통해서 분별의 은사를 얻었습니다. 그가 성 사바스 수도원에서 사는 동안 세 명의 젊은 수도사들이 제자가 되려고 그를 찾아왔습니다. 그는 그들을 기꺼이 영접하고 후히 대접했습니다. 이는 오랜 여행으로 쇠약해진 그들의 기운을 회복시켜 주려는 마음에서였습니다. 사흘이 지난 후, 그는 그들에게 "형제들이여, 나는 간음하려는 성향이 매우 강하기 때문에 당신들을 제자로 받아들일 수 없습니다"라고 말했습니다. 그러나 그들은 이 노인의 선한 행위를 알고 있었기 때문에 그의 말에 분개하지 않았습니다. 그들이 아무리 애원해도, 그는 마음을 바꾸려 하지 않았습니다. 그리하여 그들은 그 앞에 엎드려 최소한 어디서 어떻게 살아야 하는지에 대한 기준이 될

---

17) 헬라어 *exichon*은 수덕훈련으로서 바보인 체하는 사람을 지칭. 전문 용어가 아니지만 분명히 동일한 전통 안에 있는 용어이다(cf. Palladius, *The Lausiac History*, ch. 34).

18) "역경을 참고 견디다"라는 의미

규칙을 달라고 부탁했습니다. 그는 그들의 간청에 굴복했고, 또 그들이 자신이 주는 규칙을 겸손하게 순종하면서 받아들일 것을 알았기 때문에 그들 중 한 사람에게 "아들아, 주님은 네가 영적 지도자의 지도를 받으면서 고독한 곳에서 살기를 원하신다"라고 말했습니다. 두 번째 사람에게는 "가서 네 뜻을 완전히 하나님께 맡기고 네 십자가를 지고, 형제들의 공동체와 수도원 안에서 인내하면서 살아라. 그리하면 분명히 천국의 보물을 소유하게 될 것이다"라고 말했습니다. 세 번째 사람에게는 "네가 호흡을 할 때 '끝까지 견디는 자는 구원을 얻으리라'(마 10:22)는 구절도 함께 호흡하여라. 이제 가서, 할 수 있다면 주님 안에 있는 가장 엄격하고 모진 지도자를 찾아내고, 날마다 모욕과 조롱을 젖과 꿀인 듯이 받아들여라"라고 말했습니다. 그 형제는 요한에게 "그러나 만일 지도자가 방종하다면, 어떻게 합니까?"라고 물었습니다. 장로는 "비록 그가 간음하는 것을 보더라도 그에게서 떠나지 말고, 스스로에게 '친구여 네가 무엇을 하려고 왔느냐'(마 26:50)라고 질문하여라. 그렇게 하면 교만이 너에게서 떠나가며 욕정이 말라버리는 것을 보게 될 것이다"라고 말했습니다.

주님을 경외하기 원하는 사람들은 덕의 학교에서 악의와 악한 짓, 교활함과 잔꾀, 호기심과 노염 등을 습득하지 않도록 힘써야 합니다. 그것은 가능한 일이며, 놀라운 일이 아닙니다. 사람이 평범한 시민, 선원, 노동자로 있을 때는 왕의 원수들이 그를 대적하기 위해 무장하지 않습니다. 그러나 그가 왕의 도장[19], 방패, 단검, 칼, 활, 군복 등을 받아들이는 것을 보면, 원수들은 이를 갈면서 그를 죽이기 위해 할 수 있는 온갖 일을 합니다. 그러므로 방심해서는 안 됩

---

19) 군인들에게는 낙인을 찍었다. "인"은 세례의 인을 암시적으로 비유하기도 한다. cf. John Chrysostom, *Hom.* 3, 7 in II Cor. (PG 61, 418).

니다.

나는 천진난만하고 사랑스러운 어린이들이 지혜와 교육과 유익을 얻기 위해 학교에 가지만 다른 학생들과 접촉함으로 말미암아 교활함과 악덕을 배우는 것을 보았습니다. 지혜로운 사람은 내 말을 이해할 것입니다.

기술을 배우기 위해서 철저히 노력하는 사람은 날마다 진보합니다. 어떤 사람들은 자신이 어떻게 진보하고 있는지를 알지만, 하나님의 섭리에 의해서 그것을 알지 못하는 사람들도 있습니다. 훌륭한 은행가는 저녁이면 반드시 수입과 지출을 계산합니다. 그러나 만일 그가 장부에 매 시간 항목들을 기록해두지 않는다면, 그는 이것을 분명히 파악할 수 없습니다. 매 시간의 거래가 하루의 거래를 낳는 것입니다.

어리석은 사람은 누군가가 자기를 비난하거나 소리를 치면 불쾌해 합니다. 그는 비난한 사람에게 대꾸하거나 사과하려 합니다. 이는 그가 겸손하기 때문이 아니라 그 사람의 비난을 중지시키기 위해서입니다. 우리는 조롱을 당할 때 침묵해야 합니다. 이러한 영적인 뜸이나 정화의 불을 인내하며 받아들이십시오. 또 의사가 치료를 마친 후에는 그에게 용서를 구하십시오. 이는 그가 화가 났을 때 당신의 사과를 받아들이지 않을 수도 있기 때문입니다.

공동체에서 생활하는 사람들은 매 시간 모든 정념들을 대적하여 싸워야 합니다. 특히 탐식과 나쁜 기질을 대적해야 합니다. 공동체 안에는 이러한 정념들을 키워줄 양식이 풍부합니다.

마귀는 순종하며 사는 사람들에게 불가능한 덕들을 추천하고, 독거생활을 하는 사람들에게 어울리지 않는 생각들을 제안합니다. 만일 당신이 순종의 생활을 하는 미숙한 초심자의 생각을 살펴본다면, 생각들이 서로 조화를 이루지 않는다는 것을 발견할 것입니다. 예를 들면 침묵하려는 소원, 금식하려는 소원, 끊임없이 기도하려는 소원, 허영심으로부터의 완전한 자유를 얻으려는 소원, 항상 죽음을 기억하려는 소원, 부단한 양심의 가책을 원하는 마음, 노염으로부터 완전히 해방되고픈 마음, 깊은 침묵을 향한 소원, 탁월한 순결을 원하는 마음 등은 서로 조화를 이루지 못합니다. 또 하나님의 섭리에 의해서 처음에 그들에게 이러한 일들이 발생하지 않으면, 그들은 미혹되어 다른 삶을 향해 돌진합니다. 원수는 그들이 때가 되었을 때 인내하여 이러한 덕들을 획득하지 못하게 하려고, 그들을 설득하여 너무 일찍 이러한 덕들을 바라보게 합니다. 또 미혹자는 독거생활을 하는 사람들 앞에서 순종 생활을 하는 사람의 환대, 봉사, 형제애, 공동체 생활, 병자 방문 등에 대한 칭찬을 쌓아올립니다. 마귀는 이들 모두를 침착하지 못하고 부산하게 하려고 노력합니다.

독거생활을 할 수 있는 사람은 극히 적습니다. 실제로 하나님의 격려를 받아서 수고하며 노력하여 하나님의 도움을 받은 사람들만이 독거생활을 할 수 있습니다.

지도자를 제대로 선택하려면 정념들의 본질과 순종의 본질을 분석해야 합니다. 정욕이 문제인 사람은 기적을 행하고 모든 사람을 환영하고 식사를 대접하는 사람을 지도자로 삼지 말고, 음식의 위로를 거부하는 금욕고행자를 지도자로 삼으십시오. 오만한 사람은 관대하며 융통성이 있는 사람이 아니라 집요한 사람을 지도자로 삼으십시오. 예지와 선견을 가진 사람을 찾지 말고, 진실로 겸손한 사람, 우리의 약점과 어울리는 성품과 거처의 소유자를 찾아야 합니다. 위에서 언급한 의로운 아바키루스의 예를 기억하십시오. 항상 지도자가 당신을 시험하고 있다고 가정하는 훌륭한 습관을 채택하십시오. 그 습관은 순종으로 이어질 것이며, 당신은 크게 잘못되지 않을 것입니다. 만일 당신이 항상 지도자로부터 신랄하게 비판을 받아 그분에 대한 큰 믿음과 사랑을 획득한다면, 성령께서 보이지 않게 당신의 영혼 안에 거처를 취하셨고 지극히 높으신 분의 능력이 당신을 덮었다고 확신할 수 있습니다. 그러나 모욕과 조롱을 받을 때 담대히 행했다고 해서 자랑하거나 그 일을 세상에 알려서는 안 됩니다. 그보다는 당신이 비판을 받은 것과 당신의 지도자를 자극하여 당신에게 분을 쏟아내게 한 것으로 인해 슬퍼하십시오. 이제 내가 하려는 말에 놀라지 마십시오(이 말은 모세의 지지를 받아 하는 말입니다). 우리 아버지에게 범죄하기보다는 하나님께 범죄하는 편이 낫습니다. 만일 우리가 하나님을 노하게 한다면, 우리의 지도자가 하나님을 우리와 화해시킬 수 있습니다. 그러나 만일 지도자가 노한다면, 하나님 앞에서 우리를 변호해줄 사람이 없습니다. 어쨌든 이 두 가지 상황은 동일합니다.

사람들이 목자에게 우리를 비방할 때, 우리는 언제 침묵하고 참아야 하며, 언제 자신을 변호해야 하는지 신중하게 결정해야 합니다. 나는 우리에게 모욕이 가해질 때는 항상 침묵해야 한다고 생각합니다. 왜냐하면 우리가 그것으로부터 유익을 얻을 수 있기 때문입니다. 그러나 다른 사람이 개입되어 있을 때는 사랑과 평화의 결속을 유지하기 위해서 변호해야 합니다.

순종을 포기한 사람들은 그것의 가치를 강조할 것입니다. 왜냐하면 순종했을 때만 그들은 자신이 살고 있는 천국을 완전히 이해하기 때문입니다.

무정념과 하나님을 위해서 노력하는 사람은 비판을 받지 않은 날을 버림받은 날로 여깁니다. 나무가 바람에 흔들리면 뿌리를 땅 속으로 더 깊이 내리듯이, 순종하는 사람은 요동하지 않는 든든한 영혼이 됩니다.

독거생활을 하는 수도사는 자신의 약점이 무엇인지를 깨달았을 때, 그리고 장소를 바꾸어 순종의 생활을 시작할 때, 마치 눈을 뜬 소경처럼 시력을 회복하여 어려움 없이 그리스도를 볼 수 있습니다.

그러므로 형제 경주자들이여, 계속 달리십시오. 지혜의 말에 귀를 기울이십시오: "그분은 용광로 속의 금처럼 그들을 시험하시고 번제물처럼 그들을 받아들이셨다"(지혜서 3:6). 성부와 성자와 성령께 영원히 영광과 권세가 있을지어다. 아멘.

이 계단의 숫자는 복음서 기자들의 수와 동일합니다. 경주자여, 두려워하지 말고 계속 달리십시오.

다섯 번째 계단
참회

　과거에는 요한이 베드로보다 앞섰으며, 지금은 순종이 회개보다 우선합니다. 먼저 도착한 요한은 순종을 나타내며, 베드로는 회개를 나타냅니다.

　회개는 세례의 갱신이며 인생의 새로운 출발을 위한 하나님과의 계약입니다. 회개는 겸손을 구매하려 하며, 육체적인 위로를 믿지 않습니다. 회개는 비판적인 깨달음이며, 자신에 대한 확실한 경계입니다. 회개는 희망의 딸로서 절망을 거부합니다(회개하는 사람은 죄를 범한 사람이지만 창피를 당하지 않습니다). 회개는 죄와 반대되는 선한 행위를 행함으로써 주님과 화목하는 것입니다. 그것은 양심의 정화요, 자발적으로 고난을 참고 견디는 것입니다. 회개하는 사람은 자신의 형벌을 다룹니다. 왜냐하면 회개는 위胃를 무섭게 박해하는 것이요, 영혼을 채찍질하여 큰 깨달음을 얻게 하는 것이기 때문입니다.

　내 주위에 모여서 주님을 노엽게 한 당신들에게 하는 말을 들어보십시오. 와서 주님이 여러분의 덕을 세우기 위해서 내 영혼에게 계시해 주신 것을 보십시오.

　우선 굴욕을 당했음에도 존경받는 일꾼들의 이야기를 하겠습니다. 예상치 않게 타락했을 수도 있는 사람은 듣고 주목하고 행동하십시오. 죄 때문에 침울해 있던 사람들은 모두 일어나 앉으십시오. 형제들이여, 내 말을 들으십시오. 참된 회심으로 다시 하나님과 화목하기를 원하는 사람들이여, 내 말에 귀를 기울이십시오.

나는 "감옥"이라고 불리는 외딴 수도원에 살고 있는 사람들에게는 이상하지만 위대한 생활 방식과 겸손의 방식이 있다는 말을 들었습니다. 그곳의 지도자는 위에서 말한 사람, 빛들 중의 빛과 같은 사람이었습니다. 나는 그곳을 방문하여 그 선한 사람에게 그곳을 보여 달라고 부탁했습니다. 어떤 사람의 영혼도 슬프게 만들기를 원하지 않는 그 지도자는 내 부탁을 허락했습니다.

그리하여 나는 참회자들의 거처인 참된 애통의 장소로 갔습니다. 나는 건성건성 보는 사람은 결코 보지 못하는 것, 열의 없는 사람은 결코 듣지 못하는 것, 빈둥거리는 사람의 마음으로는 전혀 감지할 수 없는 것을 보았습니다. 나는 하나님의 자비를 초래할 수밖에 없는 행동과 말, 하나님의 사랑을 획득하는 육체의 행위와 태도들을 보았습니다.

나는 비난을 받았지만 무죄한 사람들이 새벽까지 밤새도록 밖에서 전혀 움직이지 않고 쉬지도 않고 잠도 자지 않고, 스스로를 책망하며 욕설과 모욕으로 잠을 쫓아내며 서 있는 것을 보았습니다.

어떤 사람들은 하늘을 바라보면서 눈물을 흘리고 소리치며 도움을 간구했습니다. 어떤 사람들은 자신이 하늘을 바라볼 자격이 없다고 생각하여 죄수처럼 두 손을 뒤로 묶고, 슬픈 표정을 짓고, 고개를 숙인 채 기도했습니다. 그들은 양심의 가책 때문에 말도 못하고, 하나님께 드리는 기도를 시작조차 못하고 있었습니다. 또 그들은 어둠과 절망으로 가득 차 있었기 때문에 빈 영혼과 말 없는 정신만 하나님께 바칠 수 있는 것처럼 보였습니다. 어떤 사람들은 참회의 베옷을 입고 무릎 사이에 고개를 파묻고 앉아서 이마로 땅을 치고 있었습니다.

어떤 사람들은 자신의 과거생활과 영혼의 상태를 생각하면서 가슴을 치고 있었습니다. 어떤 사람은 눈물을 흘렸고, 또 어떤 사람들은 눈물조차 흘릴 수 없어 자신을 때리고 있었습니다. 어떤 사람은 마음의 슬픔을 감당할 힘이 없었기 때문에 자신의 영혼 너머로 죽은 자들을 위한 만가를 부르고 있었습니다. 또 어떤 사람들은 통곡 소리를 죽이고 내면으로 신음하다가 더 이상 견딜 수 없게 되어 갑자기 소리치기도 했습니다. 어떤 사람은 정신이 나간 것 같고, 절망 때문에 말을 잃고, 주위의 삶에 대해 무감각하고, 절망의 불 속에서 눈물이 말라버린 것처럼 보였습니다.

또 어떤 사람은 시선을 땅에 고정시키고 깊은 생각에 젖은 채 계속 고개를 움직이고 있었습니다. 그들은 내면 깊은 곳에서부터 사자처럼 으르렁거리고 신음했습니다. 어떤 사람들은 희망을 가지고 완전한 용서를 구했고, 어떤 사람들은 지극히 겸손하게 자신이 용서받을 자격이 없다고 비난하면서 하나님 앞에서 자신을 변호할 능력이 자신에게 없다고 토로했습니다. 어떤 사람들은 주님께 이 세상에서 자신을 벌하고 내세에서는 자비를 베풀어 달라고 탄원했습니다. 또 어떤 사람들은 양심의 가책에 짓눌려 성실하게 "우리는 천국에 갈 자격이 없습니다. 그러나 장래의 형벌을 면하게 해주시면 만족하겠습니다"라고 말하곤 했습니다.

그곳에서 나는 고통의 무게 때문에 슬퍼하는 겸손하고 통회하는 영혼들을 보았습니다. 그들의 음성과 하나님께 외치는 소리는 돌들을 움직여 그들을 동정하게 만들 것 같았습니다. 그들은 땅을 내려다보면서 이렇게 말하곤 했습니다. "우리는 모든 형벌과 고통을 받아야 마땅하다는 것을 압니다. 정말 그렇습니다. 온 세상으로 하여금 우리를 위해서 울게 해도, 우리가 지은 것을 보상할 수 없을 것입니다. 우리는 오직 '주의 분으로 나를 견책하지 마옵시며 주의 진노로 나를 징계하지 마옵소서'(시 62:1)라고 외치고 기도하며 탄원할 뿐입니다. 용서해 주십시오. 당신의 큰 위협과 알지 못하는 은밀한 고통으로부터 우리를 구해주시는 것으로 충분합니다. 우리는 감히 완전한 용서를 구할 수 없습니다. 서원을 깨끗이 지키지 못하고 당신의 인자와 용서를 더럽힌 우리가 어찌 완전한 용서를 구할 수 있겠습니까?"

그곳에서는 다윗의 말이 이루어지는 것을 볼 수 있었습니다. 왜냐하면 그곳 사람들은 곤경에 처해 있었고, 몸의 상처가 썩어 냄새가 나는 것도 의식하지 못한 채 날마다 슬퍼하며 지내면서 삶의 종말에 굴복하고 있었습니다(시 38:6-7). 그들은 음식 먹는 것을 잊었고, 음료수에는 눈물이 섞여 있었습니다. 그들은 빵이 아니라 먼지와 재를 먹었고, 마른 풀처럼 말라 살이 뼈에 붙어 있었습니다(시 102: 4-12). 그들이 하는 말은 "화로다, 화로다. 슬프도다, 슬프도다. 주님, 이것은 공정합니다, 공정합니다. 우리를 용서해 주십시오, 용서해 주십시오"뿐이었습니다. 어떤 사람은 "불쌍히 여기소서, 불쌍히 여기소서"라고 말하고, 또 어떤 사람은 더욱 슬프게 "주님, 용서해 주십시오. 할 수만 있다면 용서해 주십시오"라고 말했습니다.

어떤 사람의 혀는 마치 개의 혀처럼 말라 늘어져 있었습니다. 어떤 사람은 작열하는 햇볕 속에서 자신을 벌했고, 어떤 사람은 추운 곳에서 자신을 괴롭혔고, 또 어떤 사람은 갈증으로 죽지 않을 만큼만 물을 마셨습니다. 어떤 사람은 빵을 조금만 먹고 나머지는 내던지면서 자신이 짐승처럼 행동했으므로 인간처럼 음식을 먹을 자격이 없다고 선언했습니다.

우리는 그들이 웃거나 한담을 하거나 화를 내는 것을 볼 수 없었습니다. 슬픔이 그들에게서 화를 내는 능력을 제거했기 때문에, 그들은 화를 낸다는 것이 어떤 것인지도 알지 못했습니다.

그들은 말다툼을 하거나 흥겹게 떠들거나 뻔뻔스러운 말을 하지 않았고, 육체에 관심을 갖지도 않았습니다. 그들에게는 허영이나 안락함을 원하는 마음이 없었습니다. 그들은 포도주를 원하지 않았고, 신선한 과일이나 요리된 음식을 먹으려는 생각도 없었습니다. 이 세상에서 그러한 것들을 바라는 생각까지도 그들에게서 소멸되었습니다.

그들은 세상 것들에 대해 염려하지 않았고, 다른 사람을 비판하지도 않았습니다.

그들은 끊임없이 주님께 소리치고 외쳤습니다. 어떤 사람은 마치 천국 문 앞에 서 있는 것처럼 가슴을 치면서 "오, 심판관이시여! 문을 열어 주십시오. 활짝 열어 주십시오. 우리는 죄로 우리 자신을 내쫓았습니다. 문을 열어 주십시오"라고 말하곤 했습니다. 또 다른 사람들은 "주의 얼굴 빛을 비추사 우리가 구원을 얻게 하소서"(시 80:3)라고 말했습니다. 다른 사람은 "어둠과 죽음의 그늘에 앉은 자에게 비치고 우리 발을 평강의 길로 인도하여 주십시오"(눅 1:79)라고 말했습니다. 어떤 사람은 "우리가 절망으로 멸망하였고 완전히 타락하였사오니, 주의 긍휼로 우리를 속히 영접하소서"(시 79:8)라고 말했습니다. 어떤 사람은 "주께서 다시 그 얼굴 빛으로 우리에게 비추어주시겠습니까?"(시 67:1)라고 말하고, 어떤 사람은 "우리 영혼이 감당할 수 없는 빛을 지고도 생존할 수 있겠습니까?"라고 말하며, 어떤 사람은 "여호와께서 뜻을 돌이키실 것인가? 여호와께서 끝없는 속박 속에 있는 우리에게 '나오라'고 말씀하시며 참회의 지옥에 있는 우리에게 '용서함을 받으라'고 말씀하시는 음성을 우리가 들을 수 있겠는가? 우리의 외치는 소리가 여호와의 귀에 들릴 것인가'라고 말했습니다.

그들은 앉아서 끊임없이 죽음을 깊이 생각하면서 "우리는 어떻게 될까? 어떤 판결이 날까? 우리 인생의 마지막은 어떤 모습일까? 우리가 용서를 받을 수 있을까? 어둠 속에 있는 사람, 비천한 사람, 죄인들에게 용서가 있을까? 우리의 기도가 주님 앞에 도달할까, 아니면 무가치하고 수치스러운 것이기 때문에 거부될 것인가? 우리의 기도가 주님 앞에 도달한다면, 과연 그 기도가 주님을 얼마나 움직일 수 있을까? 우리 기도는 성공적일까? 능력이 있을까? 유익할까? 효과적일까? 우리 기도는 부정한 입술과 몸에서 나오기 때문에 그러한 능력을 갖지 못한다. 우리 기도가 우리를 심판관과 완전히 화해시켜줄 것인가, 아니면 부분적으로 우리 상처들의 절반만큼만 화해시켜줄 것인가? 우리의 상처들은 너무 커서 많은 땀과 고된 노력을 필요로 하지 않는가? 수호천사들이 우리 곁에 와서 서 있을까, 아니면 멀리 떨어져 있을까? 그들이 우리 가까이에 오지 않는 한, 우리의 수고는 헛되고 무익할 뿐이다. 우리 기도에는 주님께 접근하기 위해 필요한 순결의 날개가 없고 또 힘도 없다. 그러므로 천사들이 우리 가까이 다가와서 기도를 가져다가 주님께 드려야 한다."

그들은 확신이 약해지면 서로에게 이렇게 말하곤 했습니다: "형제들이여, 우리는 대체 어디로 가고 있습니까? 우리가 요구하는 것을 허락해 주실까요? 주님이 다시 우리를 영접해 주실까요? 우리에게 문을 열어 주실까요?" 그러면 다른 형제들은 이렇게 대답하곤 했습니다: "우리 형제인 니느웨 사람들이 말한 것처럼 하나님이 혹시 뜻을 돌이키시사 우리를 큰 형벌에서 구해주실지 누가 알겠느냐?(욘 3:9). 우리는 자신이 할 수 있는 일을 하자. 만일 하나님께서 문을 열어주시면 좋은 일이지만, 혹시 열어주시지 않는다 해도 공의로 우리에게 문을 닫으신 주 하나님을 찬송하자. 적어도 우리는 살아 있는 동안에 계속 문을 두드려야 한다. 하나님께서 우리의 끈질김 때문에 문을 열어 주실지도 모른다." 그들은 서로 격려하면서 "형제들이여, 우리는 달려야 합니다. 달려야 해요. 우리는 거룩한 무리보다 뒤쳐졌으므로 열심히 달려야 합니다. 이 더럽고 악한 우리의 육신을 계속 재촉하며, 육이 우리를 죽였듯이 우리도 육을 죽이면서 달려갑시다"라고 말합니다.

이것이 보고하라는 부름을 받은 이 거룩한 사람들이 행하는 일들입니다. 계속 엎드려 있었기 때문에 무릎은 장작처럼 되고, 눈은 움푹 들어가 희미해지고, 머리카락은 빠지고, 여윈 뺨은 뜨거운 눈물에 데고, 얼굴은 창백해진 그들은 문자 그대로 시체였습니다. 너무나 가슴을 쳤기 때문에 그들은 피를 토하기도 했고 가슴에 멍이 들어 있었습니다. 그들은 침대에 눕지 않았고, 깨끗하게 세탁한 옷도 입지 않았습니다. 그들은 더럽고 불결했습니다. 귀신 들린 사람이나 죽은 사람을 애도하는 사람 또는 유배된 사람이나 살인죄 선고를 받은 사람들의 고통을 이와 비교할 수 있을까요? 그러한 사람들의 고통은 본의가 아닌 고통이요 형벌입니다. 이것은 의도적으로 추구하는 고통과 비교될 수 없습니다.

형제들이여, 이것은 꾸며낸 말이 아닙니다.

그들은 종종 사람들 가운데 있는 천사요 위대한 재판관 같은 수도원장에게 와서 자신의 손과 목에 쇳덩이와 쇠사슬을 걸고 다리에는 차꼬를 차고 죽을 때까지 지내게 해달라고 간청했습니다.[20]

나는 이 거룩한 사람들의 놀라운 겸손, 하나님을 향한 사랑, 그리고 참회를 무시하지 않을 것입니다. 회개의 땅에 사는 이 선한 시민들 중 하나가 죽어 공

---

[20] 이집트에서 발견된 세라피온이라는 수도사의 시신에는 쇠로 만든 깃, 벨트, 팔찌, 차꼬 등이 채워져 있었다. 이러한 관습은 초기 시리아의 수도원운동에서는 흔했지만 이집트에서는 특별한 것이었다. 팔라디우스의 『초대 사막 수도사들의 이야기』(The Lausiac History, 은성출판사)를 참조하라.

정한 재판관 앞에 설 시간이 다가올 때, 자신의 삶이 얼마 남지 않았음을 깨달았을 때, 그는 자기를 돌보는 책임자인 수도원장에게 말하여 인간적으로 매장하지 말고 강에 던지거나 들판의 짐승들에게 던지게 해달라고 말합니다. 종종 수도원장은 시편을 노래하지 말고 존경도 표시하지 말고 시신을 치우라고 지시하기도 합니다.

이들 중 한 사람의 임종은 보기에도 두려운 것이었습니다. 감옥의 참회자들은 자기들 중 한 사람이 삶을 마치고 앞서 가고 있다는 것을 알면, 그가 아직 정신이 있을 때 그의 주위에 모이곤 했습니다. 그들은 동정심을 품고 눈물을 흘리면서 임종하는 사람을 바라보며 다음과 같이 말하곤 했습니다:

"형제여, 어떻습니까? 당신은 무슨 말을 하시렵니까? 무엇을 바라고 기대하십니까? 당신은 열심히 일하면서 추구해온 목표를 달성했습니까, 달성하지 못했습니까? 당신에게 문이 열렸습니까, 아니면 당신은 아직도 형벌을 받고 있습니까? 어떤 확신이 당신에게 임했습니까, 아니면 아직도 당신의 소망은 불확실합니까? 마침내 자유를 얻었습니까, 아니면 어둠과 의심이 아직도 당신의 생각 위에 드리워져 있습니까? 당신의 마음이 어떤 조명을 감지했습니까, 아니면 아직도 어둠과 수치 속에 있습니까? 당신은 '네가 나았다'(요 5:14)거나 '네 죄 사함을 받았느니라'(마 9:2), 또는 '네 믿음이 너를 구원하였다'(막 5:34)라는 내면의 음성을 들었습니까? 혹 그 음성이 '악인들이 스올로 돌아감이여'(시 9:17), '그 손발을 묶어 바깥 어두운 데 내던지라'(마 22:13), '악인을 내쫓아 여호와의 영광을 보지 못하게 하라'고 말했습니까? 형제여, 무엇이든지 말해 주십시오. 장차 우리가 어떻게 될 것인지 알 수 있도록 말해 주십시오. 당신의 삶은 끝났으니 다시 기회가 오지 않을 것입니다."

임종할 때 "하나님을 찬송하리로다 그가 내 기도를 물리치지 아니하시고 그의 인자하심을 내게서 거두지도 아니하셨도다"(시 66:20)라고 말하는 사람도 있고, "우리를 내주어 그들의 이에 씹히지 아니하게 하신 여호와를 찬송할지로다"(시 124:6)라고 말하는 사람도 있습니다. 반면에 슬퍼하면서 "우리 영혼이 대기의 영들의 무감각한 물을 건너갈 것인가"라고 말하는 사람도 있습니다. 이런 사람들은 확신이 없는 사람들이며, 죽은 후에 임할 것에 대해 염려하는 사람들입니다. 어떤 사람들은 한층 더 슬프게 "서원을 흠 없이 지키지 못한 영혼에게 화로다. 이제, 그 영혼은 자기를 위해 예비된 것을 발견할 것이다"라고 말합니다.

나는 그들에게서 이 모든 것을 보고 들으면서, 또 그들이 겪은 것을 나 자신의 무관심과 비교해 보면서 거의 절망했습니다. 그들은 참으로 무서운 곳에서 살았습니다. 그곳은 어둡고 역겨운 냄새가 나고 더럽고 지저분한 곳이었습니다. 그곳을 감옥이라고 부르는 것은 정확한 묘사였습니다. 그곳을 보기만 해도 당신은 회개하고 애통해 할 것입니다.

그런데 어떤 사람에게는 견딜 수 없이 어려운 것이, 덕과 영적 보물에게서 떨어져나간 사람들에게는 쉽고 견딜 만한 것이 됩니다. 과거의 확신을 잃고 무정념의 희망을 버린 영혼, 순결의 인을 깨뜨린 영혼, 하나님의 은혜의 보물을 탕진한 영혼, 하나님의 위로를 모르게 된 영혼, 주님의 명령을 거부한 영혼, 영적 눈물의 아름다운 불을 꺼버린 영혼, 그리고 이 모든 것을 기억할 때 상처받고 슬퍼하는 영혼은 열심히 위에 언급된 어려운 일들을 행할 뿐만 아니라 참회의 행위를 통해 그 자체를 죽이기로 결심할 것입니다. 그 영혼 안에 주님에 대한 사랑이나 두려움의 지극히 작은 불꽃이라도 있다면, 그렇게 할 것입니다. 이러한 사람들은 복된 사람들입니다. 그들은 이 모든 것을 기억하고 자신이 버린 덕의 언덕을 생각하며 "내가 옛날과 우리 열심의 불"을 기억한다고 말하곤 합니다. 어떤 사람들은 하나님께 "주여 주의 성실하심으로 다윗에게 맹세하신 그 전의 인자하심이 어디 있나이까 주는 주의 종들이 받은 비방을 기억하소서"(시 89:49-50)라고 외치며, 어떤 사람들은 "나는 지난 세월과 하나님이 나를 보호하시던 때가 다시 오기를 원하노라 그 때에는 그의 등불이 내 머리에 비치었고 내가 그의 빛을 힘입어 암흑에서도 걸어다녔느니라"(욥 29:2-3)고 말하곤 했습니다.

그들은 자신의 과거의 업적들을 생각하곤 했고, 마치 그것들이 죽은 자식인 듯이 슬피 울면서 이렇게 말하곤 했습니다: "나의 깨끗한 기도는 어디로 갔는가? 그 안에 있던 신뢰는 어디로 갔는가? 이 쓰라린 눈물이 아닌라 달콤한 눈물은 어디로 갔는가? 완전한 순결과 정화의 소망은 어디로 갔는가? 복된 무정념의 기대는 어디로 갔는가? 목자에 대한 믿음은 어디로 갔는가? 우리를 위한 목자의 기도의 결과는 어디로 갔는가? 그것들은 모두 전혀 없었던 것처럼 사라졌구나. 그것은 존재하지도 않았던 것처럼 없어졌구나."

어떤 사람은 마귀에게 사로잡히게 해달라고 기도했고, 어떤 사람은 자신이 간질병자가 되게 해달라고 기도했습니다. 어떤 사람은 자신이 불쌍한 구경거리가 되기 위해서 눈이 멀기를 원했고, 어떤 사람은 후에 고통을 당하지 않기 위해서 중풍에 걸리기를 원했습니다. 친구들이여, 나는 그들의 슬픔을 보면서 넋을 잃을 정도로 기뻤습니다.

나는 그 감옥에서 한 달 동안 지낸 후 감옥의 책임자인 위대한 목자가 거주하는 본 수도원으로 돌아갔습니다. 그분은 내가 크게 변화된 것, 그리고 아직도 이전의 자아를 회복하지 못한 것을 보셨습니다. 그분은 지혜로운 분이었기 때문에 이 변화가 무엇을 의미하는지 이해하셨습니다. 그분은 "요한 사제님, 이 사람들이 얼마나 애쓰고 있는지 보셨습니까?"라고 물었습니다. 나는 "나는 그들을 보고 놀랐습니다. 내가 보기에는 타락했다가 회개한 사람들이 타락한 적이 없는 사람들이나 자신에 대해 애통해 할 필요가 없는 사람들보다 더 복된 것 같습니다. 그들은 타락을 통해서 자신을 확실한 부활로 끌어올렸기 때문입니다"라고 대답했습니다.

그분은 "그렇습니다"라고 말하고, 다음과 같은 이야기를 해주셨습니다: "10년쯤 전에 이곳에 대단히 활동적이고 열정적인 형제가 있었습니다. 그가 너무나 열심이었기 때문에, 나는 그가 급히 가는 길에 마귀가 장애물을 놓아 그를 넘어뜨리지나 않을까 염려했습니다. 그것은 서두르는 사람에게 발생할 수 있는 일이었기 때문입니다. 그런데 실제로 그런 일이 발생했습니다. 어느 날 저녁 늦게 그 형제가 나를 찾아왔습니다. 그는 나에게 찢어진 상처를 보여주면서 봉합해 달라고 부탁했습니다. 그는 대단히 불안한 상태였습니다. 의사는 상처를 너무 깊이 절개하려 하지 않았습니다. 그런데 그는 땅에 내려앉아 내 발을 붙잡고 하염없이 눈물을 흘리면서 자신을 당신이 가본 그 감옥에 가두어 달라고 부탁했습니다. 그는 "나는 그곳에 가는 것을 피할 수 없습니다"라고 소리쳤습니다. 그러고는 의사에게 자신을 거칠게 다루어 달라고 부탁했습니다. 그리고 그는 황급히 감옥으로 가서 참회자들의 동료가 되었습니다. 사랑의 하나님에게서 오는 슬픔이 칼처럼 그의 마음을 찔렀고, 여드레 되는 날 그는 자기를 매장하지 말라고 부탁하고 세상을 떠났습니다. 그러나 나는 그의 시신을 이곳 교부들이 묻힌 곳에 묻어주었습니다. 그는 일주일 동안 종살이를 하고 8일 째 되는 날 해방되었기 때문에 이곳에 묻힐 자격이 있었습니다. 그 형제가 하나님의 은총을 얻고서야 나의 더러운 발 앞에서 일어났다는 것을 알고 있는 사람이 있습니다. 그는 마음에 복음서의 창녀와 같은 믿음을 받은 후에 나의 두 발을 동일한 신뢰로 적셔 주었습니다. 주님은 믿는 자는 모든 일을 할 수 있다고 말씀하셨습니다(cf. 막 9:23). 나는 순결하지 않은 영혼들이 육체적인 사랑을 탐냈지만, 그러한 사랑에 대해서 알고 있는 것을 회개의 이유로 변화시키고 또 그러한 사랑의 능력을 주님께 양도하는 것을 보았습니다. 나는 그들이 자신을 하나님 사랑으로 몰아가기 위해서 두려움을 억제하는 것도 보았습니다. 이런 까닭에 주님은 그 순결한 창녀에 대해 이야기하시면서 '이는 저가 두려워했음이라' 고 말씀하시지 않고 '이는 그의 사랑함이 많음이라' 고 말씀하셨습니다(눅 7:47).

친구들이여, 어떤 사람들은 지금까지 묘사한 고역들은 믿을 수 없고 성취할 수 없는 것으로 여길 것이며, 또 어떤 사람들에게는 그것들이 절망의 근원처럼 보일 것입니다. 그러나 담대한 영혼에게는 그것들이 자극이 되어 마음에 열심을 품고 그것들을 멀리할 것입니다. 한편, 자기 안에서 무능함을 느끼는 사람은 자신의 연약함을 이해하고 스스로에게 가하는 책망으로 쉽게 겸손해질 것이며, 적어도 용감한 영혼을 따르려고 노력할 것이며, 확신할 수는 없지만 그를 추월할 수도 있습니다. 그러나 부주의한 사람은 내 이야기를 듣지 않는 편이 좋습니다. 그렇지 않으면 그는 절망에 빠져, 자신이 성취한 적은 것마저 던져 버릴 것이며, "(열심이) 없는 자는 그 있는 것까지 빼앗기리라"(cf. 마 25:29)고 언급된 사람처럼 될 것입니다. 우리가 참회자들이 보여준 겸손의 깊이를 측량하지 않는 한, 죄악의 시궁창에 빠진 사람들을 그곳에서 끌어낼 수 없습니다.

참회자들의 지극한 겸손과 아직 죄인의 상태에 있는 사람들의 양심의 책망은 서로 다릅니다. 완전한 사람들이 하나님의 도움을 받아 획득하는 겸손이라는 보물은 또 다른 것입니다. 이 세 번째 종류의 겸손에 적합한 단어를 찾으려고 서둘러서는 안 됩니다. 왜냐하면 우리의 노력은 소용이 없을 것이기 때문입니다. 그러나 두 번째 종류의 겸손의 표식은 불의를 완전히 참고 견디는 것입니다.

애통하는 사람도 종종 옛 습관의 지배를 받습니다. 하나님이 내리시는 심판과 우리 자신의 타락은 이해하기 힘든 목록으로 작성됩니다. 그런데 우리의 잘못들 중에서 그 원인이 우리들의 부주의에 있다거나 하나님께서 허락하셨다는 사실에 있는 것들과 하나님이 우리에게서 떠나가셨기 때문에 발생한 것들은 확실히 구분할 수 없습니다. 그러나 하나님의 섭리의 결과로서 발생하는 잘못들은 우리를 속히 회개하게 만든다고 합니다. 왜냐하면 우리를 구원하시는 하나님께서는 우리가 오랫동안 포로로 잡혀있는 것을 허락하시지 않기 때문입니다. 그러나 우리는 실족할 때마다 우선 낙담의 마귀를 격퇴해야 합니다. 왜냐하면 그는 우리가 기도하고 있을 때 바로 우리 곁에 다가와 우리로 하여금 과거에 하나님과 함께 누렸던 좋은 관계를 생각하게 만들며, 우리의 기도를 분산시키려 하기 때문입니다.

날마다 실족하더라도 놀라지 말고 굴복하지 마십시오. 용감하게 당신의 위치를 지키십시오. 아마 당신의 수호천사가 당신의 인내를 존중해줄 것이라고 확신할 수 있을 것입니다. 오래 방치하여 곪은 탓에 집중적으로 치료하고 붕대로 감싸야 하는 상처보다는 새로 생긴 상처를 치료하기가 더 쉽습니다. 상처를 오래 방치해 두면 치료하기 어렵습니다. 그러나 하나님은 다 하실 수 있습니다 (마 19:26).

마귀는 하나님이 우리가 타락하기 전에는 자비하시지만 타락한 후에는 냉혹하시다고 말합니다. 범죄했을 때 작은 허물들과 관련하여 "네가 그 큰 잘못을 범하지 않았으면 얼마나 좋았겠느냐! 이것은 그것과 비교하면 아무것도 아니다"라고 속삭이는 마귀의 말에 귀를 기울이지 마십시오. 종종 작은 선물들이 재판관이신 하나님의 큰 분노를 녹입니다.

자신이 행한 것을 기억하는 사람은 자신이 행한 선과는 상관없이 슬퍼하지 않고 보낸 날을 상실된 날로 여길 것입니다.

자신의 죄로 인해 슬퍼하는 사람은 임종할 때 부활을 기대하지 마십시오. 미지의 것에 대한 보장은 있을 수 없습니다. "주는 나를 용서하사 내가 떠나 없어지기 전에 나의 건강을 회복시키소서"(시 39:13).

주의 영이 있는 곳에서는 죄의 사슬들이 풀립니다. 참된 겸손이 있는 곳에서는 모든 속박들이 제거됩니다. 그러나 주의 영과 참된 겸손이 없는 사람들은 노예가 됩니다. 세상에 살고 있는 사람들에게는 이 두 가지 보장이 없습니다. 특히, 구제를 통해서 경주하여 죽은 순간 자신이 얼마나 많은 것을 얻었는지 알지 못한다면, 첫 번째 보장을 얻지 못합니다.

자기 자신을 위해서 우는 사람은 다른 사람의 슬픔이나 타락이나 치욕에 정신을 빼앗기지 않을 것입니다. 사나운 짐승에게 물린 개는 상처의 고통 때문에 그 짐승을 대적하여 한층 더 격분하게 됩니다.

우리는 자신의 양심이 깨끗하기 때문이 아니라 죄에 빠졌기 때문에 자신을 괴롭히는 일을 멈추지 않도록 경계해야 합니다.

우리가 자신의 결점들로부터 구원되었다는 증거는 자신이 빚진 자임을 끊임없이 인정하는 것입니다.

하나님의 자비와 대등하거나 능가하는 것은 없습니다. 그러므로 낙심하는 것은 자신에게 죽음을 가하는 것입니다.

참 회개의 표식은 눈이 보이는 것이든 그렇지 않은 것이든 간에 모든 고통 및 그보다 더한 것들 모두를 마땅한 것으로 여겨 받아들이는 것입니다.

모세는 떨기나무 속에서 하나님을 본 후 이집트로 돌아갔습니다. 즉 어둠 및 바로의 벽돌공장으로 돌아갔습니다. 여기에서 바로는 영적 의미로 이해되어야 합니다. 그러나 그는 다시 떨기나무로 되돌아왔습니다. 떨기나무뿐 아니라 산꼭대기로 돌아왔습니다. 관상을 경험한 사람은 결코 자신을 단념하지 않을 것입니다. 욥은 거지가 되었지만, 나중에는 처음보다 두 배나 부자가 되었습니다.

당신에게 용기가 없고 게으르다면, 경건생활을 시작한 후에 발생하는 잘못을 견디기 어려울 것입니다. 그것은 무정념의 소망을 씻어버리며, 우리로 하여금 참된 축복이란 단지 죄의 구덩이에서 일어서는 것이라고 생각하게 만듭니다. 그러나 우리는 결코 벗어나기 전에 가던 길로 돌아가지 않고 다른 지름길로 간다는 점에 주목하십시오.

나는 주님에게로 가는 같은 길을 동시에 여행하는 두 사람을 보았습니다. 한 사람은 다른 사람보다 나이가 더 많고 일도 더 열심히 했던 사람이었습니다. 다른 한 사람은 그의 제자였는데, 곧 그를 추월하여 먼저 겸손의 무덤에 도착했습니다.

모든 사람, 특히 타락한 사람들은 특별히 불경한 오리겐의 질병에 걸리지 않도록 조심해야 합니다.[21] 이 더러운 질병은 인간을 향한 하나님의 사랑을 구실로 사용하며, 쾌락을 사랑하는 사람들의 환영을 받습니다.

내가 묵상할 때, 정확하게 말해서 내가 회개의 행동을 할 때는 기도의 불이 타올라 물질적인 모든 것을 태워버릴 것입니다. 위에서 묘사했던 거룩한 죄수들을 우리의 규칙, 모범, 회개 등에 대한 참된 묘사로 삼으십시오. 그리

---

21) 궁극적으로 모든 사람들이 구원을 받을 것이라는 주장. 만인 구원에 관한 오리겐(c. 185-c. 254)의 가르침은 제5차 에큐메니컬 공의회(553년)에서 정죄되었다.

하면 우리는 살아 있는 동안 논문이 필요하지 않을 것입니다. 그리고 마침내 참된 회개가 부활할 때 하나님의 아들이신 그리스도께서 우리를 조명해 주실 것입니다. 아멘.

우리는 회개를 통해서 다섯째 계단에 도달했습니다. 그리하여 다섯 가지 감각을 정화하고 형벌을 받아들임으로써 본의가 아니게 형벌을 피했습니다.

여섯 번째 계단
죽음을 기억하는 것

　말보다 생각이 먼저인 것처럼 죄와 죽음에 대한 기억 다음에는 눈물과 애통함이 옵니다. 여기에서는 이 주제를 다루려 합니다.

　날마다 죽음을 상기하는 것은 날마다 죽는 것입니다. 자신이 세상을 떠날 것을 기억하면 매 시간 눈물을 흘리게 됩니다. 죽음에 대한 두려움은 불순종에 기인하는 본성의 특성이지만, 죽음에 대한 극심한 공포는 회개하지 않는 죄의 표식입니다. 그리스도는 죽는 것을 무서워하셨지만 겁에 질리지는 않으셨으며, 그럼으로써 자신의 두 본성의 특성을 드러내셨습니다.

　모든 음식물 중에서 가장 필요한 것이 빵인 것처럼, 모든 종교적 행위 중에서 가장 본질적인 것은 죽음에 대한 생각입니다. 죽음에 대한 기억은 공동체 안에서 살고 있는 사람들에게 노력과 묵상 또는 치욕의 사랑스러움을 가져다 주지만, 소란함으로부터 떨어져 사는 사람들에게는 일상적인 근심들로부터의 자유를 가져다 주며 꾸준한 기도를 발생시키고 죽음에 대한 생각의 원인이요 결과인 덕들을 지켜줍니다.

　주석은 어떻게 보면 은처럼 보이지만 은과는 전혀 다릅니다. 어느 정도 분별력을 가진 사람들은 죽음에 대한 자연적인 두려움과 그렇지 않은 두려움을 분명히 구분합니다. 우리는 존재의 중심에 죽음에 대한 생각을 품고 있는 사람들을 분명히 식별해낼 수 있습니다. 왜냐하면 그런 사람들은 모든 피조된 것들로부터 물러나며 자신의 뜻을 부인하기 때문입니다.

날마다 죽음을 생각하며 사는 사람은 칭찬을 받으며, 매 시간 그러한 생각에 몰두하는 사람은 성인입니다. 그러나 죽음에 대한 갈망이 모두 선한 것은 아닙니다. 타고난 죄인은 겸손히 죽음을 달라고 기도하지만, 자기의 길을 바꾸려 하지 않는 사람은 완전히 절망하여 실제로 죽음을 동경할 수도 있습니다. 또 자만심 때문에 자신이 감정에 치우치지 않는다고 생각하며 얼마 동안 죽음을 두려워하지 않는 사람들이 있는 반면에, 성령의 감화에 의해서 죽음을 갈망하는 사람은 극히 드뭅니다.

어떤 사람들은 당황하여 다음과 같이 질문합니다: "만일 죽음을 기억하는 것이 우리에게 유익하다면, 어찌하여 하나님은 우리가 언제 죽을 것인지 알게 하시지 않습니까?" 그들은 그러한 질문을 하면서, 하나님께서 우리를 구원하기 위해서 얼마나 놀랍게 작용하시는지를 깨닫지 못합니다. 자기가 죽을 시간을 이미 아는 사람은 죽기 오래 전에 세례를 받거나 수도원에 들어가지 않고 죄 가운데서 평생을 보내다가 임종하는 날이 되어서야 비로소 세례를 받고 회개할 것입니다. 습관은 그를 상습적이고 고칠 수 없는 죄인으로 만들 것입니다.

자신의 죄로 인해 슬퍼할 때, 하나님이 인간에게 관대하다고 속삭이신다는 천한 생각을 받아들이지 마십시오(그러한 생각은 당신이 깊은 절망에 끌려 들어가고 있을 때 도움이 될 수도 있습니다). 원수의 목표는 당신의 관심을 애통하는 것과 하나님에 대한 두려움으로부터 돌이키게 만드는 데 있습니다.

끊임없이 죽음과 하나님의 심판을 기억하기 원하면서도 물질적인 염려와 분심分心에 굴복하는 사람은 손뼉을 치면서 헤엄치려고 노력하는 사람과 같습니다.

죽음을 분명하고 특별하게 기억하는 사람은 먹는 음식의 양을 줄일 것입니다. 또 겸손하게 먹는 음식의 양을 줄이면, 그에 비례하여 정념들이 감소될 것입니다.

마음이 무감각하면 정신이 둔해지고, 많은 음식은 눈물샘을 마르게 합니다. 그러나 목마름과 밤샘은 마음을 괴롭게 하며, 마음이 동요되면 눈물이 흐를 것입니다. 음식을 탐하는 사람들은 이 말을 불쾌하게 여길 것이고, 게으른 사람들은 이 말을 믿지 못할 것입니다. 그러나 활동적인 삶을 추구하는 사람은 이것을 시도하고 경험하여 미소를 짓게 되지만, 이리저리 궁리하는 사람은 한층 더 풀이 죽을 것입니다.

교부들은 완전한 사람이 죄가 없이 순결하다고 주장합니다. 나는 죽음에 대한 완전한 의식은 두려움으로부터 자유롭다고 생각합니다.

활동적인 삶을 사는 사람의 정신은 많은 일을 할 수 있습니다. 그는 하나님의 사랑, 죽음의 기억, 하나님에 대한 기억, 그 나라에 대한 기억, 거룩한 순교자들의 열심, "내가 여호와를 항상 내 앞에 모심이여"(시 16:8)라는 말에 묘사된 것처럼 하나님의 현존에 대한 기억, 거룩한 영적 세력들에 대한 기억, 죽음과 심판과 형벌과 선고에 대한 기억 등을 생각할 수 있습니다. 이 목록은 장엄한 것에서부터 시작하여 확실한 것으로 끝납니다.

어느 이집트인 수도사는 다음과 같은 말을 했습니다: "만일 내가 나의 육신에게 위로를 제공하려 한다면, 내 마음속에 확고히 자리 잡은 죽음의 기억이 마치 재판관처럼 내 앞에 설 것입니다. 또 놀랍게도 내가 그것을 밀어내고 싶어도 그렇게 할 수 없을 것입니다." 또 톨라스Tholas[22]라는 곳에 사는 어느 수도사는 죽음을 생각할 때면 황홀한 기쁨에 빠지곤 했는데, 형제들은 기절하거나 간질병 발작을 일으킨 사람처럼 거의 숨도 쉬지 못하고 있는 그를 발견하여 일으켜 데려가곤 했습니다. 호렙 사람 헤시키우스Hesychius the Horebite의 이야기도 빠뜨릴 수 없습니다. 그는 평생 자신의 영혼에 대해 무관심하게 살다가 중병에 걸렸습니다. 그는 한 시간 동안 숨이 끊어졌다가 다시 살아났습니다. 그는 우리 모두에게 즉시 떠나 달라고 부탁하고 자기 수실에 문을 달고는 12년 동안 그 안에서 살면서 누구와도 말을 하지 않고 빵과 물만 받았습니다. 그는 항상 자신이 몰아 상태에서 본 것에 전념했습니다. 그는 전혀 움직이지 않았고, 정신 나간 사람 같은 표정을 지었습니다. 그는 조용히 뜨거운 눈물을 흘렸습니다. 그가 임종할 즈음, 우리는 그의 수실에 들어가서 여러 가지를 물었는데, 그는 "용서해 주십시오. 죽음의 기억을 획득한 사람은 영원히 죄를 범할 수 없을 것입니다"라고 말했습니다. 이제까지 매우 태만하게 살아온 사람의 복된 변화를 보고 우리는 크게 놀랐습니다. 우리는 요새[23] 근처의 공동묘지에 그를 매장했습니다. 며칠 후 우리는 그의 거룩한 유해를 찾아갔지만 발견할 수 없었습니다. 그의 회개가 놀라운 것이었기 때문에, 주님은 오랫동안 태만하게 살아왔지만 바로잡기를 원하는 사람들을 받아주신다는 사실을 우리에게 증명해 주셨던 것입니다.

무저갱은 무한히 깊기 때문에 바닥이 없는 구덩이라고 불립니다. 마찬가지

---

[22] 성채에서 약 5마일 떨어진 시내 산 기슭에 있는 모 수도원으로 사다리의 요한은 이곳에서 약 40년 동안 독수생활을 했다.

[23] 그 요새는 556-7년에 시내 산의 수도사들을 사막의 강도들로부터 보호하기 위해서 건축되었으며, 오늘날의 성 캐더린 수도원이다.

로 죽음에 대한 생각은 무한하며, 순결과 활동을 동반합니다. 위에서 언급한 성인이 이것을 증명해 주었습니다. 그와 같은 사람들은 뼛속의 기운이 다할 때까지 끊임없이 두려움을 쌓아올립니다.

죽음에 대한 기억도 다른 모든 축복과 마찬가지로 하나님에게서 오는 선물이라고 확신할 수 있을 것입니다. 우리가 종종 공동묘지 앞에서는 눈물도 흘리지 않고 무심하게 서 있다가도 전혀 그렇지 않은 장소에서는 양심의 가책으로 가득 차는 이유를 어떻게 설명할 수 있겠습니까?

모든 것에 대해 죽은 사람은 죽음을 기억하지만, 세상과의 유대를 유지하고 있는 사람은 끊임없이 자신을 해치려는 음모를 세울 것입니다. 당신이 사람들을 사랑한다는 것을 보여주기 위해서 적절한 말을 찾지 마십시오. 그 대신 당신이 말할 필요 없이 그들에게 당신의 사랑을 보여 달라고 하나님께 부탁하십시오. 그렇지 않으면, 당신에게는 사랑의 몸짓과 양심의 가책을 느낄 시간이 충분하지 못할 것입니다.

어리석게도 한 시간이 다른 시간을 보상해 준다고 생각하지 마십시오. 당신이 주님께 진 빚을 완전히 갚기에 인생은 너무나 짧습니다.

하루하루를 마지막 날로 생각하지 않고서는 경건하게 하루를 보낼 수 없다는 말도 있습니다. 그리스인들도 비슷하게 말하여 철학을 죽음에 대한 명상이라고 묘사합니다.

이것이 여섯째 계단입니다. 여기에 올라온 사람은 결코 범죄하지 않을 것입니다. "무슨 일을 하든지 너의 마지막 순간을 생각하고 절대로 죄를 짓지 말아라"(집회서 7:36).

일곱 번째 계단

애통

하나님께 합당한 애통은 영혼의 우울증으로, 자신이 갈망하는 것을 열정적으로 추구하다가 얻지 못할 때 부지런히 그것을 추적하며 슬퍼하면서 그 뒤를 따르는 영혼의 성질입니다.

애통은 모든 속박과 무거운 짐을 벗어버리고 거룩한 슬픔에 의해서 마음을 지키는 영혼 안에서 활동하는 황금 박차입니다.

양심의 가책은 영원한 양심의 고통과 침묵으로 죄를 고백함으로써 마음의 불을 식게 만드는 것입니다.

사람은 죄 고백 때문에 빵 먹는 일을 망각하므로, 죄 고백은 본성의 망각입니다(시 102:4 참조).

회개는 모든 피조물의 위로를 기꺼이 부인하는 것입니다.

복된 애통에 있어서 어느 정도 진보한 사람은 말이 없고 절제합니다. 진정으로 진보한 사람들은 성내지 않고 불평을 품지 않습니다. 완전한 사람들은 겸손하며, 수치를 갈망하며, 본의 아닌 고난을 기다리며, 죄인들을 정죄하지 않고, 엄청나게 동정심이 많습니다. 첫째 부류의 사람들은 겨우 조건에 맞는 사람들이며, 둘째 부류의 사람들은 칭찬받을 만합니다. 그러나 고난과 수치를 갈망하는 사람들은 확실히 복된 사람들입니다. 그들은 자신을 물리게 할 수 없는 음식을 배불리 먹을 것입니다.

만일 당신에게 애통이 주어진다면, 힘을 다해 그것을 굳게 붙드십시오. 그것은 제대로 확보하지 않으면 쉽게 잃어버릴 수 있습니다. 밀랍이 불 가까이에 있으면 녹듯이, 비탄도 소음, 세상의 염려, 사치 등에 의해서 특히 천박함과 수다에 의해서 쉽게 사라집니다.

세례 받은 후에 흘리는 눈물은 세례 자체보다 위대합니다. 세례는 이전에 우리 안에 있던 악들을 씻어내며, 세례 후에 범한 죄들은 눈물에 의해 씻겨나갑니다. 우리는 어렸을 때 받은 세례를 완전히 더럽혔지만, 눈물로 그것을 다시 깨끗하게 합니다. 만일 인간을 사랑하시는 하나님께서 우리에게 눈물을 주시지 않았다면, 구원 받는 사람은 정말 찾기 어려울 정도로 드물 것입니다.

신음과 비애는 주님께 소리치며, 떨며 흘리는 눈물은 우리를 위해 중재해주며, 지극히 거룩한 사랑으로 흘리는 눈물은 우리의 기도가 받아들여졌다는 것을 보여줍니다.

겸손만큼 애통에 어울리는 것이 없으며, 웃음만큼 애통과 반대되는 것도 없습니다.

거룩한 양심의 가책에서 나오는 복되고 즐거운 슬픔을 굳게 붙드십시오. 그리고 그것을 얻기 위해서 끊임없이 노력하십시오. 그리하면 마침내 그것은 우리를 세상이 주는 것들 너머로 들어 올려 그리스도께 바치는 깨끗한 제물로 만들어줄 것입니다.

어두운 불[24]의 심연, 그것의 잔인한 앞잡이들, 무자비하고 냉혹한 심판관, 지하에서 타오르는 불길의 끝없는 혼돈, 하계의 방들과 입을 벌리고 심연으로 내려가는 좁은 내리막길 등의 영상을 쉬지 말고 상상하며 조사하십시오. 그렇게 하면 엄청난 공포에 의해서, 썩지 않을 순결에 복종함에 의해서 우리 영혼 안에 있는 욕정이 억제될 것이며, 모든 불을 너머 비추어 주는 비물질적인 빛을 받게 될 것입니다.

기도하고 탄원할 때는 재판관 앞에 선 죄수처럼 두려워 떠십시오. 당신이 바라보는 방법과 마음의 성향이 의로우신 재판관의 분노를 극복할 것입니다. 그분은 슬픔의 짐을 지고 서서 지치지 않으시는 분을 귀찮게 하는 과부 같은 영혼을 외면하지 않으실 것입니다(눅 18:5 참조).

영적 눈물의 은사를 가진 사람은 어디에서든지 애통할 수 있습니다. 그러나 만일 그것이 순전히 외적인 겉치레에 불과하다면 장소와 수단에 대한 그의 논의는 끝이 없을 것입니다. 보물은 시장에 진열된 때보다 숨겨질 때 더 안전합니다. 이것을 깊이 생각하고 당신 자신에게 적용하십시오.

죽은 자를 매장하는 자리에서는 그의 죽음을 애도하다가도 곧 그 자리를 떠나서 술을 마시는 사람들을 본받지 마십시오. 그보다는 광산에서 매 시간 감시인으로부터 매질을 당하는 죄수들처럼 되십시오.

애통한 후에 상류생활과 웃음을 즐기는 사람은 음란의 개에게 빵을 던져주는 사람과 같습니다. 그 사람은 개를 쫓으려는 것 같지만 실제로는 개가 자기 곁에 머물러 있도록 하는 것입니다.

묵상할 때 자신을 드러내지 말고 마음속으로 들어가십시오. 마귀들은 도둑

---

24) 지옥 불은 빛이 없이 타오릅니다(cf. St. Basil, Hom. in Ps. 33, §8 [PG 29, 372A]).

이 개를 두려워하듯이 묵상 또한 두려워한다는 것을 기억하십시오.

우리는 혼인 잔치에 초대받아 이곳에 온 것이 아닙니다. 우리는 자신을 위해 애통하라는 부름을 받았습니다.

맹목적인 눈물은 비이성적인 존재들에게만 어울리지만, 개중에는 울면서 모든 생각을 억누르려고 애쓰는 사람들이 있습니다. 눈물은 실제로 생각의 산물이며, 생각의 근원은 이성적인 정신입니다.

침대에 누워있는 것을 무덤에 누워있다고 생각해 보십시오. 그리하면 지나치게 많이 잠을 자지 않을 것입니다. 식탁에 놓인 음식에서 구더기가 득실거린다고 상상해 보십시오, 그리하면 사치한 음식을 원하지 않을 것입니다. 물을 마실 때 불길의 갈증을 기억하십시오. 그리하면 당신은 분명히 자신의 본성을 거역할 것입니다.

상급자가 책망하거나 견책하거나 벌할 때는 영원한 심판관의 두려운 선고를 기억하십시오. 그리하면 양쪽에 날이 선 칼인 온유함과 인내로써 우리 안에 뿌려질 비이성적인 슬픔과 괴로움을 죽일 수 있을 것입니다.

욥은 "(때가 지남에 따라) 물이 바다에서 줄어들고"(욥 14:11)라고 말합니다. 시간과 인내는 우리 안에서 점진적으로 획득되며 완전해집니다.

저녁에 잠들 때나 아침에 일어날 때 영원한 불을 생각하십시오. 그리하면 시편을 노래하는 시간에 게으름이 우리를 삼키지 않을 것입니다.

애통하는 데 도움이 되는 옷을 입으십시오. 죽은 자를 애도하는 사람은 검은 색 옷을 입습니다. 애통할 일이 생각나지 않는다면, 애통할 수 없다는 사실을 애통해 하십시오. 그러나 애통할 수 있다면, 죄로 말미암아 고역으로부터 자유로운 상태에서 고역이 가득한 상태로 끌어내려졌음을 애통해 하십시오.

우리와 관련된 다른 모든 일에서와 마찬가지로 우리의 눈물에 관해서도 선하고 의로우신 재판관은 분명히 우리의 본성적인 속성들을 참작하실 것입니다. 나는 작은 눈물방울들이 마친 핏방울처럼 떨어지는 것을 보았고, 또 전혀 수고하지 않고서도 눈물이 홍수처럼 쏟아지는 것을 보았습니다. 그러므로 나는 수고하는 사람들을 그들의 눈물보다는 노력에 의해서 판단하며, 하나님께서도 그렇게 하실 것이라고 생각합니다.

신학과 애통은 병행하지 않습니다. 왜냐하면 신학은 애통을 흩어버리기 때문입니다. 신학자는 학자의 자리에 앉고, 애통하는 사람은 거름더미 위에 넝마를 깔고 지냅니다. 이것이 다윗이 제시하는 해답의 배후에 놓인 이유라고 생각됩니다. 그는 지혜로운 사람이요 교사였지만 슬퍼하는 이유를 묻는 사람에게 "우리가 이방 땅에서 어찌 여호와의 노래를 부를까"(시 137:4)라고 대답했습니다. 물론 이것은 정념들의 땅을 의미합니다.

양심의 가책이라는 영역에서처럼, 창조의 영역에도 스스로 움직이는 것과 다른 동인動因에 의해서 움직여지는 것이 있습니다. 영혼이 노력하지 않는 데도 눈물 흘리고 울며 민감해질 때 우리는 달려야 합니다. 왜냐하면 초대받지 않은 주님이 도착하셔서 우리 죄의 기록을 씻어버릴 복된 슬픔의 찬물, 사랑 가득한 슬픔이라는 스펀지를 우리에게 내밀고 계시기 때문입니다. 이러한 눈물을 눈동자처럼 지키십시오. 왜냐하면 그러한 눈물에는 우리의 노력이나 묵상에서 오는 어떤 것보다 더 큰 능력이 있기 때문입니다.

진심으로 원하기 때문에, 정확하게 말하자면 하나님께서 원하시기 때문에 우는 것이 아니라, 자신의 의지에 따라서 울 수 있는 사람은 애통의 참된 아름다움을 깨닫지 못합니다. 종종 하나님이 기뻐하시는 애통에 허영의 추한 눈물이 섞입니다. 이것은 우리 자신이 애통하면서도 옳지 않은 일을 행하는 것을 발견할 때마다 경험하는 것입니다.

참된 양심의 가책은 흐트러짐이 없는 영혼의 고통입니다. 영혼은 자신에게 쉼을 제공하지 않으며, 매 시간 죽음을 생각합니다. 영혼은 서서 우리를 겸손하게 만들기 위해서 찬물 같은 위로를 가져오시는 하나님을 기다립니다. 마음 깊이 애통하는 선물을 받은 사람들은 자신의 삶을 혐오스럽고 고통스럽고 지루한 것으로 여기고 눈물과 고통의 원인으로 생각하며, 원수에게서 도망치듯이 자신의 육신을 외면합니다.

하나님이 기뻐하시는 방식으로 애통하는 것처럼 보이는 사람에게서 노염과 교만을 발견한다면, 그들이 흘리는 눈물은 우리의 눈물과 반대되는 것처럼 보일 것입니다. "빛과 어둠이 어찌 사귀며"(고후 6:14). 참된 양심의 가책은 위로를 가져오지만 거짓된 가책은 자만심을 낳습니다. 불이 짚을 태워 없애듯이 참된 눈물은 영혼과 몸의 더러움을 태워 없앱니다.

많은 교부들은 특히 초심자들과 관련하여 이 눈물의 문제가 매우 애매하여 분석하기 어렵다고 말합니다. 왜냐하면 눈물을 다양한 방식으로 흘릴 수 있기 때문입니다. 본성에서 오는 눈물, 하나님에게서 오는 눈물, 선한 일이나 악한 일을 당하는 데서 오는 눈물, 허영에서 오는 눈물, 방탕함에서 오는 눈물, 사랑에서 오는 눈물, 죽음을 기억하는 데서 오는 눈물, 그 밖의 많은 이유에서 오는 눈물이 있습니다. 하나님에 대한 두려움으로 말미암아 우리 자신을 이 모든 방식으로 훈련했으므로, 우리는 반드시 죽는다는 것을 기억하는 데서 오는 깨끗한 눈물을 획득해야 합니다. 이 눈물에는 거짓된 것이 없고 자부심에 영합하는 것도 없습니다. 이 눈물은 우리를 깨끗하게 해주고, 하나님 사랑 안에서 인도해 주고, 죄를 씻어주며, 정념들을 서서히 없애 줍니다.

애통이 선한 눈물로 시작되어 나쁜 눈물로 끝나는 것이 아닙니다. 흔한 자연적인 눈물이 영적인 눈물로 바뀐다면, 그것은 바람직한 일일 것입니다. 이것은 허영으로 기우는 경향을 가진 사람들이 이해하게 될 것입니다.

당신의 영혼이 아직 완전히 깨끗하지 못하다면, 당신의 눈물을 의심하십시오. 압착기에서 곧바로 짜낸 포도주는 신뢰할 수 없습니다.

하나님이 기뻐하시는 눈물은 모두 유익하다는 것을 부인하는 사람은 없을 것입니다. 그러나 우리는 죽을 때 비로소 유익함이 어디에 있는지 발견해낼 것입니다.

하나님이 기뻐하시는 방식으로 끊임없이 애통하는 사람은 날마다 찬양을 그치지 않지만, 육체적인 칭찬을 포기하지 않는 사람 앞에는 끝없는 눈물이 예비되어 있습니다.

감옥에 갇히는 것은 즐겁거나 유쾌한 일이 아닙니다. 진정한 수도사는 세상에서 대접을 받지 않습니다. 아마 "내 영혼을 옥에서 이끌어 내사 주의 이름을 감사하게 하소서"(시 142:7)라고 진술한 이유가 여기에 있는 듯합니다.

마음으로 겸손하면서 높은 곳에 앉은 황제처럼 웃음에게 "가라"고 명령하면 웃음이 가고, 사랑스러운 울음에게 "오라"고 명령하면 울음이 옵니다. 또 우리의 폭군이요 노예인 몸에게 "이것을 하라"고 명하면 그대로 합니다.

하나님이 주신 복된 애통을 결혼 예복처럼 입고 있는 사람은 영혼의 영적 웃음을 알게 됩니다.

수도원 조직 아래서 경건하게 살면서 하루 한 시간 한 순간도 놓치지 않고 항상 주님을 위해 보낸 사람이 있습니까? 당신의 평생에 같은 날이 두 번 반복되지 않는다는 것을 기억하십시오.

영혼의 눈을 들어 천국의 능력들을 볼 수 있는 사람은 복된 사람입니다. 항상 죄와 죽음을 기억하며 육체의 눈에서 흐르는 눈물로 두 뺨을 적시는 사람은 타락하지 않고 안전합니다. 눈물로 뺨을 적시는 상태는 분명히 천국의 능력들을 볼 수 있는 상태로 이어집니다.

나는 청원하는 사람들과 염치없는 거지들이 교묘한 말로 왕의 마음을 녹이는 것을 보았습니다. 또 덕이 부족한 거지들, 말재주가 없는 사람들, 떠듬거리며 애매하게 말하는 사람들, 절망적인 마음 깊은 곳에서 끈질기게 하늘의 임금에게 탄원하기를 부끄러워하지 않고 완강하게 그분의 범할 수 없는 본성과 동정심에 호소하는 사람들을 보았습니다.

자기의 눈물을 자랑하는 사람, 그리고 울지 않는 사람을 비난하는 사람은 원수를 공격할 무기를 왕에게 요청하여 그것으로 자살하는 사람과 같습니다.

하나님은 마음의 슬픔 때문에 애통할 것을 요구하거나 원하시는 것이 아니라, 하나님을 향한 사랑에서 우러나서 영혼이 웃고 즐거워하기를 원하시며 요구하십니다. 죄를 제거하면 육체의 눈에서 흐르는 슬픈 눈물이 불필요하게 될 것입니다. 베이지도 않았는데 왜 붕대를 찾습니까? 아담은 타락하기 전에는 울지 않았습니다. 부활 때 죄가 폐지되고 고통과 슬픔과 통곡이 도망친 후에는 눈물이 없을 것입니다.

나는 어떤 사람들에게서 애통함을 보았습니다. 또 다른 사람들에게서는 애통하지 못함을 애통해 하는 것을 보았습니다. 그들은 애통함을 가지고 있지만 갖지 않은 듯이 행동하며, 그러한 훌륭한 무지로 말미암아 더럽혀지지 않은 상태를 유지합니다. 그러한 상태와 관련하여 "여호와께서 맹인들의 눈을 여신다"라고 기록되어 있습니다(시 146:8).

어리석은 사람들은 종종 자기의 눈물을 자랑합니다. 이것이 어떤 사람들에게 애통의 은사가 주어지지 않는 이유입니다. 이런 종류의 사람들은 자신이 울 수 없다는 것을 발견하고서 스스로를 불쌍하게 여깁니다. 그리고 한숨과 통곡, 영혼의 슬픔, 깊은 비통함, 완전한 절망 등에 자신을 내주는데, 이것들은 모두 안전하게 눈물을 대신할 수 있습니다. 그러나 문제의 사람은 이것들을 무가치하게 여기며 그 나름으로 유익을 얻습니다.

마귀들은 잔인하게 우리를 속입니다. 음식을 배불리 먹으면 마귀들은 우리로 하여금 죄의식을 느끼게 만듭니다. 우리가 금식하면 마귀들은 우리 마음을 굳게 만들기 때문에 결과적으로 우리는 거짓 눈물로 자신을 속일 수 있게 되고, 그 다음에는 자신을 정념들의 원천인 호화로운 생활에 넘기게 됩니다. 그러므로 마귀의 말에 귀를 기울이지 말고, 그것들이 제안하는 것과 반대되는 방법으로 행동하십시오.

나는 양심의 가책의 참된 본질에 대해 깊이 생각하면서 애통과 애통이라고 부르는 것에 내적인 기쁨과 즐거움이 마치 벌집 속에 꿀처럼 섞이는 것을 발견하고 놀랐습니다. 여기에서 양심의 가책이 하나님이 주시는 선물이라는 것을 깨달아야 합니다. 하나님은 진심으로 회개하는 사람에게 은밀히 위로를 주시므로 영혼 안에는 참된 기쁨이 있습니다.

슬프더라도 영혼에게 유익한 이야기에 귀 기울이십시오. 그것은 매우 소중한 애통과 슬픔을 일으켜 줍니다.

언젠가 이곳에 스테픈이라는 독수도사가 살았습니다. 그는 여러 해 동안 수도생활과 씨름하며 지냈습니다. 그는 많은 훌륭한 일들을 성취했으며, 특히 눈물과 금식이 그의 영혼에 광채를 더해 주었습니다. 그의 수실은 거룩한 하나님의 선지자요 선견자인 엘리야가 살았던 거룩한 산기슭에 있었습니다. 그는 유명해졌습니다. 후일 그는 한층 더 효과적이고 금욕적이고 엄격한 회개 생활을 실천하기로 결심하고 은자들의 거주지인 싯딤으로 옮겨갔습니다. 그곳은 요새에서 약 12km² 떨어진 곳으로서 조금도 안락하지 못했고, 사람들이 거의 찾지 않는 곳이었습니다. 그는 늙어 인생을 마감할 즈음에 팔레스타인 출신의 두 제자가 관리하고 있었던 거룩한 산에 있는 자기의 수실로 돌아왔습니다. 며칠 후에 그는 병에 걸려 죽게 되었습니다. 임종하기 전날, 그는 몰아상태에 들어가서 자기 침대의 좌우를 바라보기 시작했습니다. 그는 누구에겐가 보고를 하고 있는 것처럼 보였습니다. 곁에 있는 사람이 들어보니, 그는 "물론 그렇습니다. 그렇기 때문에 나는 여러 해 동안 금식했습니다" 또는 "맞습니다. 그렇지만 나는 눈물을 흘렸고 형제들을 위해 봉사했습니다", "아니오. 당신은 나를 거짓으로 비난하고 있습니다" 또는 "맞습니다. 나는 핑계할 수 없습니다. 그러나 하나님은 자비하십니다"라고 말했습니다. 눈에 보이지 않지만 가차 없는 이 심문은 정말 두렵고 무서운 광경이었습니다. 가장 끔찍한 것은 그가 범하지도 않은 죄목들로 심문받는 것이었습니다. 특별한 죄목에 대해서 이 은둔자는 "어떻게 대답해야 할지 모르겠습니다"라고 말하곤 했습니다. 그는 거의 40년 동안 수도사로 살아왔고, 눈물의 은사도 가지고 있었습니다. 그런데 괴롭히는 자에게 "내가 너희의 각기 행한 대로 심판하리라"고 말하는 에스겔의 음성이 들려왔습니다. 그는 결코 그러한 말을 할 수 없었습니다. 그 이유는 무엇이었습니까? 그것은 하나님만이 아십니다. 그는 사막에서 손으로 사자를 들어 올린 사람이었습니다. 그는 이렇게 삶을 청산하고 운명했습니다. 우리는 그에게 심판이 내려졌는지, 그의 최종적인 종말이나 선고 또는 평결을 확신할 수 없었습니다.

남편이 죽고 외아들을 주님 다음으로 유일한 위로로 삼고 사는 과부처럼 임종하는 순간에 타락한 영혼의 유일한 위로는 애써 금식하고 눈물을 흘린 것입니다.

그러한 사람은 애통을 놓지 않으려고 큰 소리로 노래하지 않습니다. 만일 당신이 소리 내어 노래하면서 애통할 수 있다고 생각한다면 아직 애통과 거리가 먼 사람입니다. 결국, 애통은 불타는 영혼의 전형적인 고통입니다.

많은 사람들의 경우에 애통은 복된 무정념을 위한 길을 마련해 줍니다. 그것은 죄악된 것을 문제 삼아 갈아엎고 제거합니다. 이런 일에 경험이 많은 사람은 나에게 이렇게 말했습니다: "종종 내가 자만하거나 화를 내거나 음식을 탐하려는 유혹을 받을 때면 내 안에서 애통에 대한 생각이 '자만하지 말하라. 그렇지 않으면 내가 너를 버릴 것이다' 라고 항의하곤 합니다. 다른 정념들이 나를 괴롭힐 때도 동일한 일이 일어납니다. 나는 '네가 나를 그리스도 앞에 바칠 때까지 나는 결코 너에게 불순종하지 않을 것이다' 라고 말하곤 합니다."

깊은 애통은 위로의 증거가 되며, 깨끗한 마음에는 조명이 따릅니다. 조명이란 묘사하기 어려운 것, 무의식중에 감지되며 보이는 활동입니다. 위로는 고뇌에 지친 영혼의 진통제입니다. 그러한 영혼은 어린아이처럼 울부짖으면서 동시에 행복하게 소리칩니다. 하나님의 도움은 슬픔으로 고개 숙인 영혼을 소생시키므로, 놀랍게도 고통의 눈물이 고통 없는 눈물로 변화됩니다.

죽음으로 말미암아 흘리는 눈물은 두려움을 만들지만, 두려움이 두렵지 않음을 낳을 때 놀라운 기쁨이 시작됩니다. 기쁨이 계속될 때 거룩한 사랑이 꽃을 피웁니다.

모든 무상한 기쁨을 당신에게 합당하지 않은 것으로 여겨 몰아내십시오. 만일 그것을 들여보낸다면, 당신은 목자가 아니라 늑대를 받아들이게 될 것입니다.

부적절한 때 성급하게 관상을 시도하지 마십시오. 그보다는 관상이 당신에게 와서 당신의 겸손의 아름다움을 찾으며 항상 흠 없는 결혼관계 안에서 당신과 결합할 준비를 갖추게 하십시오.

아기는 아버지를 알아보면 행복으로 가득 찹니다. 만일 아버지가 사업상 떠나 있다가 집에 돌아오면, 아기는 한껏 슬퍼하고 또 기뻐합니다. 즉 자기가 사랑하는 사람을 볼 때 기뻐하며, 그 사랑을 오랫동안 박탈당했었다는 사실로 인해 슬퍼합니다. 때때로 엄마는 숨어서 아기가 슬퍼하면서 이리저리 엄마를 찾아다니는 것을 보고 즐거워합니다. 이것은 항상 엄마에게 애착심을 갖고 사랑하도록 아기를 가르치는 방법입니다. 주님이 말씀하신 것처럼 "들을 귀 있는 사람"은 들으십시오(눅 14:35 참조).

사형선고를 받은 사람은 극장이 운영되는 방식에 대해 걱정하지 않을 것입니다. 마찬가지로 진실로 애통하는 사람은 결코 호화로운 생활, 번영, 노염, 급한 성미 등으로 돌아가지 않을 것입니다. 애통은 출산하는 여인의 고통처럼 증가하는 고통을 소유하고 회개하는 영혼의 슬픔입니다.

주님은 의롭고 거룩하십니다(시 145:17). 주님은 내적으로 침묵하는 사람을 내적 가책으로 인도하시며, 내적으로 순종하는 사람에게 날마다 기쁨을 가져다 주십니다. 그러나 성실하게 가책이나 복종을 실천하지 않는 사람은 애통을 박탈당합니다.

묵상은 인내를 낳고, 인내의 결과는 인식입니다. 인식과 함께 성취되는 것은 쉽게 근절되지 않습니다. 반면에, 우리 마음에 통회가 없다면 아무리 고귀한 생활방식도 거짓되고 케케묵은 것으로 분류될 수 있습니다. 세례를 받은 후에 타락한 사람들은 끊임없이 타오르는 마음의 불과 하나님의 기름으로 손에 묻은 더러움을 씻어내야 합니다.

나는 사람들이 애통하면서 최후의 지점에 도착하였을 때 고난의 피를 흘리며 상처 입은 마음이 실제로 그들의 입에서 흘러나오는 것을 보았습니다. 그것을 보면서 "내 마음이 풀같이 시들고 말라 버렸사오며"(시 102:4)라는 말씀을 상기했습니다.

두려움으로 인해 흘리는 눈물은 약간의 보안(保安)이 되지만, 아직 완전함에 이르지 못한 사랑으로 인해 흘리는 눈물은 쉽게 도둑맞을 수 있습니다. 물론, 어느 효과적인 시기에 영원한 불을 기억하는 것은 마음을 자극할 수 있습니다. 놀랍게도 종종 이 겸손한 방법이 더 안전한 방법입니다.

우리의 눈물의 근원을 말려버릴 수 있는 물질이 있고, 진흙과 파충류를 만들어낼 수 있는 물질이 있습니다. 전자에게서는 롯과 그 딸들의 불법적인 교제가 나왔습니다(창 19:30-38 참조). 후자에게서는 마귀가 천국에서 떨어지는 결과가 나왔습니다.[25]

우리를 대적하는 세력들은 매우 가증스럽기 때문에 심지어 덕의 근원까지도 악덕의 근원으로 만들 수 있으며, 우리 안에서 겸손을 만들어내야 하는 것들을 교만으로 바꿀 수 있습니다.

종종 우리의 고독한 거처를 보기만 해도 마음이 아픔을 느낄 수 있습니다. 여호수아, 엘리야, 요한 등이 그 증거입니다. 그러나 그들은 홀로 고독하게 드리는 기도에 익숙했습니다. 어떤 사람들은 도시의 많은 사람들 가운데서도 감동하여 눈물을 흘리기 때문에 사람들의 모임이 실제로 우리에게 해롭지 않을 수도 있다고 생각합니다. 그러나 악한 영들은 우리를 세상 가까이로 돌아가게 하려고 열심히 일하고 있으므로 사람들로 말미암아 그러한 일이 일어날 수도 있습니다.

한 마디 말이 애통을 몰아내기도 합니다. 그러나 한 마디 말이 애통을 돌아오게 하는 일은 거의 없습니다.

---

[25] 물질이란 한 편으로는 술취함을 초래하며, 다른 한 편으로는 교만을 초래하는 것들이다.

우리는 죽을 때 기적을 행하지 못했다는 이유로 비판을 받지는 않을 것입니다. 신학자나 관상가가 되지 못했다고 고발당하지 않을 것입니다. 그러나 쉬지 않고 애통하지 못한 것에 대해서 하나님께 설명해야 할 것입니다.

이상이 사다리의 일곱째 계단입니다. 이 계단에 오를 자격이 있는 사람이 나를 도와주기를 바랍니다. 그 사람도 도움을 받아 이 계단에 오름으로써 세상의 얼룩들을 씻어낸 사람입니다.

여덟 번째 계단
평온과 온유

불에 서서히 물을 부으면 불이 완전히 꺼지듯이, 참된 애통의 눈물은 노염과 급한 성미의 불을 완전히 끌 수 있습니다. 그러므로 이 장에서는 이것에 대해 이야기하려 합니다.

노염으로부터의 자유는 끝없이 치욕을 바라는 것입니다. 반면에 허영심이 강한 사람들은 끝없이 칭찬을 갈망합니다. 노염으로부터의 자유는 자신의 본성에 대한 승리입니다. 그것은 모욕을 당하고 고된 일이 닥쳐 이마에 땀을 흘리게 되어도 그것에 무감각할 수 있는 능력입니다.

온유는 칭찬을 받거나 받지 못하거나 존경을 받거나 받지 못하거나 영혼이 영향을 받지 않는 영구적인 상태입니다.

노염으로부터의 자유로 가는 첫 단계는 마음이 흔들릴 때 말을 하지 않는 것이며, 다음 단계는 영혼이 당황할 때 생각을 잠잠히 유지하는 것이요, 마지막 단계는 깨끗하지 못한 바람이 불어올 때 완전히 침착함을 유지하는 것입니다.

노염은 감추어져 있는 미움, 마음에 품고 있는 불평의 표시입니다. 노염은 우리를 성나게 만든 사람을 해치고 싶은 소원을 말합니다.

급한 성미는 불시에 마음이 불끈 성을 내는 것입니다. 빈정댐은 불쾌함을 느끼는 영혼의 능력의 활동입니다. 노염은 쉽게 변화된 우리의 기질의 움직임, 영혼의 추한 모습입니다.

빛이 임하면 어둠이 사라지듯이, 겸손의 향기 앞에서 모든 노염과 빈정댐이 사라집니다.

성내는 경향을 가진 사람들 중에는 이 정념의 치료를 소홀히 하여 "분노에 치닫다 보면 멸망에 이른다"(집회서 1:22)라는 말을 생각하지 않습니다.

하루 종일 으깨는 것보다는 맷돌을 빨리 한 번 돌림으로써 영혼의 곡식과 열매를 더 많이 갈 수 있습니다. 오래 타는 불길보다는 갑자기 강한 바람이 불어 불길이 타오를 때 마음의 밭이 더 큰 피해를 입는다는 사실에 주목해야 합니다. 악한 마귀들이 때때로 예상치 않게 우리에게서 떠나면, 우리는 이러한 강력한 정념들이 중요하지 않다고 생각하고 부주의하게 되어 결국 치료할 수 없는 병에 걸릴 수도 있다는 점을 잊지 말아야 합니다.

모서리가 날카로운 돌을 계속 다른 돌에 문지르거나 두드리면, 마침내 그 날카로운 곳이 둥글게 됩니다. 마찬가지로 거칠고 퉁명스러운 영혼을 집요하고 성마른 사람들의 공동체에 집어넣으면, 아마 다음과 같은 두 가지 중 하나가 발생할 것입니다. 그 영혼은 인내함으로써 상처를 치료하는 법을 배우거나 도망칠 것입니다. 그러한 비겁한 도피는 마치 거울처럼 영혼 자신을 반영해 주기 때문에, 그렇게 행함으로써 자신의 연약함을 깨달을 것입니다.

성난 사람은 간질병자와 비슷합니다. 그러나 간질병자는 무의식적인 성향으로 말미암아 발작을 일으켜 쓰러지지만, 성난 사람은 자발적으로 화를 냅니다.

제멋대로 구는 영은 회개하는 사람에게 어울리지 않습니다. 회심은 큰 겸손을 필요로 하며, 노염은 온갖 종류의 주제넘음에 대한 표식입니다.

완전한 온유의 표식은 무례히 행했던 사람에게 화평하고 사랑하는 마음을 품는 것입니다. 반면에 혼자 있을 때도 자기에게 무례했던 사람을 말과 몸짓으로 계속 호통하며 격분하는 것은 신경질적인 성질을 보여주는 확실한 증거입니다.

성령이 영혼의 평화요 노염이 마음의 소란함이라면, 우리 안에 성령이 거하시는 것을 방해하는 가장 큰 장애물은 노염입니다.

우리는 노염이 받아들일 수 없는 많은 열매를 맺는다는 것을 알고 있으면서도 노염의 무의식적인 열매 중 하나가 불법한 것임에도 불구하고 꽤 유익하다는 것을 인정합니다. 나는 사람들이 불끈 성내면서 오랫동안 품었던 불평을 쏟아내고, 또 자기에게 무례했던 사람에게서 오랫동안 지속된 불평을 야기한 것에 대한 설명이나 배상을 받아냄으로써 정념에서 해방되는 것을 보았습니다. 반면에, 겉으로는 인내하는 것처럼 보이지만 말없이 내면에 원망을 품고 있었던 사람들은 쉽게 화를 내는 사람보다 훨씬 더 불쌍한 사람들입니다. 왜냐하면, 그들은 검은 원한 때문에 거룩한 흰 비둘기가 그들에게 오는 것을 막고 있기 때문입니다. 그러므로 이것은 음란의 뱀과 마찬가지로 조심해서 다루어야 하는 뱀입니다.

나는 성난 사람들이 음식을 먹지 않는 것을 보았습니다. 그러나 그들은 이처럼 비합리적인 태도로 말미암아 독에 독을 더할 뿐입니다. 또 어떤 사람들은 분명히 정당한 이유로 인해 비난을 받으면 배가 부르도록 음식을 먹습니다. 그리하여 그들은 노염의 구덩이에서 곧바로 탐식의 절벽 아래로 떨어집니다. 또 어떤 사람들은 이 문제와 관련하여 훌륭한 의사처럼 지혜롭게 이 두 가지를 혼합하며 적절한 위로로부터 큰 유익을 얻습니다.

적절히 노래함으로써 시무룩한 성질을 누그러뜨릴 수 있습니다. 그러나 적절하지 못한 때 무절제하게 노래하는 것은 쾌락으로 연결될 수 있습니다. 그러므로 노래하는 시간을 정하여 두고 그것을 선용해야 합니다.

언젠가 나는 수도원 밖에서 독거하는 사람들의 수실 근처에 앉아 일하고 있었습니다. 나는 그들이 자기의 기분을 상하게 한 사람이 앞에 있는 듯이 행동하며 수실에서 혼자 호되게 꾸짖으며, 마치 새장에 갇힌 메추라기처럼 화가 나서 펄펄 뛰어 다니는 소리를 들었습니다. 나는 그들에게 사람이 아니라 마귀처럼 변할 때는 독거생활을 포기하라고 충고해 주었습니다.

또 나는 마음이 음란하고 타락했으나 온유한 사람들을 보았습니다. 그들은 일종의 아첨, 허물 없는 듯한 행동, 아름다운 사람들에 대한 사랑을 나타냅니다. 이런 사람들은 마음의 음란함과 타락함을 도려내기 위한 칼로 독거생활을 시작하는 것이 좋습니다. 그렇지 않으면, 그들은 이성적인 인간이 되지 못하고 비이성적인 짐승이 될 것입니다.

또 어떤 사람들은 나에게 그들 자신이 완전히 노염과 음란의 수중에 잡혔다고 말했습니다. 나는 그들 자신이 원하는 대로 사는 것을 금지했습니다. 또 그들을 지도하는 사람들에게 "그들이 때에 따라서 이런저런 방식으로 사는 것을 허락하지만 항상 지도자에게 완전히 복종하게 하십시오"라고 말해 주었습니다. 음란한 사람은 자신뿐만 아니라 가까운 친구에게도 해를 입힐 수 있습니다. 한편, 성난 사람은 늑대처럼 종종 회중 전체를 어지럽게 하며, 많은 영혼들을 낙심하고 불쾌하게 만듭니다.

노염 때문에 마음의 눈이 쇠해서는 안 됩니다. "내 눈이 근심으로 말미암아 쇠하며"(시 6:7)라는 말씀을 기억하십시오. 영혼 안의 격변을 드러내는 거친 말을 하는 것은 한층 더 좋지 않습니다. 실제로 싸움을 시작하는 것은 거룩한 생활에 어울리지 않으며 유해합니다.

당신은 어떤 사람의 몸에 박힌 파편을 제거해 주려 합니까? 좋습니다. 그러나 랜싯이 아닌 막대기를 사용하여 그것을 제거하려 하면, 오히려 그것을 더 깊이 밀어 넣게 될 것입니다. 거친 말과 몸짓은 막대기요, 냉철한 가르침과 인내하며 행하는 견책은 랜싯입니다. 사도 바울은 난폭하게 다루지 말고 "범사에 오래 참음과 가르침으로 경책하며 경계하며 권하라"고 말합니다(딤후 4:2). 만일 때려야 할 필요가 있다면, 당신이 직접 때리지 말고 다른 사람에게 시키되, 자주 때리지 마십시오.

성미가 급한 많은 사람들이 철야기도, 금식, 침묵 등을 실천합니다. 이는 마귀들이 회개와 애통이라는 구실 아래 그들의 정념을 증가시킬 수 있는 것을 제안하려고 노력하기 때문입니다.

만일 한 마리 늑대가 마귀의 도움을 받아서 양무리 전체를 괴롭힐 수 있다면, 매우 지혜로운 형제는 천사의 도움을 받아서 파도를 잠잠하게 하고 물 위에 기름을 부어 배가 순조롭게 지나갈 수 있게 할 것입니다. 또 전자에게는 무거운 선고가 내려질 것이며, 후자는 하나님에게서 큰 상을 받고 모든 사람들에게 교훈이 되는 본보기가 될 것입니다.

복된 인내의 첫 단계는 영혼이 고뇌하고 슬퍼하면서 수치를 받아들이는 것입니다. 중간 단계는 그러한 일들을 당하면서도 고통에서 해방되는 것입니다. 완전한 단계는 수치를 칭찬으로 여기는 것입니다. 첫 단계의 사람은 기뻐하고, 둘째 단계의 사람은 강하며, 셋째 단계의 사람은 주 안에서 크게 기뻐하므로 복됩니다.

자만심 때문에 노여워하는 사람은 스스로 깨닫지 못하지만 불쌍한 모습을 나타냅니다. 그는 먼저 노여워하고, 그 다음에 좌절하여 격노합니다. 벌 주는 사람과 벌 받는 사람이 둘 다 서로에게 복수하려는 죄를 더 짓는 것을 보면 참으로 안타깝습니다. 마귀들의 속임수가 사람을 두렵게 하여 절망하게 됩니다.

자신이 교만, 나쁜 성질, 악의, 위선 등에 쉽게 정복된다는 것을 아는 사람, 그리고 온유와 인내라는 양쪽 날이 선 칼을 빼어들고 이것들에 맞서 자신을 방어하려는 사람이 이러한 악덕들로부터 완전히 해방되려면 구원의 빨래 집과 같은 수도원에 들어가서 살아야 합니다. 특히, 가장 엄격한 수도원을 선택해야 합니다. 그는 형제들의 모욕과 상처와 거부 등에 의해서 영적으로 매질과 죽임을 당할 것입니다. 심지어 그는 아직도 영혼의 감각적인 부분에 잠재하고 있는 더러움을 씻어내기 위해서 매 맞고 짓밟히고 발길질 당할 수도 있습니다. 책망은 영혼의 정념들을 씻어내는 빨래 통이라는 말이 있습니다. 세상에서 누군가에게 모욕을 가한 후 그것을 자랑하는 사람들은 "내가 그 사람을 깨끗이 해주었다"라고 즐겨 말합니다. 그것은 정확한 말입니다.

초심자에게 성내는 경향이 부재하는 것은 애통의 결과입니다. 그러나 이것은 완전한 사람에게서 발견되는 평화와는 다른 것입니다. 전자의 경우에 눈물은 마치 고삐처럼 노염을 억제하지만, 완전한 사람들은 칼로 뱀을 죽이듯이 정념들을 지배함으로써 노염을 죽입니다.

언젠가 세 명의 수도사들이 동시에 동일한 형태의 모욕을 당했습니다. 첫째 사람은 아픔을 민감하게 느꼈지만 말하지 않았고, 두 번째 사람은 그 상처가 가져다 줄 상을 생각하며 기뻐했고, 세 번째 사람은 자신에게 모욕을 가한 이웃이 당할 해를 염려하여 심하게 울었습니다. 이 세 사람의 경우에 작용한 것은 각기 두려움, 받을 상에 대한 의식, 그리고 사랑입니다.

몸에 열이 나는 증상에는 여러 가지 원인이 있습니다. 마찬가지로 노염이나 다른 정념들이 뒤끓는 원인도 여러 가지이며, 그것을 치료하는 방법도 각기 다를 수밖에 없습니다. 이런 까닭에 병자들은 각기 자신의 치료법을 신중하게 찾아야 합니다. 그 첫 단계는 병의 원인을 파악하는 것입니다. 병의 원인을 알아내면, 환자들은 하나님과 영적 의사들에게서 올바른 치료를 받게 될 것입니다. 주 안에서 우리와 합류하기를 원하는 사람들은 우리가 여러 가지 방법으로 시험받을 수 있는 영적 재판소로 와서 위에서 언급된 정념들과 그것들의 원인을 찾아내야 합니다.

노염을 온유의 쇠사슬로 구속하고, 인내로 채찍질하고, 복된 사랑으로 연행해야 합니다. 그것을 이성의 법정에 세우고 다음과 같이 심문해야 합니다: "이 비열한 놈아, 세상에 재앙을 가져올 너 같은 놈을 태어나게 한 네 아버지와 탐식의 이름을 말하여라. 너의 역겨운 아들들과 딸들의 이름을 말하라. 또 네 원수들이 누구인지, 너를 죽일 힘을 가진 자가 누구인지 말하라." 그러면 노염은 이렇게 대답합니다: "나의 근원은 여러 곳이며, 나의 아버지는 하나가 아니다. 내 어머니는 허영과 탐욕과 욕심, 그리고 육욕이다. 내 아어지의 이름은 자만이다. 내 딸들의 이름은 부당한 대우에 대한 기억, 미움, 적대감, 그리고 자기합리화이다. 나를 감옥에 가둔 원수들은 반대되는 덕들, 즉 노염으로부터의 자유와 겸손이다. 겸손은 나에게 올가미를 씌운다. 때가 되면, 겸손을 낳은 자가 누구인지 질문하라."

사다리의 여덟 번째 계단에는 노염으로부터의 자유라는 면류관이 있습니다. 본성적으로 그것을 쓰는 사람은 다른 것을 쓰지 않을 것입니다. 그러나 애써 노력하여 그것을 얻은 사람은 여덟 가지 모두를 완전히 정복한 사람입니다.

아홉 번째 계단
악의

 거룩한 덕들은 야곱의 사다리와 같고, 사악한 악덕들은 사도 베드로를 떨어지게 한 쇠사슬과 같습니다. 덕들은 하나의 덕에서 다른 덕으로 이어지며, 그것을 선택하는 사람을 천국으로 데려갑니다. 반면에 악덕들은 서로를 낳고 또 억제합니다. 앞에서 분별없는 노염의 결과가 부당한 일에 대한 기억이라고 말했으므로, 이제 그것에 대해서 언급하려 합니다.
 부당한 일에 대한 기억은 분노의 마지막 단계입니다. 그것은 죄의 보호자입니다. 그것은 의로운 생활 방식을 미워합니다. 그것은 덕의 파멸이요, 영혼의 감옥이요, 정신 안에 있는 구더기입니다. 그것은 기도를 부끄럽게 여기는 것이요, 간구를 방해하는 것이요, 사랑을 멀리하는 것이요, 영혼을 찌르는 못입니다. 그것은 신랄함 안에 소중히 간직되어 있는 고통스러운 느낌입니다. 그것은 결코 끝나지 않는 죄요, 잠들지 않는 악이요, 깊은 원한입니다. 그것은 어둡고 보기 흉한 정념이 되지만 자식이 없으므로, 그것에 대해서 많은 말을 할 필요가 없습니다.
 노염을 멈춘 사람은 부당한 일에 대한 기억을 씻어냅니다. 왜냐하면 살아 있는 부모만이 자식을 낳을 수 있기 때문입니다.

사랑 많은 사람은 복수심을 몰아내지만, 미움을 품고 있는 사람은 자신을 위해 골치 아픈 고역을 쌓아올립니다. 사랑의 향연은 미움을 없애며, 성실하게 구제하는 것은 영혼에 평화를 가져다 줍니다. 그러나 지나친 음식은 방탕을 초래하며, 사랑의 창문을 통해서 탐식이 들어옵니다.

미움이 호색적인 관계를 파괴하면 부당한 일에 대한 기억이 그 관계의 회복을 방해하기도 합니다. 놀랍게도 하나의 마귀가 다른 마귀를 제거합니다. 그것은 마귀들의 작용이 아니라 하나님의 섭리의 작용일 것입니다.

부당한 일에 대한 기억은 자연적이고 건실한 사랑에게서 멀리 떨어져 제거되지만, 마치 비둘기 위에 숨어있는 벼룩처럼 음란 가까이에 머물 수도 있습니다.

마귀들에게 악의와 원한을 품으십시오. 육은 감사할 줄 모르고 믿을 수 없는 친구이므로, 육신을 원수처럼 다루어야 합니다. 육은 보살펴 줄수록 우리에게 상처를 줍니다.

악의는 성령의 말씀을 자신에게 맞추어 왜곡하는 성경 해석자입니다. 악의를 품고서는 드릴 수 없는 예수기도를 통해 악의를 무색하게 하십시오.

크게 노력해도 악의를 근절하지 못한다면, 불성실하게도 헛된 말로 당신을 부끄럽게 한 당신의 원수에게 가서 사과하십시오. 그 후 양심이 타는 불처럼 당신을 아프게 한다면, 당신의 원수에 대한 진지한 사랑이 소생할 수도 있다는 것을 발견할 수 있을 것입니다.

이러한 부패함을 완전히 제어했음을 보여주는 진정한 표식은 당신을 불쾌하게 한 사람을 위해서 기도하거나 그에게 선물을 주거나 함께 식사하자고 초대하는 것이 아니라 그의 육신이나 영혼에 재난이 임했다는 소식을 들을 때 그것이 당신 자신의 일인 듯이 그를 위해 슬퍼하는 것입니다.

악의를 품은 헤시카스트는 마치 치명적인 독을 품고 숨어 있는 독사와 같습니다.

예수님이 당하신 일을 기억하면, 그분의 인내로써 부당한 일에 대한 기억을 부끄럽게 하고 치료할 수 있습니다.

구더기들은 썩은 나무에서 살고, 악의는 온유와 침묵을 가장한 곳에서 삽니다. 악의를 몰아낸 사람은 용서를 발견하지만, 악의를 끌어안는 사람은 자비를 빼앗깁니다.

용서를 얻기 위해 노력하고 애쓰기보다는 자신이 당한 부당한 일을 잊는 편이 낫습니다. 빨리 용서하면 풍성하게 용서받을 것입니다. 자신이 당한 부당한 일을 잊는 것은 참된 회개의 증거입니다. 부당한 일을 마음에 품고 지내면서 자신이 회개하고 있다고 생각하는 것은 마치 깊이 잠들어 있으면서도 자신이 달리고 있다고 확신하는 것과 같습니다.

다른 사람에 대해 악의를 품고 있는 사람이 그에게 용서를 구하는 말을 하다가 자신의 말에서 수치를 느끼게 되었으며, 그로 인하여 이 악덕을 제거하게 된 사람을 보았습니다.

이 음울한 악덕이 그리 중요하지 않은 정념이라고 생각하지 마십시오. 종종 그것은 신령한 사람에게까지 손을 뻗칩니다.

이것이 사다리의 아홉 번째 계단입니다. 여기에 오른 사람은 주 예수님께 자신을 죄에서 자유하게 해달라고 용감하게 부탁하십시오.

열 번째 계단
비방

상식이 있는 사람이라면, 비방이 부당한 대우에 대한 기억과 미움의 결과라는 사실에 대해 반론을 제기하지 않을 것입니다. 이런 까닭에 여기에서는 비방에 대해 다루려 합니다.

비방은 미움의 결과로서 교묘하면서도 지독한 질병이며, 눈에 띄지 않게 숨어 있는 벼룩과 같아서 사랑이라는 활력의 근원을 서서히 소진시킵니다. 그것은 겉으로는 사랑의 모습을 취하지만 더럽고 거룩하지 못한 마음의 사자使者입니다. 또한 그것은 순결의 몰락입니다.

자신의 염치없음을 자랑하는 여자들이 있습니다. 그러나 한술 더 떠서 겉으로는 대단히 정숙한 체하면서 은밀하게 가증한 행동을 하는 여자들이 있습니다. 물론, 거기에는 수치스러운 악덕들이 따릅니다. 실제로 성실하지 못한 처녀들이 많습니다: 위선, 교활, 우울, 과거에 받은 상처를 마음에 품는 것, 은밀하게 다른 사람들을 멸시하는 것 등. 그것들은 겉으로 나타내는 행위와 실제로 행동하는 것이 다릅니다.

사람들은 비방하다가 책망을 받으면 그러한 행동이 상대방에 대한 사랑과 관심에서 우러나는 것이라고 변명합니다. 나는 그러한 사람에게 다음과 같이

말합니다: "그렇다면, 그런 식의 사랑을 중지하십시오. 그렇지 않으면 당신은 '자기의 이웃을 은근히 헐뜯는 자를 내가 멸할 것이요'(시 101:5)라고 선포하신 분을 거짓말쟁이로 만들 것입니다. 만일 당신이 주장하는 대로, 당신이 그 사람을 사랑한다면, 그 사람을 조롱하지 말고 은밀하게 그 사람을 위해서 기도하십시오. 그것이 주님이 받으실 만한 사랑입니다. 그리고 당신의 기분을 상하게 한 사람을 판단하지 마십시오. 가룟 유다는 그리스도의 제자였지만 살인자들의 무리에 속한 강도였습니다. 그는 결정적인 순간에 돌변했습니다."

비방의 영을 정복하려면, 실족하는 사람을 나무라지 말고 그렇게 행동하도록 부추긴 마귀를 나무라십시오. 우리 모두는 강요받지 않은 상태에서 하나님께 범죄하지만, 그것을 원하는 사람은 하나도 없습니다.

내가 아는 어떤 사람은 공공연하게 죄를 범하고 은밀하게 회개했습니다. 나는 그 사람을 음란하다고 비난했지만, 그 사람은 진심으로 회심하여 하나님과 화해했기 때문에 하나님이 보시기에는 순결했습니다.

어떤 사람이 이웃을 비방하는 말을 들을 때 인간적인 견해를 고려하지 말고 이렇게 말하십시오: "형제여, 비방을 멈추십시오. 나는 매일 그보다 더 나쁜 일을 행하고 있습니다. 그런데 어찌 그를 비판할 수 있겠습니까?" 이렇게 말하면서, 당신은 두 가지를 이룰 수 있습니다. 즉 당신 자신을 치유하고, 이웃을 치유합니다.

비판하지 마십시오. 그것은 죄 사함을 받는 가장 빠른 길입니다. "비판하지 말라 그리하면 너희가 비판을 받지 않을 것이요"(눅 6:37).

불과 물이 섞일 수 없듯이, 사람들을 비판하는 것과 회개하려는 갈망도 섞일 수 없습니다. 만일 어떤 사람이 임종하는 순간에 당신 앞에서 죄를 범한다면, 그 사람을 판단하지 마십시오. 왜냐하면 하나님의 판단이 사람들에게 감추어져 있기 때문입니다. 사람들이 공개적으로 크게 범죄하지만 은밀하게 그보다 더 위대한 행동을 하는 경우도 있습니다. 그러므로 그러한 사람들을 비방하는 사람들은 햇빛이 아니라 연기 속에서 제대로 보지 못하는 미혹된 사람들입니다. 그러므로 사람들의 잘못을 비방하는 사람들의 말을 잘 들으십시오. "너희가 비판하는 그 비판으로 너희가 비판을 받을 것이요"(마 7:2)라는 말씀이 진실이라면, 분명 우리가 이웃에게 전가한 영적인 죄나 육적인 죄에 우리 자신이 빠질 것입니다.

사람들이 이웃의 죄를 재빨리 거칠게 비판하는 정념에 빠지는 것은 지금까지 자신의 죄를 쉬지 않고 기억하고 관심을 갖는 데 실패했기 때문입니다. 자애自愛에 사로잡히지 않은 사람은 자신의 허물을 볼 수 있습니다. 왜냐하면 그는 이 세상에서 어떤 사람에 대해서도 염려하지 않기 때문입니다. 그는 자신이 100년을 산다 해도 이 세상에서 자신을 위해 애통하기에 부족하다고 느끼기 때문입니다. 이런 종류의 애통에는 비방이나 거친 판단의 흔적이 없습니다.

살인하는 마귀들은 우리를 죄 속으로 몰아넣습니다. 마귀들은 그 일에 방해를 받으면 우리로 하여금 죄를 범하는 사람들을 판단하게 하며, 그럼으로써 우리를 자신이 비판하는 사람들과 동일한 더러움에 물들게 만듭니다.

우리는 항상 악의적이고 비방하는 사람들을 알아볼 수 있습니다. 그런 사람들에게는 미움의 영이 가득합니다. 그들은 아무런 가책이 없이 이웃의 가르침과 행동과 덕을 비방합니다. 간혹 은밀하게 큰 죄를 범했지만 발각되지 않은 사람들은 자신을 선한 사람으로 가장한 후 공적으로 작은 잘못을 범한 사람들을 꾸짖습니다.

이웃을 비판하는 것은 염치없이 하나님의 특권을 찬탈하는 것이요, 정죄하는 것은 자신의 영혼을 멸망하게 하는 것입니다.

자만심은 다른 악덕들을 동반하지 않고서도 사람을 파멸시킬 수 있습니다. 마찬가지로 우리에게 비판하는 습관이 있다면, 오로지 이 습관이 우리를 멸망시킬 수 있습니다. 바리새인들은 이것 때문에 정죄받았습니다.

포도를 잘 따는 사람은 익지 않은 포도는 따지 않고 익은 포도만 따 먹습니다. 자비롭고 분별 있는 사람은 다른 사람에게서 보이는 덕에 주목합니다. 반면에 어리석은 사람은 그에게서 결점과 잘못을 찾으려 합니다. 그런 사람에 대해서 성경은 "그들은 죄악을 꾸미며 이르기를 우리가 묘책을 찾았다 하나니 각 사람의 속 뜻과 마음이 깊도다 그러나 하나님이 그들을 쏘시리니 그들이 갑자기 화살에 상하리로다"(시 64:6-7)라고 말합니다.

정죄하지 마십시오. 당신이 눈으로 어떤 일을 보고 있다고 해도 당신의 눈은 미혹될 수 있습니다.

이것이 사다리의 열 번째 계단입니다. 사랑이나 애통을 실천해온 사람들이 여기에 올라설 수 있습니다.

열한 번째 계단
수다와 침묵

앞 장에서는 비판하거나 비판받는 것의 위험, 그리고 겉으로는 신령한 사람들도 이 악덕에 물들 수 있다는 것을 다루었습니다.

이제 이 악덕의 원인을 지적하고, 그것이 드나드는 통로에 대해 이야기하겠습니다.

수다는 자신을 과시하고 자랑하기를 즐기는 허영의 보좌입니다. 수다는 무지의 조짐이요, 비방에 이르는 문이요, 희롱의 인도자요, 거짓말의 종이요, 양심의 가책의 멸망이요, 낙담의 호출자요, 잠의 사신이요, 평정한 마음의 소실이요, 경계의 종식이요, 열심의 냉각이요, 기도를 혼란하게 하는 것입니다.

지혜로운 침묵은 기도의 원천이요, 속박으로부터의 자유요, 열심의 보호자요, 우리 생각의 파수꾼이요, 원수들을 지키는 불침번이요, 애통의 감옥이요, 눈물의 친구요, 죽음에 대한 확실한 묵상이요, 판단에 대한 관심이요, 번민의 종이요, 방탕의 원수요, 정적자靜寂者요, 독단론의 반대자요, 지식의 성장이요, 관상기도의 조력자요, 감추어진 진보요, 천상을 향한 은밀한 여정입니다. 자기의 죄를 인정하는 사람은 혀를 제어한 사람이요, 수다쟁이는 아직 자신을 발견하지 못한 사람입니다.

침묵을 사랑하는 사람은 하나님 가까이 갑니다. 그는 은밀하게 하나님께 말하고, 하나님은 그를 가르쳐 주십니다. 예수님은 침묵을 통해 빌라도를 부끄럽게 하셨고, 우리는 침묵을 통해 허영을 정복합니다. 베드로는 자신이 한 말 때문에 슬피 울었습니다. 그는 "나의 행위를 조심하여 내 혀로 범죄하지 아니하리니"(시 39:1)라고 선포하신 분을 망각했었습니다. 또 "실언하기보다는 길에서 넘어지는 편이 더 낫다"(집회서 20:18)라는 말도 망각했었습니다.

이것에 대해서는 이만큼만 이야기하겠습니다. 언젠가 어떤 사람이 침묵에 대해 질문하면서, 수다는 다음과 같은 원인들 중 하나의 결과라고 말했습니다: 나쁜 생활 방식(그는 "혀는 몸의 일부이므로 침묵하는 습관을 훈련해야 한다"고 말했습니다), 허영 또는 탐식(음식을 자제하는 사람들은 쉽게 수다스러운 입을 억제할 수 있습니다).

진지하게 죽음에 관심을 갖는 사람은 말을 삼가며, 영적 애통의 은사를 받은 사람은 불을 피하듯이 수다를 피합니다.

침묵을 사랑하는 사람은 입을 다물지만, 두서없이 이야기하는 사람은 조용한 곳에 머물지 못합니다.

거룩한 불의 냄새를 아는 사람은 마치 벌이 연기를 피하듯이 사람들의 모임을 피합니다. 연기가 벌을 몰아내듯이, 사람들과의 교제는 사람에게 악영향을 미칩니다.

둑이 없으면 물을 모아두기 어렵습니다. 우리의 혀를 억제하는 것은 그보다 한층 더 어렵습니다.

이것이 사다리의 열한 번째 계단입니다. 여기에 오르는 사람은 일격에 많은 악을 근절합니다.

열두 번째 계단
거짓말

강철 숫돌과 부싯돌이 불을 일으키듯이, 수다와 농담에서 거짓말이 나옵니다. 거짓말은 사랑을 파괴하며, 거짓 맹세는 하나님을 부인하는 것입니다.

분별이 있는 사람은 거짓말이 작은 실수라고 생각하지 않습니다. 실제로 지극히 거룩하신 성령께서는 무엇보다도 이 죄에 대해서 가장 두려운 선고를 내리십니다. 만일 다윗이 말한 것처럼 하나님께서 "거짓말하는 자들을 멸망시키신다면"(시 5:6), 거짓 맹세를 하는 사람에게는 어떤 일이 일어나겠습니까?

나는 거짓말하는 능력을 자랑하며 익살과 농담으로 웃음을 선동하는 사람이 듣는 사람들의 애통하는 습관을 파괴하는 것을 보았습니다. 마귀들은 우리가 탁월한 기지로 농담을 멸리하는 것을 보면, 두 가지 그럴듯한 생각—재치 있는 이야기를 하는 사람의 기분을 상하게 해서는 안 된다는 것과 그 사람보다도 하나님을 더 사랑하는 것 같은 모습을 나타내서는 안 된다는 것—으로 우리를 사로잡으려 합니다. 꾸물거리지 말고, 그것을 멀리하십시오! 그렇지 않으면 당신이 기도할 때 농담들이 당신에게 돌아오기 시작할 것입니다. 단지 농담으로부터 도망치는 데 그쳐서는 안 됩니다. 죽음과 심판에 대한 생각을 농담 앞에 놓음으로써 나쁜 사람들과의 교제를 끊으십시오. 혹시 몇 방울의 허영이 당신에게 떨어진다면, 얼마나 해로운 일이 벌어지겠습니까? 많은 사람들에게 유익의 원천이 될 수 있도록 준비하십시오.

위선은 거짓말의 근원이요 원인입니다. 어떤 사람은 위선이란 거짓에 관한 묵상에 불과하다고, 그것은 거짓말과 연결된 거짓의 발명자라고 주장합니다.

주님을 경외하는 은사를 받은 사람은 내면에 썩지 않는 재판관인 양심을 가지고 있기 때문에 거짓말을 하지 않습니다.

정념들 안에서 다양한 종류의 해악을 관찰할 수 있는데, 거짓말도 예외가 아닙니다. 두려움 때문에 거짓말을 하는 사람에게 임하는 심판이 있고, 어떤 일에 대해서도 염려하지 않는 거짓말쟁이에게 임하는 심판이 있습니다. 순전히 오락으로 거짓말을 하는 사람이 있고, 재미로 거짓말을 하는 사람이 있고, 구경꾼들을 웃기기 위해서 거짓말을 하는 사람이 있고, 형제를 함정에 빠뜨려 해를 입히기 위해 거짓말을 하는 사람이 있습니다.

치안판사가 고문함으로써 거짓말을 근절할 수 없지만, 풍성한 눈물은 거짓말을 파괴합니다. 어떤 사람은 자기 영혼의 실질적인 멸망을 의로운 행위로 간주합니다. 거짓말을 하는 사람은 자신이 라합의 본보기를 따르고 있다고 말하며, 자신의 멸망이 다른 사람들을 구원하는 원인이라고 주장합니다.[26]

우리는 거짓말하려는 충동에서 완전히 벗어나야만, 어쩔 수 없을 때만 두려워하면서 거짓말을 의지할 것입니다. 아기는 거짓말을 할 줄 모르며, 악을 깨끗이 씻어버린 영혼도 거짓말을 하지 않습니다.

---

26) 라합은 가족을 살리기 위해서 거짓말을 했다. Cf. 수 2:1ff.

술을 마신 사람은 무의식중에 모든 일에 대해 진실을 말합니다. 양심의 가책에 취한 사람은 거짓말을 하지 못합니다.

이것이 사다리의 열두 번째 계단입니다. 이 단계에 오른 사람은 축복의 근원을 획득한 사람입니다.

열세 번째 계단
권태

권태, 또는 영의 싫증_{akidia}은 종종 수다의 한 가지 양상이요 그 맏아들이라고 할 수 있습니다. 이런 까닭에 이것은 일련의 악덕들 중 하나에 속합니다.

권태는 영혼의 마비상태, 정신의 권태, 종교적 훈련에 대한 태만, 서원에 대한 적대감입니다. 그것은 세상적인 것들을 인정하는 것이요, 하나님에게는 인간을 향한 자비와 사랑이 없다고 주장하는 음성입니다. 그것은 시편 찬송을 게을리 함이요, 기도할 때 우유부단함이요, 봉사하려는 완강한 충동이요, 손으로 하는 작업에 몰두함이요, 순종의 요구에 대한 무관심입니다. 순종하는 사람은 이러한 권태를 알지 못합니다. 왜냐하면 그는 영의 차원에 도달하기 위해서 감각에 속한 것들을 사용해 왔기 때문입니다.

공동체 생활은 권태를 배격합니다. 권태는 독수사의 한결같은 동반자로서 죽는 날까지 그와 함께 살면서 끝까지 그와 싸웁니다. 권태는 독수사의 수실을 보고 미소를 지으면서 그 가까이에 살기 위해 기어 올라옵니다.

의사는 아침에 환자를 방문하지만, 권태는 정오에 독수사를 찾아옵니다.[27)]

---

27) 교부들은 흔히 낙담을 정오의 귀신의 속성으로 여긴다.

권태는 환대에 개입하려 하며, 독수사로 하여금 구제하기 위해서 육체노동을 하라고 자극하고, "병들었을 때에 돌보았다"(마 25:36)라는 말씀을 상기시키면서 병자들을 심방하라고 권면합니다. 권태는 우리에게 절망하고 있는 사람들과 나약한 사람들을 방문해야 한다고 속삭이며, 점점 쇠약해지고 있는 사람으로 하여금 다른 사람에게 위로를 주게 합니다. 권태는 기도하는 사람에게 해야 할 일을 기억하게 하며, 우리의 기도를 못하게 하기 위해서 온갖 구실을 찾아냅니다.

권태의 마귀는 제3시가 되면 오한과 두통과 현기증을 가져다 줍니다. 권태에 빠진 사람은 제9시가 되면 기운을 회복하며, 저녁 식사가 준비되면 침상에서 벌떡 일어납니다. 그러나 기도 시간이 되면 몸이 다시 나른해지기 시작합니다. 기도를 시작하지만, 권태가 그로 하여금 졸립고 하품하게 만들기 때문에 시편 찬송을 제대로 하지 못합니다.

다른 모든 정념들을 극복하는 데 이용할 수 있는 특별한 덕이 있지만, 수도사에게 권태란 완전한 죽음과 같은 것입니다.

담대한 영혼은 죽어가는 정신을 분발하게 만들 수 있지만, 권태와 게으름은 모든 보물들을 흩어버립니다.

권태는 여덟 가지 악덕들 중 치명적이며, 실제로 가장 위험한 것입니다. 시편으로 찬양할 필요가 없을 때 권태가 일어나지 않으며, 성무일과가 끝날 때쯤 되면 두 눈에 생기가 다시 일어납니다.

권태의 공격을 받을 때 진정으로 영에 속한 사람들을 찾아볼 수 있습니다. 왜냐하면 이것을 대적한 싸움에서 가장 많은 면류관을 획득할 수 있기 때문입니다. 서 있을 때 권태가 어떻게 공격하는지 주목해 보십시오. 그리고 자리에 앉으면 권태가 상체를 뒤로 젖히고 앉는 것이 좋을 것이라고 속삭입니다. 그러

열네 번째 계단
탐식

우리 자신을 비판할 때는 특별히 식욕을 언급해야만 합니다. 아마 죽기 전에 이 욕망으로부터 해방된 사람은 없을 것입니다.

탐식은 위胃의 위선입니다. 위는 가득 차게 되면 부족함에 대해 한탄하며, 실컷 배가 터지도록 먹으면 배고픔에 대해 불평합니다. 탐식은 조미료를 발명해 내고, 훌륭한 요리법을 만들어 냅니다. 한 가지 충동을 막으면 다른 충동이 터져 나옵니다. 탐식은 기만적인 겉모습을 가지고 있습니다. 탐식에 걸리면 음식을 적절히 먹다가도 게걸스럽게 한꺼번에 모든 것을 먹으려 합니다. 배 터지도록 음식을 먹으면 음란이 생겨나고, 위의 절제는 순결함으로 이어집니다. 사자를 귀여워하면 길들일 수 있지만, 맛있는 것을 많이 먹은 사자는 탐욕스러워집니다.

유대인들은 안식일과 절기를 지킵니다. 걸신들린 수도사는 토요일과 일요일을 지킵니다.[28] 그는 부활절까지의 날수를 세고, 미리 그 날들을 위해 음식

---

[28] 토요일과 일요일에 금식을 금한 것에 관해서는 존 카시안(John Cassian)의 『제도집』(Institutes)을 보라.

을 준비합니다. 식욕에 예속된 사람은 명절에 차릴 음식의 메뉴를 곰곰이 생각합니다. 그러나 하나님의 종은 자신을 부요하게 해줄 은혜를 생각합니다.

탐식의 노예는 손님이 찾아오면 자비로운 행동을 하지만, 그 이유는 음식에 대한 욕망과 결합되어 있습니다. 그는 자신을 위해 휴양을 허락함으로써 형제에게 위로를 가져다 주고 있다고 생각합니다. 그는 환대의 의무가 자신에게 약간의 포도주를 마실 수 있는 권한을 부여한다고 생각하며, 그렇기 때문에 절제에 대한 고결한 갈망을 감추고 무절제의 종이 됩니다.

때때로 허영과 탐식은 가련한 수도사를 자신의 종으로 확보하기 위해서 서로 싸웁니다. 탐식은 편하게 음식을 먹으라고 말하며, 허영은 식욕을 충족시키려는 충동을 극복하고 승리해야 한다고 속삭입니다. 그러나 분별이 있는 수도사라면 이 두 가지 악덕을 모두 피하며, 둘 중 하나를 사용하여 나머지 하나를 쫓아낼 것입니다.

육체의 정력이 왕성한 동안에는 언제 어디서든지 절제를 길러야 하며, 육이 길들여진 후에는(이 세상에 사는 동안에 이 일이 가능하다고 생각되지 않습니다) 그것을 감추어야 합니다.

나는 나이가 지긋한 사제들이 마귀에게 속아서 축일에 자신의 돌봄 아래 있지 않은 젊은 사람들에게 포도주 등을 삼가야 할 의무를 면제해 주는 것을 보았습니다. 그러한 행동을 하는 사제들이 분명히 거룩한 사람들이라면, 그것을 마셔도 좋지만 적당히 마셔야 합니다. 그러한 사제들에게 부주의한 경향이 있다면, 그들의 허락을 무시해야 합니다. 특히 육체와 치열하게 싸울 때에는 더욱 그리해야 합니다.

나는 에바그리우스의 일을 기억합니다. 악한 마귀가 에바그리우스로 하여금 모든 사람들 중에 그의 생각과 말이 가장 지혜롭다고 생각하게 만들었습니다. 이 사람은 매우 잘못 생각하고 있었으며, 이 일에 있어서는 다른 많은 사람들처럼 자신이 크게 어리석다는 것을 증명했습니다. 그는 "우리 영혼이 다른 음식을 원할 때는 계속해서 빵과 물만 먹게 하십시오"라고 말했는데, 이것은 어린아이에게 한 걸음에 사다리 꼭대기에 올라가라고 요구하는 것과 같은 말입니다. 그러므로 우리는 그의 말을 거부하고 이렇게 말해야 합니다: 우리 영혼이 다른 음식을 원하는 것은, 곧 영혼이 자신의 본성에 적당한 것을 찾는 것입니다. 이런 까닭에 우리는 이 노련한 적을 솜씨 좋게 다루어야 합니다. 우리가 어떤 위기에 휘말리지 않을 경우, 또는 어떤 특별한 잘못으로 인해 회개하지 않을 경우에 우리는 살찌게 하는 음식, 흥분하게 하는 음식, 그 다음에는 식사를 즐겁게 해주는 음식 등의 순서로 음식을 거부해야 합니다. 소화가 잘되는 음식을 충분히 먹음으로써 끝없는 배고픔을 없애십시오. 전염병을 피하기 위해서 신속하게 대피하듯이, 그렇게 함으로써 음식에 대한 지나친 갈망에서 해방될 수도 있을 것입니다. 또한 배부르게 하는 음식은 대체로 욕망을 자극한다는 점도 유의해야 합니다.

저녁 식사를 마친 후에 당신에게 앞으로는 더 늦은 시간에 식사를 해야 한다고 말하는 마귀를 조롱하십시오. 마귀는 제9시가 되면 전날 작성했던 협정을 바꿀 것입니다.

선한 행동을 하는 사람들에게 알맞은 절제가 있고, 특별한 약점을 지닌 사람들에게 알맞은 절제가 있습니다. 전자의 경우 모든 종류의 육적인 동요를 즉시 억제하려는 충동을 일으키지만, 후자의 경우에는 죽는 날까지 그러한 동요로부터 벗어나지 못합니다. 전자는 항상 정신의 평안을 얻기 위해 노력하지만, 후자는 영적 슬픔과 통회를 통해 하나님의 노염을 완화하려고 노력합니다.

완전한 이탈 상태에 도달한 사람들에게는 기쁨과 위로가 내려옵니다. 용감한 수도사는 전쟁의 열기를 즐기지만, 정념의 노예는 부활절 잔치를 한껏 즐깁니다.

대식가는 내심 음식과 양식만 생각하지만, 애통의 은사를 가진 사람들은 심판과 형벌만 생각합니다.

욕망이 당신을 지배하기 전에 당신이 욕망을 제어하십시오. 욕망을 다스리는 데에는 수치심이 크게 도움이 될 것입니다. 죄의 구덩이에 굴러 떨어진 사람들은 이것이 어떤 말인지 알 것입니다. 그것을 알지 못하는 사람들은 고자들 뿐입니다.[29] 그러므로 우리는 장차 임할 불을 생각하면서 욕망을 억제해야 합니다. 완전히 욕망의 노예가 되었던 사람들 중에는 실제로 자신의 생식기를 제거함으로써 두 번[30] 죽는 사람들도 있습니다. 실제로 식욕은 모든 인간적인 파멸의 원인입니다.

금식하는 사람은 엄격하게 기도하지만, 무절제한 사람의 정신은 더러운 상상으로 채워집니다.

배가 부르면 눈물이 마르지만, 오그라든 위는 눈물을 만들어 냅니다. 식욕을 충족시키려 하면서 동시에 음란의 영을 제어하려는 것은 마치 불에 기름을 붓는 것과 같습니다.

음식을 배불리 먹지 않으면, 마음이 겸손해질 것입니다. 배불리 먹으면 정신이 교만해질 것입니다. 아침 일찍, 한낮, 그리고 저녁 식사 후에 자신을 지켜보면, 금식의 가치를 발견할 수 있을 것입니다. 아침에는 생각들이 약동하며,

---

29) 고자란 마태복음 19:12에서 주님이 "천국을 위하여 스스로 된 고자도 있도다"라고 말씀하신 사람들로서 전반적인 금욕을 실천하는 사람들을 말한다.

30) 육체적으로, 그리고 영적으로. 사도들의 법 24조에 의하면 자신의 몸을 훼손한 평신도는 3년 동안 성찬을 받을 수 없다.

제6시에는 생각들이 고요해지며, 해가 질 때는 완전히 평온해집니다. 음식을 배불리 먹지 않으면 입을 다물게 될 것입니다. 왜냐하면 혀는 음식이 풍성한 곳에서 활발하게 활동하기 때문입니다. 힘껏 식욕을 대적하여 싸우고 억제하십시오. 조금이라도 노력하면, 주께서 속히 도와주실 것입니다.

관리를 잘하여 부드러워진 가죽부대에 많은 것을 담을 수 있지만, 방치된 뻣뻣한 가죽부대에 많이 담을 수 없습니다. 배불리 먹는 사람은 뱃속을 키우지만 식욕과 싸우는 사람은 위를 줄게 만듭니다. 위가 줄어들면 과식할 가능성이 없기 때문에 매우 자연스럽게 금식할 수 있습니다.

때로 갈증이 갈증을 해소하지만 배고픔이 배고픔을 해소하기는 어렵습니다. 당신이 식욕에게 정복된다면 힘들게 일하여 그것을 길들이십시오. 만일 당신이 너무 약해서 그렇게 할 수 없다면 철야로써 그것과 싸우십시오. 만일 졸음이 오면 수작업을 행하십시오. 그러나 졸리지 않을 때는 수작업을 피하십시오. 하나님과 돈을 동시에 섬길 수 없습니다.[31] 다시 말해서, 우리는 동시에 하나님과 수작업에 집중할 수 없습니다.

마귀는 자주 우리의 위 속에 거주하면서 우리로 하여금 이집트 전체를 삼키고 나일 강물을 모두 마신 후에도 만족하지 못하게 합니다. 우리가 음식을 먹은 후에 이 마귀는 밖으로 나가서 음란의 영을 데리고 들어와서는 "이제 저 사람을 취해라! 저 사람을 추격해라. 저 사람은 배가 부르면 싸우지 못할 것이다"라고 말합니다. 식욕의 귀신과 한패거리인 음란의 영은 웃으면서 다가와 잠든 우리의 손과 발을 결박하고 자기가 원하는 대로 행하며 더러운 꿈과 배설물로 우리의 몸과 영혼을 더럽힙니다.

---

31) 수도사들은 손으로 만든 물건을 팔아서 생계를 유지했다.

놀랍게도 정신이 육체에 의해 더러워지고 흐려질 수 있습니다. 역시 놀랍게도 영이 육체에 의해 정화되고 순화될 수 있습니다.

만일 당신이 협착한 길을 걸어가기로 그리스도께 약속했다면, 식욕을 억제하십시오. 식욕에 굴복하거나 위를 키우는 것은 약속을 깨는 것입니다. 다음과 같은 경고의 말에 귀를 기울이십시오: "탐식의 길은 넓고 음란으로 연결되며, 그 길로 가는 사람이 많다. 금식으로 들어가는 문은 좁고 그 길은 험하며 순결한 삶으로 연결되지만, 그리로 가는 사람은 드물다"(마 7:13-14 참조).

타락한 루시퍼는 마귀들의 왕자요, 탐식은 정념들의 왕자입니다. 그러므로 훌륭한 식탁을 대할 때 죽음과 심판을 기억하여 과식을 피하십시오. 음료수를 마실 때 주님이 십자가에서 마신 쓸개 탄 포도주를 기억한다면, 절제하거나 탄식하게 될 것이요, 정신이 겸손하게 유지될 것입니다. 당신 자신을 속이지 마십시오. 항상 쓴 나물과 무교병—수고와 금식의 쓴 나물과 겸손한 정신이라는 무교병—을 먹지 않으면, 바로에게서 도망쳐 거룩한 유월절을 경험하지 못할 것입니다. 호흡할 때마다 "굵은 베옷을 입으며 금식하여 내 영혼을 괴롭게 하였더니 내 기도가 내 품으로 돌아왔도다"(시 35:13)라는 말씀을 기억하십시오.

금식하는 것은 본성에 위배되는 행동입니다. 그것은 미각을 즐겁게 해주는 모든 것을 제거하는 것입니다. 금식은 육욕을 죽이고, 나쁜 생각들을 근절하며, 악한 생각에서 우리를 해방시켜 줍니다. 금식은 깨끗한 기도, 조명된 영혼, 방심하지 않는 정신, 소경 됨으로부터의 구원 등을 강화해 줍니다. 금식은 양심의 가책, 겸손한 탄식, 즐거운 통회, 수다의 종식, 침묵의 유인誘因, 순종의 관리인, 잠을 몰아내는 것, 육신의 건강, 무정념의 대리인, 죄사함, 낙원의 기쁨 등으로 들어가는 입구입니다.

　탐식은 우리의 원수, 불행을 만들어내는 자, 정념의 입구, 아담을 타락하게 하고 에서를 멸망하게 한 것, 이스라엘 백성을 멸망하게 만든 자, 노아의 수치를 드러낸 자, 고모라의 밀고자, 롯의 치욕의 근원, 제사장 엘리의 아들들을 살해한 자, 모든 더러움의 안내자입니다. 우리는 이 원수에게 어머니가 누구이며 자식이 누구인지, 이 원수를 궤멸시킬 수 있는 원수가 무엇인지, 궁극적으로 그것을 몰락시킬 수 있는 것이 무엇인지 질문해야 합니다. 모든 사람을 멸망시키는 원인, 탐욕이라는 금화를 지불하고 모든 것을 구매하는 이 정념에게 다음과 같이 질문하십시오: "너는 어떻게 나에게 접근했느냐? 너의 결과는 무엇이냐? 어떻게 해야 나에게서 떠나겠느냐?"

　탐식은 이러한 질문을 받으면 노하고 격분하며 거품을 물면서 대답합니다: "너는 내 종이다. 어찌하여 불평하느냐? 어찌 내게서 도망치려 하느냐? 본성이 나를 너와 결합시켰다. 내가 들어오는 문은 음식이며 음식의 특성과 품질이다. 내가 만족을 모르는 것은 습관 때문이다. 내 정념의 근원은 꺾이지 않은 습관, 영혼의 둔감, 그리고 죽음을 기억하지 못함 등이다. 어찌하여 내 자손들의 이름을 알려 하느냐? 내 자손들의 이름을 열거하면, 바닷가의 모래알보다 더 많을 것이다. 어쨌든 최소한 내 맏아들과 사랑하는 자식들의 이름은 알 수 있을 것이다. 내 맏아들은 음란의 종이요, 둘째 아들은 완악한 마음이요, 셋째 아들은 졸음이다. 나에게서는 더러운 생각들의 바다, 더러움의 물결, 알 수 없고 말할 수 없는 부정한 것들의 홍수가 흘러나온다. 내 딸들은 게으름, 수다, 가벼운 성적 관계, 농담, 모순된 행위, 고집, 멸시, 불순종, 둔감한 정신, 속박, 허풍, 무례, 세속적인 것에 대한 사랑, 부정한 기도, 산만한 생각, 갑작스럽고 예기치 못한 불행 등이며, 여기에는 모든 딸들 중에서 가장 악한 낙심이 연결된다. 과거의 잘못에 대한 생각은 나를 방해하는 장애물이지만 쉽게 나를 정복하지 못한다. 죽음에 대한 생각은 언제나 나의 원수이지만, 인간적인 것으로는 나를 깨끗이 제거할 수 없다. 보혜사를 받은 사람은 나를 제거해 달라고 그분께 기도할 것이며, 그의 간청을 받은 보혜사는 내가 열정적으로 활동하는 것을 허락하지 않을 것이다. 그러나 보혜사를 한 번도 받지 못한 사람은 어쩔 수 없이 나의 단맛을 즐기려 할 것이다."

탐식의 악덕을 정복한 사람은 담대한 사람입니다. 이 단계에 도달할 수 있는 사람은 서둘러 무정념과 완전한 순결을 향해 올라가야 합니다.

열다섯 번째 계단

순결

  앞에서 미쳐 날뛰는 폭음 폭식의 자손이 육신을 대적하여 싸운다고 말한 바 있습니다. 우리의 조상 아담도 이것을 가르쳐줍니다. 만일 아담이 식욕에 정복되지 않았다면, 아내가 어떤 사람인지 알지 못했을 것입니다. 그러므로 첫째 계명을 지키는 사람들은 둘째 계명을 범하지 않으며, 옛 아담의 후손이지만 옛 아담이 어떤 사람이었는지 알지 못할 것입니다. 그들은 죽음에 예속되어 있으며 천사들보다 조금 낮게 지음을 받았습니다. 신학자라고 불리는 사람[32]은 이것이 악이 불멸하는 것을 막기 위한 것이었다고 말합니다.

  순결하다는 것은 영적 존재의 본성을 입는 것입니다. 순결이란 날 때부터 본래 자신의 상태를 초자연적으로 부인함으로써 유한하고 썩을 몸이 놀라운 방법으로 실체가 없는 영들과 경쟁하는 것입니다. 순결한 사람이란 거룩한 사랑에 의해서 육적인 사랑을 몰아낸 사람이며, 거룩한 불을 사용하여 육체의 불을 끈 사람입니다.

  순결은 모든 덕의 공통적인 명칭입니다.

---

[32] St. Gregory of Nazianzus, *Or.* 45, 8(PG 36, 633A).

순결한 사람은 잠잘 때도 내면에서 동요나 변화를 느끼지 않습니다. 순결한 사람은 사람들 사이의 차이점을 완전히 망각합니다.

절대적인 순결의 한계와 규칙은 생물이나 무생물, 이성적인 존재나 비이성적인 존재와 관련하여 동일한 느낌을 소유하는 것입니다.

순결의 훈련을 받은 사람은 어떤 업적도 자신의 것으로 여기지 말아야 합니다. 왜냐하면 인간은 실제의 자기 자신을 정복할 수 없기 때문입니다. 본성이 정복되는 것을 본성을 초월하시는 분에게서 기인하는 것으로 인정해야 합니다. 약한 것이 강한 것에게 굴복한다는 것은 부인할 수 없는 사실입니다.

순결의 출발점은 악한 생각과 꿈이 없는 우연한 의견의 토로(吐露)에 동의하지 않는 것입니다. 순결의 중간 단계는 과식함으로써 몸이 본성적으로 움직일 때라도 꿈과 토로에서 해방되는 것입니다. 순결의 완성은 생각들을 죽이고 나서 몸을 죽일 때 이루어집니다.

어떤 사람이나 색깔이나 아름다운 것에 의해서도 동요하지 않는 사람은 복된 사람입니다. 순결한 사람이란 더럽혀지지 않은 육신을 가진 사람이 아니라 완전히 영혼에게 복종하는 지체들을 가진 사람입니다. 무엇과 접촉해도 정념이 일지 않는 사람은 위대한 사람입니다. 자신이 바라보는 어떤 것으로도 해를 입지 않는 사람은 한층 더 위대한 사람입니다. 그러한 사람은 하늘의 아름다운 것들에 집중함으로써 세상적인 아름다움의 불을 지배한 사람입니다. 기도에 의해서 이것을 몰아내는 싸움은 마치 사자와의 싸움과 같습니다. 그것에 저항하고 그것을 정복한 사람은 그 후에도 여전히 그것을 추적합니다. 그러나 이 세상에 있는 동안에 그것의 영향력을 완전히 쇠퇴하게 만든 사람은 이미 죽은 자들로부터 살아난 사람입니다.

진정한 순결의 표식은 잠자는 동안 꾸는 꿈의 영향도 받지 않는 것입니다.

완전한 육욕의 표식은 깨어 있을 때 악한 생각이 보내는 신호에 쉽게 굴복하는 것입니다.

힘들게 노력하고 땀을 흘리면서 이 원수와 싸우는 사람은 마치 갈대로 대적을 결박한 사람과 같습니다. 만일 그가 절제하고 잠자지 않고 경계하면서 원수와 싸운다면, 그것은 원수에게 족쇄를 채우는 것과 같습니다. 그가 겸손과 평정과 갈망을 가지고 싸운다면, 그것은 마치 원수를 죽여 모래에 파묻는 것과 같습니다. 왜냐하면 그것은 정념들을 돋우지 않기 때문입니다.

열심히 싸움으로써 이 원수를 계속 지배하는 사람이 있고, 겸손으로써 지배하는 사람이 있으며, 거룩한 계시를 통하여 지배하는 사람이 있습니다. 첫 번째 사람은 새벽별과 같고, 두 번째 사람은 보름달과 같고, 세 번째 사람은 뜨거운 태양과 같습니다. 이 세 사람은 모두 천국에 자기 집을 소유합니다. 빛은 새벽으로부터 오며, 태양은 빛 가운데서 떠오릅니다. 지금까지 이야기한 모든 것을 빛으로 삼아 그 안에서 묵상하고 배우기를 바랍니다.

여우는 잠든 체합니다. 육신과 마귀들은 순결한 체합니다. 전자는 새를 잡으려고 깨어 기다리며, 후자는 영혼을 잡으려 합니다. 살아 있는 한 진흙으로 만든 몸을 신뢰하지 말며, 그리스도 앞에 서기 전까지 육신을 의지하지 마십시오. 또 금욕이 실족하지 않게 해준다고 생각하지 마십시오. 루시퍼는 음식을 먹지 않는 존재였는데도 천국이 그를 내던졌습니다.

어떤 지혜로운 사람들은 극기란 육신을 대적하며 식욕과 싸우는 것이라고 말했습니다.

초심자들 중에는 호화로운 생활 때문에 타락하는 사람들이 있습니다. 호화로운 생활은 오만함과 결합하여 어느 정도 진보한 사람들을 파멸시킵니다. 그러나 완전함에 근접한 사람들이 타락하는 것은 오직 이웃을 비판하는 데서 기인합니다.

어떤 사람은 태어나면서부터 고자인 사람들을 찬양했습니다. 그들은 이런 사람들을 몸의 순교에서 해방된 사람이라고 말합니다. 그러나 나는 날마다 자신의 악한 생각들을 죽이기 위해 칼을 잡는 사람들을 칭찬합니다.

나는 자신의 의지와는 상관없이 타락한 사람들, 그리고 타락하고 싶지만 타락하지 못하는 사람들을 보았습니다. 나는 날마다 죄를 범하는 사람들보다 무력함에도 불구하고 타락을 갈망하는 이런 사람들을 더 불쌍하게 여깁니다.

타락하는 사람을 불쌍히 여기십시오. 그러나 다른 사람을 타락하게 만드는 사람은 두 배나 더 불쌍히 여기십시오. 왜냐하면 그는 자신과 상대방의 짐뿐만 아니라 상대방이 맛본 쾌락의 짐까지 지고 가야 하기 때문입니다.

논쟁으로 음란의 마귀를 압도할 수 있다고 생각하지 마십시오. 본성은 그 마귀의 편이며, 그 마귀는 논쟁의 대가입니다. 그러므로 노력하여 자신의 육체와 싸워 정복하려는 것은 헛수고입니다. 주님이 육체의 집을 허물고 영혼의 집을 세우시지 않는 한, 사람이 육체를 정복하기 위하여 깨어 지키고 금식하는 것은 무익합니다. 당신의 본성의 연약함을 주님께 바치십시오. 당신의 무능을 인정하십시오. 그러면 알지 못하는 사이에 순결의 은사를 받게 될 것입니다.

어느 육욕의 희생자는 자신의 연약함을 극복한 후에 말하기를, 자기와 같은 부류의 사람들의 내면에서는 여인에 대한 갈망과 마음의 중심에서 자기를 내세우는 염치없고 두려운 영이 활약하고 있다고 말했습니다. 마음속에서는 격심한 육체적 고통이 마치 불에 타는 것처럼 타오릅니다. 이러한 고난을 당하는 사람은 자신이 이것 때문에 하나님을 경외하지 않고, 형벌에 대한 생각을 경멸하며, 기도를 멀리하고, 시체를 보아도 돌을 보듯이 아무런 감동을 느끼지 않는다는 것을 발견합니다. 그는 마치 정신 나간 사람처럼 멍하니 있고, 항상 인간이나 짐승을 향한 욕망에 취해 있습니다. 만일 이 마귀의 활동의 한계가 정해지지 않는다면, 흙으로 만들어진 인간은 아무도 구원받지 못할 것입니다. 결국, 모든 피조물은 자신의 동류를 그리워합니다. 피는 피를, 구더기는 구더기를, 진흙은 진흙을 끝없이 그리워합니다. 육이 육을 그리워하지 않고 무엇을 그리워하겠습니까?

본성을 억제하고 힘으로써 천국을 취하려고 노력하는 사람들은 이 마귀를 대적하여 다양한 술책을 시도합니다. 이러한 갈등을 경험하지 않은 사람은 행복한 사람입니다. 미끄러져서 구덩이에 빠지는 사람들은 사다리를 오르내리는 사람들보다[33] 훨씬 낮은 곳으로 떨어지므로, 우리는 이러한 시련을 피할 수 있게 해달라고 기도해야 합니다. 실제로, 그들이 구덩이에서 빠져나와 다시 사다리를 오르려면 많은 땀을 흘리고 엄청난 극기를 실천해야 합니다.

영적 원수들이 싸우려고 다가올 때, 우리는 눈에 보이는 전쟁에서 경계하듯이 그들이 할 수 있는 것이 무엇인지 곰곰이 생각해야 합니다. 영적 원수들에게는 그들 나름의 임무가 있기 때문입니다. 나는 시험을 당하는 사람들에 대해서 생각할 때면, 그들의 타락의 심각함이 다양하다는 점에 주목하게 됩니다. "귀 있는 자는 들을지어다"(마 11:15).

마귀는 독거생활을 하는 사람들과 금욕고행자들을 대적하여 싸울 때에 그들을 압도하기 위하여 본성적인 것보다는 본성적이지 않은 것에 의존하여 모든 힘, 열심, 기술, 술책, 교활함, 악한 계획 등을 동원합니다. 따라서 금욕고행자들은 여인을 만났을 때 욕망이나 악한 생각의 공격을 받지 않는 것을 발견하면 참된 행복의 상태를 성취했다고 생각하게 됩니다. 그것은 어리석은 생각입니

---

33) 야곱의 꿈에서 하늘까지 닿은 사다리를 오르락내리락 하던 천사들을 말한다(창 20:12).

다. 이는 중요한 타락이 그들을 위해 예비되어 있기 때문에 작은 타락이 필요하지 않다는 것을 깨닫지 못하고 있는 것입니다.

그 저주받은 살인자들은 다음과 같은 두 가지 이유 때문에 사악한 죄로 불쌍한 우리를 공격하여 파멸시킵니다: 첫째는 우리로 하여금 도처에서 타락할 수 있는 많은 기회를 갖게 하기 위해서이며, 둘째로는 우리가 더 큰 형벌을 받도록 하기 위해서입니다. 과거에 당나귀 돌보는 일을 맡고 있다가 야생 당나귀들의 지배를 받고 미혹된 사람은 이것이 진실이라는 것을 개인적으로 발견했습니다. 거룩한 안토니[34]는 매우 슬퍼하면서, 그가 이전에 먹던 천국의 떡을 잃어버렸으며, 회개한 후에도 하나의 큰 기둥이 무너져버렸다고 말했습니다. 그 지혜로운 사람은 죄의 본성에 베일을 쳤습니다. 그는 음란이라는 죄는 다른 육신을 이용할 필요가 없다는 것을 잘 알고 있었습니다.

우리는 항상, 특히 젊었을 때에는 내면에 일종의 사망, 즉 파국적인 죄를 가지고 다닙니다. 사람들이 은밀히 행하는 것들에 대해 듣거나 말하거나 기록하는 것은 부끄러운 일이라고 말한 사람이 금한 것이기 때문에, 나는 그것에 대해 감히 묘사할 수 없습니다(엡 5:12 참조).

내 것이지만 내 것이 아닌 이 육신, 친구인 동시에 원수인 이 육신에 대해서 바울은 "이 사망의 몸에서 누가 나를 건져 내랴"고 말했습니다(롬 7:24). 또 다른 신학자[35]는 육신은 애욕에 빠지기 쉽고 비열하고 야행성이라고 묘사했습니다. 나는 그들이 이런 식으로 표현한 이유에 대해 오랫동안 궁금해 했습니

---

34) 『사막교부들의 금언』(The Sayings of the Desert Fathers, 은성출판사), "대 안토니" #14를 참조하라.

35) St. Gregory of Nazianzus; cf. Or. 45, 15(PG 36, 644AB).

다. 만일 그들의 말처럼 육신이 사망이라면, 그것을 쳐부수는 사람은 죽지 않을 것입니다. 그런데 몸의 더러움에도 불구하고 죽지 않고 영원히 사는 사람은 없습니다.

죽었다가 다시 살아나는 사람과 아예 죽지 않는 사람 중에 누가 더 위대하다고 생각하십니까? 후자를 선택하는 것은 잘못된 선택입니다. 왜냐하면 그리스도께서도 죽었다가 다시 살아나셨기 때문입니다. 그러나 전자를 선택하는 것은 실질적으로 우리가 죽는 것 또는 타락하는 것으로 인해 절망해서는 안 된다는 것을 암시합니다.

무자비한 우리의 원수인 음란의 스승은 하나님은 관대하시다고, 특히 지극히 자연스러운 정념인 음란에 대해 관대하시다고 속삭입니다. 그러나 마귀들의 책략을 주시해 보면, 우리가 실제로 죄를 범한 후에는 하나님이 공정하고 냉혹한 심판자라고 주장하리라는 것을 알 수 있을 것입니다. 마귀들이 우리를 죄로 이끌기 위해서 하는 말과 우리를 절망에 빠뜨리기 위해서 하는 말은 서로 다릅니다. 우리는 슬퍼하거나 절망할 때는 좀처럼 다시 범죄하지 않으려 하지만, 슬픔과 절망이 사라지면 마귀는 다시 우리에게 하나님은 자비하신 분이라고 말하기 시작합니다.

영원하신 주님은 우리 몸의 깨끗함을 기뻐하십니다. 반면에 마귀들은 음란의 더러운 냄새와 몸의 더러움을 가장 좋아합니다.

순결은 우리로 하여금 하나님과 친밀하게 해줍니다.

흙과 이슬은 단맛의 근원이며, 순결의 근원은 침묵과 순종입니다. 종종 침묵을 통해 획득한 몸의 무정념은 세상과 충돌할 때마다 방해를 받습니다. 그러나 순종을 통해서 획득한 무정념은 진심에서 우러난 것으로서 어디에서도 흔들리지 않습니다.

나는 자존심에서부터 겸손이 나오는 것을 보면서 "누가 주의 마음을 알았느냐"(롬 11:34)라고 말한 사람을 생각했습니다. 오만의 결과는 타락입니다. 그러나 타락을 통해 유익을 얻으려는 사람들의 경우에 타락은 겸손을 이끌어내는 원인이 되기도 합니다.

음식을 배불리 먹고서 음란의 마귀를 정복할 수 있다고 생각하는 것은 마치 기름으로 불을 끌 수 있다고 생각하는 것과 같습니다. 오로지 절제에 의해서 이 싸움을 끝내려 하는 것은 마치 한쪽 손으로만 헤엄쳐 바다에서 빠져나오려는 것과 같습니다. 절제에 겸손을 더하십시오. 겸손 없는 절제는 무익합니다.

자신이 어떤 정념에게 굴복하고 있다는 것, 특히 그것이 자기와 함께 거하고 있다는 것을 알게 되면, 먼저 그것을 대적하여 싸우십시오. 이 악덕이 제거되지 않는 한, 다른 정념들을 정복해도 소용이 없을 것입니다. 이 애굽 사람을 죽이십시오. 그러면 겸손의 떨기나무 속에서 하나님을 볼 수 있을 것입니다(cf. 출 2:12; 3:2).

나는 유혹을 받을 때 이 늑대가 나에게 영적인 기쁨과 눈물과 위로를 주고 있다는 느낌을 받았습니다. 물론, 내가 그것으로부터 유익을 얻고 있다고 생각한 것은 잘못된 것이었습니다.

다른 종류의 죄들은 모두 몸의 외부와 관련된 것이지만, 음란이라는 죄는 몸에 대해 가해지는 죄입니다. 왜냐하면 음란이 몸에 가해질 때 육체의 본질이 더럽혀지는데, 이런 일이 다른 죄들의 경우에는 발생하지 않기 때문입니다. 이에 대해서 이렇게 질문하는 것이 좋습니다: "우리는 어떤 사람이 간음한 것을 발견했을 때는 슬퍼하며 그 사람이 타락했다고 말하면서 다른 종류의 죄와 관련해서는 실수를 범했다고 말합니다. 그 이유는 무엇입니까?"

물고기는 낚싯바늘을 보면 재빨리 돌아섭니다. 애욕에 빠지기 쉬운 영혼은 독거를 피합니다.

　마귀는 두 사람 사이에 수치스러운 유대를 조성하기로 결심하면, 그 두 사람의 성향에 영향을 준 후 그들의 마음에 정념의 불을 붙입니다.

　간혹 육욕으로 기우는 사람들이 인정 있고 자비하며 양심의 가책을 느끼는 것처럼 보이고, 순결을 간절히 원하는 사람들에게는 이러한 능력들이 부족한 것처럼 보이기도 합니다.

　어느 견문이 넓은 사람이 나에게 "하나님을 부인하는 것과 살인하는 것을 제외하고, 가장 심각한 죄는 무엇입니까?"라고 질문했습니다.

　나는 "배교하여 이단에 빠지는 것입니다"라고 대답했습니다.

　그는 다음과 같이 질문했습니다: "그런 경우에 가톨릭교회가 신앙을 거부한 이단자들을 다시 받아들이면서도, 간음한 사람은 죄악된 길을 버리고 죄를 고백했음에도 여러 해 동안 성찬을 받지 못하게 하는 이유는 무엇입니까?" 이 질문은 나를 놀라게 했으며, 아직도 어떻게 대답해야 할지 알지 못합니다.

　시편 찬송을 하는 동안에 음란의 마귀에게서 어떤 종류의 달콤함이 오는지, 성령의 말씀 및 그 안에 있는 은혜와 능력에게서는 어떤 종류의 달콤함이 오는지를 조사하고 고찰하고 관찰해야 합니다. 젊은 사람들은 자신을 잘 알아야 합니다. 실제로 나는 사랑하는 사람들을 위해서 진지하게 기도하는 사람들을 보았습니다. 그들은 사랑에 필요한 것들을 성취하고 있다고 생각하지만 실제로 그들을 선동하고 있는 것은 음란의 영이었습니다.

　모든 감각 중에서 촉각이 가장 위험한 것이기 때문에 육신은 단지 만지기만 해도 더러워질 수 있습니다. 손까지 완전히 덮는 성직자의 옷을 입고서 병든 어머니를 데리고 가는 사람을 생각해 보십시오. 당신의 손을 모든 본성적인 것에 대해, 또는 당신의 몸이나 다른 사람의 몸에 대해서 죽이십시오.

실제로 가능한 일이라고 해도, 자기 몸을 거룩하게 만든 사람을 성인으로 분류할 수 있다고 생각하지 마십시오.

잠자리에 누워 있을 때 특히 정신을 집중하여 경계하십시오. 왜냐하면 그 때 우리의 정신은 몸 밖에 있는 마귀들과 싸워야 하기 때문입니다. 만일 우리의 몸이 관능을 추구한다면, 쉽게 우리를 배반할 것입니다. 그러므로 죽음에 대한 기억 및 예수기도와 더불어 잠들고 그것들과 함께 깨어나십시오. 잠들었을 때 그것들처럼 도움을 주는 것은 없습니다.

어떤 사람들은 잠자는 동안에 이루어지는 정념이나 정욕과의 싸움의 원인이 오직 우리가 먹은 음식에 있다고 생각합니다. 그러나 병자나 엄격하게 금식하는 사람들도 이러한 더러움에 물들 수 있습니다. 언젠가 나는 경험이 많은 유명한 수도사에게 이 문제에 대해서 질문했는데, 그 거룩한 사람은 다음과 같이 분명하게 설명해 주었습니다: "몽정하는 것은 음식을 너무 많이 먹고 지나치게 편안하게 생활한 데 따른 결과입니다. 몽정한 것이 이미 오래 전의 일이라 하여 자만하거나 우쭐댈 때도 그러한 일이 발생합니다. 또 이웃을 비판하기 시작해도 그러한 일이 발생합니다. 앞의 두세 가지는 모두 병자들에게서도 발생할 수 있습니다." 혹시 이런 것들에 의해 동요되지 않는 사람은 운 좋게도 그러한 정념들로부터 자유로운 사람일 것입니다. 혹시 그가 동요한다면 그 이유는 귀신들의 시샘이 있었기 때문인데, 이것은 이 사람이 그러한 사건이 발생한 후에도 순수한 겸손을 이룰 수 있도록 하나님이 잠시 허락하신 것입니다.

잠잘 때 떠오른 환상들에 대해 낮에 곰곰이 생각하지 마십시오. 귀신들의 목표는 우리가 깨어 있을 때 꿈에 대해서 계속 생각하게 함으로써 우리를 더럽히는 데 있습니다.

원수들이 사용하는 또 다른 책략이 있습니다. 나쁜 음식을 먹으면 얼마 지나지 않아 병에 걸리는 것과 비슷한 현상이 영혼에도 일어날 수 있습니다. 나는 편안한 생활에 젖어 원수의 공격에 주목하지 못하는 사람들을 보았습니다. 또 여인들에게 말을 걸고 함께 음식을 먹으면서도 어떤 종류의 악한 생각에도 시달리지 않는 사람들을 보았습니다. 그리하여 그들은 미혹되어 부주의하게 되며, 자신이 안전하고 평안하다고 생각하게 됩니다. 그 때 갑자기 그들에게 파멸이 다가옵니다. 홀로 있을 때 우리를 괴롭히는 육체적이고 영적인 파멸은 어떤 것입니까? 시험을 당하는 사람은 그것이 무엇인지 잘 압니다. 그러나 시험을 당하지 않고 지내는 사람은 그것을 알 필요를 느끼지 않습니다.

시험을 당할 때 사용할 수 있는 가장 좋은 무기는 베옷과 재, 밤새도록 서서 철야하는 것, 배고픔, 갈증을 느낄 때 간단히 목을 축이기만 하는 것, 무덤에서 시간을 보내는 것, 그리고 가장 중요한 것인 겸손한 마음입니다. 가능하다면 지혜로운 영적 지도자나 도움을 주는 형제의 지원을 받는 것이 좋습니다. 홀로 노력하여 바다에서 자기의 배를 구할 수 있다면, 그것은 놀라운 일일 것입니다.

동일한 죄에 대한 형벌도 그 죄를 범한 사람과 장소와 경과에 따라서 크게 차이가 납니다.

놀라운 수준의 순결을 획득한 사람에 대한 이야기를 들은 적이 있습니다. "한 사람이 있었습니다. 그는 아름다운 것을 보면 즉시 그것을 지으신 분을 찬양했습니다. 한 번 바라보면 감동을 받아 하나님을 사랑하고 한없이 울었습니다. 놀랍게도 한 사람을 비천하게 만들 수 있었던 것이 다른 사람에게서는 천국의 면류관을 얻은 원인이 되었습니다. 만일 그러한 사람과 비슷한 경우를 만나 그와 비슷한 방식으로 느끼고 행동한다면, 그는 일반부활 전에 부활하여 불멸할 것입니다."

　노래와 찬양을 할 때도 동일한 지침을 따라야 합니다. 왜냐하면 하나님을 사랑하는 사람들은 세속적인 노래와 영적인 노래에 감동을 받아 거룩한 기쁨과 사랑을 느끼고 눈물을 흘리게 되기 때문입니다. 한편 쾌락을 사랑하는 사람은 이와 반대되는 방향으로 행동합니다.

　어떤 독수도사들은 마귀들로부터 한층 더 위험한 공격을 받습니다. 주님이 우리를 염려하여 마귀들을 광야[36]와 어두운 지옥의 영역으로 쫓아내셨으므로, 마귀들이 광야를 은신처로 선택하는 것은 그리 놀라운 일이 아닙니다. 음란의 귀신들은 독수도사들을 타락하게 하려고 공격을 시작하여 그들로 하여금 광야에서 보내는 것이 시간 낭비라고 생각하게 함으로써 그들을 세상으로 돌아가게 하려 합니다. 우리가 세상에 있을 때는 마귀들이 우리를 괴롭히지 않습니다. 왜냐하면 세상에서 우리가 공격을 받지 않으면 계속 세속적인 생각을 가진 사람들과 함께 지낼 것이라고 생각하기 때문입니다. 우리가 원수를 대적하여 어려운 싸움을 해야 한다는 것을 발견하는 곳이 시험의 장소이며, 우리가 싸움에 연루되지 않는 곳이 곧 원수가 친구로 가장하는 곳입니다.

　우리가 합법적인 임무를 행하기 위해서 세상으로 나가야 할 경우, 우리가 주님을 모독하는 원인이 되지 않도록 해달라는 영적 지도자의 기도 때문에 하나님의 손이 우리를 지켜주실 것입니다. 때때로 우리는 자신의 무감각, 또는 우리가 오랜 경험을 통해서 세상의 광경과 소리와 모든 일에 대해 충분히 파악했다는 사실에 의해 보호를 받습니다. 그러나 때때로 다른 마귀들은 모두 떠나고

---

36) 마귀가 광야에 거주하고 있다는 것이 보편적인 생각이다. 독수도사들은 마귀들과 싸우기 위해서 광야로 가기도 했다.

교만의 마귀만 남아서 그들 모두의 일을 맡고 있다는 사실에 그 원인이 있을 수도 있습니다.

그러나 순결을 실천하고 유지하기를 원하는 사람은 그 미혹하는 자의 또 다른 교활한 술책에 주목해야 합니다. 어떤 사람의 경험에 의하면, 육욕의 마귀는 종종 완전히 모습을 감춘 후 수도사가 여자들과 함께 앉아서 이야기하게끔 한다고 합니다. 마귀는 그로 하여금 많은 눈물을 흘리며 매우 경건하게 한 후에 죽음에 대한 기억과 심판과 순결에 대해 이야기하라고 속삭입니다. 불쌍한 여인은 그의 말과 거짓 경건에 속아서 그를 목자라고 생각하지만, 실제로 그는 늑대에 불과합니다. 이 수도사는 처음에 여인과 서로 알고 지내다가 점차 친밀해지며, 결국 몰락할 것입니다.

우리는 건드리지 않기로 맹세한 열매를 맛보지 않고 그것에 대한 말을 듣지도 않으려고 최대한 노력해야 합니다. 우리는 자신이 다윗보다 더 강하다고 여길 수 있는데, 그것은 불가능한 일입니다(삼하 11:2-4 참조).

순결은 크게 찬양받을 일이며, 어떤 교부들은 그것을 정념으로부터의 자유라고 부르기도 합니다. 그러나 죄를 맛본 사람은 결코 순결할 수 없다고 주장하는 사람도 있습니다. 우리는 원할 경우에 쉽게 좋은 감람나무를 야생감람나무에 접붙일 수 있습니다. 만일 항상 순결하게 살아온 사람에게 천국 열쇠가 주어진다면, 위의 주장은 어느 정도 효력을 지닐 수도 있습니다. 그러나 결혼했음에도 불구하고 천국 열쇠를 받은 사람은 이러한 주장을 잠재울 수 있을 것입니다.[37]

육욕의 뱀에게는 여러 가지 얼굴이 있습니다. 그것은 죄를 경험한 적이 없는

---

[37] 베드로는 결혼했었다. 마 16:19; 고전 9:5 등을 보라.

사람에게 다가가서 일단 죄를 범해 본 후에 중단하라고 속삭입니다. 죄를 경험하지 못한 많은 사람들은 무엇이 악인지 알지 못하기 때문에 내면에서 갈등을 느끼지 못하지만, 경험이 있는 사람은 악의 정체를 알기 때문에 혼란과 갈등을 느낍니다. 물론 간혹 그와 반대 현상이 발생할 수도 있습니다.

우리가 기분 좋고 평안한 정신 상태로 잠에서 깨어날 때, 특히 밤늦게까지 기도하고서 잠들었다가 깨어날 때 그것이 거룩한 천사들이 주는 은밀한 선물이라고 가정할 수도 있을 것입니다. 그러나 때로 아침에 일어나서 기분이 좋지 않은 것은 나쁜 꿈이나 망상 때문입니다. 이는 "내가 악인의 큰 세력을 본즉 그 본래의 땅에 서 있는 나무의 푸른 잎이 무성함과 같으나"(시 37:35), 내가 절제하면서 그 옆을 지나가며, 그의 격노가 예전 같지 않다는 것을 알고, 겸손한 마음으로 그것을 찾아보아도 내 안에서 그 흔적을 발견할 수 없기 때문입니다.

자기의 몸을 지배했다는 것은 곧 본성을 지배했다는 것을 의미합니다. 이러한 상태에 이른 사람은 천사들보다 그리 못하지 않습니다.

영이 영과 싸워야 한다는 것은 놀라운 일이 아닙니다. 정말 놀라운 것은 몸 안에 거하는 이 적대적이고 민첩한 영적 원수들을 대적하여 싸워 참패시켜야 한다는 것입니다.

우리를 향한 선하신 주님의 큰 관심은 부끄러움이 여인의 몰염치를 억제하는 수단으로 작용한다는 사실을 통해 나타납니다. 만일 여인이 남자를 귀찮게 따라다닌다면 구원받을 사람이 없을 것입니다.

통찰력이 있는 교부들은 자극, 연상聯想, 동의, 사로잡힘, 싸움, 그리고 영혼 안에 있는 정념이라고 부르는 질병 등을 구분합니다.[38] 복된 교부들의 말에 의하면, 자극은 마음에 들어와 있던 것으로서 처음으로 마주치는 단어나 이미지입니다. 연상이란 정념적인 것이든 아니든 간에 이미 마주쳤던 것과의 대화입니다. 동의는 영혼이 대면한 자극에 기꺼이 복종하는 것입니다. 사로잡힘은 영혼이 원치 않으나 강력하게 탈취奪取되는 것으로서, 즉 이미 마주친 것에게서 떠나지 못하고 머무적거리는 것으로서 영혼의 질서를 완전히 손상시킵니다. 싸움이란 공격으로 이어지는 것과 동등한 힘을 의미하며, 이 힘은 영혼의 갈망에 따라서 승리하기도 하고 패배하기도 합니다. 정념이란 오랫동안 영혼 안에 감추어져 있는 것으로서, 이것은 그 자체의 존재에 의해서 하나의 습관적인 특징을 취하기 때문에 결국 영혼은 애정을 가지고 자발적으로 그것에 매달리게 됩니다.

    위의 상태들 중 첫째 상태는 죄와 관련이 없는 것이요, 둘째 상태는 이따금 죄와 무관합니다. 셋째 상태가 죄악된 것인지의 여부는 영혼의 상태에 따라 결정됩니다. 싸움의 결과는 면류관이나 형벌입니다. 사로잡힘은 기도하는 시간에 발생하는지 다른 시간에 발생하는지, 중요하지 않은 것과 관련하여 발생하는지 아니면 악한 생각들과 관련하여 발생하는지에 따라 상이하게 판단됩니다. 그러나 정념은 어떤 상황에서든 공공연하게 비난을 받으며, 회개하지 않으면 장차 형벌을 초래합니다. 최초의 만남을 초연하게 대처하는 사람은 일격에 그 뒤에 따르는 모든 것을 근절합니다.

---

38) 예를 들어 다음을 보라: St. Mark the Ascetic, *On the Spiritual Law*, §§ 139-42 (*PG* 65, 921-4: ET *Phil*. §§ 138-41, pp. 119-20), and St. Maximos the Confessor, *On Love*, I 84, II 31 (*PG* 90, 980, 993:ET *The Philokalia*, vol. ii).

교부 중에서 가장 엄격한 분은 보다 미묘한 개념인 정신의 혼란,[39] 즉 *pararipismos*를 지적합니다. 그것은 한 마디 말이나 이미지가 제시되지 않은 상태에서 순간적으로 갑자기 정욕적인 충동의 지배를 받는 것을 말합니다. 그것은 물질세계에 있는 어느 것보다 더 신속하게 임하며, 어떤 영보다 더 빠르고 식별하기 어렵습니다. 그것은 어떤 사물과도 연결되지 않고 시간과 상관이 없고 표현할 수 없는 단순한 기억에 의해서 모습을 드러내며, 때로는 당사자가 의식하지 못하는 상태에서 임하기도 합니다. 이와 같이 교묘한 현상을 감지할 수 있었던 사람과 애통의 은사를 받은 사람의 영혼은 이것을 흘낏 보기만 해도, 손으로 만지기만 해도 어쩌다 들은 노래로 말미암아 생긴 악한 생각이나 개념도 없이 음란한 죄를 범하게 됩니다.

어떤 사람은 음란한 생각이 육체에 정념을 도입한다고 말하지만, 다른 사람들은 악한 생각들이 육욕적인 것을 경험하는 육체의 능력에서 파생된다고 주장하여 그러한 생각을 부정합니다. 전자는 정신이 주도하지 않았다면 육체가 따라가지도 않았을 것이라고 선언합니다.[40] 그러나 후자는 자기들의 견해가 육체적인 정념의 부패함에 의해서 증명된다고 주장합니다. 왜냐하면 종종 기분 좋은 광경, 손길, 향 내음 또는 기분 좋은 음성 등만으로도 충분히 악한 생각들이 발생하기 때문입니다. 혹 주님 안에서 그러한 일을 할 수 있는 사람이 있으면, 실제로 어떤 일이 발생하는지 설명해 보십시오. 단순한 마음으로 덕을 실천하는 사람들은 이 문제에 관심을 가질 필요가 없지만, 이것을 이해하기

---

39) 이것은 다음에서 사용된 표현이다: St. Mark the Ascetic, *Letter to Nicolas the Solotary*, PG 65, 1040B (ET *Phil*. P. 153).

40) St. Mark the Ascetic, *On the Spiritual Law*, § 120(PG 65, 920C: ET *Phil*., § 119, p. 118)을 보라.

위해서 적극적으로 살아가는 사람들에게는 이것이 크게 유익할 것입니다. 그러나 모든 사람이 필요한 수준의 지혜를 소유하고 있는 것은 아니며, 또 악한 마귀들의 교활함을 대적할 방패가 되는 거룩한 단순함을 소유한 것도 아닙니다.

어떤 정념들은 영혼을 통해서 육체 안에 들어오며, 어떤 정념들은 그와 반대로 작용합니다. 후자는 세상에 살고 있는 사람들에게 영향을 줍니다. 전자는 수도생활을 하는 사람들을 공격하며, 그렇기 때문에 외부로부터의 자극이 부족합니다. 우리가 악한 사람들에게서 지혜를 찾으려 한다면, 그것을 발견하지 못할 것입니다(잠 14:6 참조).

우리가 육체와 동맹을 맺은 이 마귀를 대적하여 오랫동안 힘들게 싸운 후, 금식이라는 돌과 겸손이라는 칼로 괴롭게 하여 그것을 마음에서 쫓아낸 후, 이 골칫거리는 마치 어떤 종류의 구더기처럼 우리의 몸속으로 들어가 숨어서 비이성적이고 미숙한 행동을 하도록 우리를 자극하여 타락하게 만들려 합니다. 이러한 일은 특히 허영의 마귀에게 굴복한 사람에게서 발생합니다. 이제는 더러운 생각들이 그의 마음을 빼앗지 못하기 때문에, 그는 교만에게 사로잡힙니다. 그러한 사람이 정적을 획득하여 조용히 자신을 평가하게 되면, 그것이 참인지 아닌지를 판단할 수 있을 것입니다. 그때 그들은 마음속 깊은 곳에 자신의 노력과 열심을 통해서 순결을 크게 발전시킬 수 있다는 생각이 뱀처럼 숨어 있음을 발견할 것입니다. 그러한 사람은 참으로 불쌍한 사람입니다. 그는 "네게 있는 것 중에 하나님으로부터 선물로 받지 않았거나 사람들의 도움과 기도의 결과가 아닌 것이 무엇이냐?"(고전 4:7 참조)라는 말을 망각하고 있습니다. 그러한 사람은 조심해야 합니다. 그는 위에서 언급한 뱀을 마음에서 힘껏 몰아내야 합니다. 큰 겸손으로 그것을 죽여야 합니다. 그것을 제거할 때 그는 가죽옷[41]을 벗고 순결한 아이들처럼 주님께 순결의 찬송을 부를 것입니다. 그들이 이렇게 가죽옷을 벗었을 때 악의로부터 자유와 겸손을 빼앗겼다는 사실을 발견하지 않기를 바랍니다.

이 마귀는 특히 우리의 연약한 순간들을 살피며, 우리가 육체적으로 마귀를 대적하여 기도할 수 없을 때 공격할 것입니다.

아직 참된 마음의 기도를 허락받지 못한 사람들에게는 육체적인 기도의 노력이 도움이 될 수 있습니다. 이것은 두 손을 뻗는 것, 가슴을 치는 것, 진지하게 시선을 하늘에 두는 것, 깊은 탄식, 끊임없이 엎드리는 것 등을 말합니다. 그러나 다른 사람들이 있을 때는 항상 이렇게 할 수 없으며, 마귀들은 특히 이럴 때 즐겨 공격을 시작합니다. 또 우리의 정신은 아직 마귀를 대적할 힘이 없고, 또 내면에 감추어져 있는 기도의 능력도 없기 때문에 마귀에게 굴복합니다. 따라서 할 수 있으면 혼자 한적한 곳으로 가십시오. 얼마 동안 은밀한 장소에 숨으십시오. 할 수 있으면 영혼의 시선을 들어올리고, 그것이 불가능하다면 육신의 시선을 들어 올리십시오. 두 팔을 십자가 모양으로 펴고 서서, 그 상징으로 당신의 아말렉 족속을 부끄럽게 하고 정복하십시오. 당신을 구원할 힘을 가지고 계신 하나님께 소리치십시오. 우아하고 유창하게 말하려 하지 말고, 겸손히 "여호와여 내가 수척하였사오니 긍휼히 여기소서"(시 6:2)라는 말로 시작하십시오. 그리하면 지극히 높으신 분의 능력을 경험하게 될 것이며, 하늘의 도움을 받아 보이지 않는 적들을 몰아낼 것입니다. 항상 이런 식으로

---

41) "가죽옷"은 창 3:21을 빗대어 인용한 것으로서, 타락의 결과로서 인간 본성에 추가된 것들, 즉 정념들과 성적인 자극과 유한성을 의미한다. 교부들이 이 표현을 사용한 것에 대한 논의로 다음을 보라: Gregory of Nyssa, *The Life of Moses*, ET Malherbe and Ferguson(*The Classic of Western Spirituality*), pp. 160-1, note 29.

싸우는 사람은 곧 영적 자원에 의해서 원수들을 물리칠 것입니다. 이것이 선한 싸움을 하는 사람에게 하나님께서 즐겨 주시는 상입니다.

언젠가 거룩한 사람들의 모임에서 어느 열심 있는 형제가 악한 생각에 시달리고 있는 것을 보았습니다. 은밀하게 기도할 수 있는 장소가 없었기 때문에 형제는 열렬한 기도로 무장하고 밖으로 나가 원수를 대적하였습니다. 나는 그 형제가 부적절한 곳에 간 것을 비난했는데, 그 형제는 "나는 더러움을 씻기 위해서, 더러운 생각들을 몰아내기 위해서 더러운 장소를 선택했습니다"라고 대답했습니다.

마귀들은 자기들이 원하는 것을 행하라고 우리에게 제안하기 위해서 우리의 정신을 어둡게 만들려고 합니다. 그러나 정신이 깨어 있는 한 우리의 보물은 강탈당하지 않을 것입니다. 그러나 음란의 마귀는 다른 모두 마귀들보다 더 열심히 노력합니다. 첫째, 그것은 우리를 인도하는 정신을 흐리게 함으로써 다른 사람들이 있는 곳에서 미친 사람들만이 생각할 수 있는 일들을 행하라고 충동합니다. 우리의 정신이 깨끗해지면, 우리를 보고 있는 사람들 앞에서 뿐만 아니라 우리 자신 앞에서 우리가 행한 거룩하지 못한 행동과 말과 몸짓을 부끄럽게 여기며, 자신의 맹목성에 놀랍니다. 그리하여 과거에 발생했던 일을 깨달은 데 따른 결과로서 이 특별한 악에서 등을 돌리게 됩니다.

우리가 범죄한 후에 우리와 우리의 기도, 묵상, 철야기도 사이에 끼어드는 원수를 몰아내십시오. "과거의 죄로 시달리는 영혼이 나에게 짐이 되므로, 내가 그것을 원수들에게서 구하여 주리라"(눅 18:5 참조)는 말을 기억하십시오.

육신과 싸워 이긴 자가 있습니까? 그렇다면 그는 마음으로 통회하는 사람일 것입니다. 마음으로 통회하는 사람은 어떤 사람입니까? 그는 자기를 부인한 사람입니다. 자신의 의지에 대해 죽은 사람이 어떻게 마음으로 통회하지 않을 수 있겠습니까?

다른 사람들보다 더 쉽게 애욕에 빠지지만 기꺼이 자신의 더러움을 고백하는 사람이 있습니다.

마음속의 더럽고 부끄러운 생각들은 주로 마음을 속이는 음란의 마귀에 의해 야기되므로 그러한 생각들을 억제하고 무시하는 것만이 그것들을 교정하는 수단일 것입니다.

어떻게 자신의 몸을 결박할 수 있습니까? 어떤 판례로써 내 몸에 대해 재판할 수 있습니까? 내가 몸을 결박하기 전에 그것은 풀려나며, 내가 몸에 대해 정죄하기 전에 이미 몸과 화해해 버립니다. 또 나는 몸을 벌하기 전에 이미 몸에게 복종하며 동정하고 있습니다. 나의 본성이 몸을 사랑하게 하는데 어떻게 그것을 미워할 수 있겠습니까? 몸이 나와 함께 일어서는데 어떻게 그것으로부터 도망칠 수 있겠습니까? 영원히 몸에게 결박되어 있는데 어떻게 그것으로부터 도망칠 수 있겠습니까? 썩을 수밖에 없는 본성을 지닌 몸을 내가 어떻게 썩지 않게 만들겠습니까? 본성의 모든 논증이 몸을 편드는데 어떻게 그것과 논쟁할 수 있겠습니까?

내가 금식함으로써 그의 눈을 멀게 만들려고 노력한다면 금식하지 않는 이웃을 판단하는 것이 되며, 결과적으로 나는 다시 그에게 넘겨집니다. 만일 내가 판단하지 않음으로써 그를 패배시키려 한다면, 나는 교만하게 되어 또 다시 그의 노예가 됩니다. 그는 나의 조력자인 동시에 원수이며, 보호자인 동시에 배반자입니다. 나는 그에게 친절하며, 그는 나를 공격합니다. 만일 내가 그를 지쳐버리게 만들면, 그는 약해집니다. 만일 그에게 쉼을 허락하면, 그는 제어하기 어렵게 됩니다. 만일 내가 그를 당황하게 만들면, 그는 견디지 못합니다.

만일 내가 그를 죽인다면, 나 자신이 위험하게 됩니다. 만일 내가 그를 때려 쓰러뜨린다면, 덕을 획득할 때 사용한 도구가 나에게서 사라집니다. 나는 그를 얼싸안습니다. 그리고 그에게서 떠나갑니다.

내 안에 있는 이 비밀은 대체 무엇입니까? 이와 같이 몸과 영혼이 혼합되는 원리는 무엇입니까? 내가 어떻게 자신의 친구이면서 원수가 될 수 있습니까? 말해 주십시오. 나와 함께 멍에를 지고 있는 내 본성이여, 나에게 말해 주시오. 당신 외에 질문할 사람이 없습니다. 어떻게 해야 내가 당신에 의해 상처를 입지 않을 수 있습니까? 어떻게 해야 나 자신의 본성의 위험을 피할 수 있습니까? 나는 당신과 싸우겠다고 그리스도께 약속했습니다. 그런데 어떻게 해야 당신의 폭정을 멸할 수 있습니까? 나는 당신을 지배하기로 결심했습니다.

아마 육체는 다음과 같이 대답할 것입니다: "나는 결코 네가 알지 못하고 있는 것을 너에게 말해주지 않을 것이다. 나는 우리 두 사람 모두 알고 있는 것을 말할 것이다. 내 안에는 나를 잉태한 자, 즉 자아에 대한 사랑이 있다. 외부로부터 나에게로 오는 불은 지나친 응석과 염려이다. 나의 내면에 있는 불은 과거의 안일함과 오래 전에 행해진 것들이다. 나는 죄들을 잉태하여 낳았고, 죄들은 절망에 의해서 사망을 낳았다. 만일 너와 내 안에 있는 확실하고 확고한 연약함을 네가 알았다면, 너는 두 손에 수갑을 채웠을 것이다. 만일 네 갈망을 쇠하게 만들려면, 나의 두 발을 결박하여 더 이상 여행할 수 없게 만들어야 할 것이다. 만일 네가 순종의 멍에를 받아들였다면, 나의 멍에를 내던졌을 것이다. 만일 네가 겸손을 소유했다면, 나의 머리를 잘라버렸을 것이다."

이것이 승리의 열다섯 번째 상입니다. 살아 있는 동안 순결을 획득하고 죽은 사람은 부활하여 불멸을 맛볼 것입니다.

열여섯 번째 계단

탐욕

많은 통달한 사람들의 말에 의하면, 탐욕의 마귀는 앞에서 묘사된 폭군 뒤에 따라오는 마귀로서 무수히 많은 머리를 가지고 있다고 합니다. 여기에서는 이 질병 및 그 치료책에 대해 간단히 묘사하려 합니다.

탐욕은 우상들을 섬기는 것이요 불신앙의 자손입니다. 그것은 병약함에 대한 핑계요, 노년기의 대변자입니다. 그것은 굶주림의 선지자요, 가뭄의 선구자입니다.

구두쇠는 복음을 조롱하며 고의로 위반합니다. 자비로운 사람은 자기가 가진 돈을 주위에 나눠주지만, 자비와 돈에 대한 소유권을 주장하는 사람은 자기기만에 빠진 바보입니다. 자신을 위해 애통하는 사람은 자기의 몸까지도 아끼지 않고 포기합니다.

가난한 사람들 때문에 돈에 관심을 가진다고 말하지 마십시오. 동전 두 푼으로도 충분히 천국을 살 수 있었습니다(눅 21:2).

후한 사람이 구두쇠를 만났는데, 구두쇠는 그에게 분별력이 없다고 말했습니다.

탐욕을 정복한 사람은 염려를 버리지만, 탐욕에 사로잡힌 사람은 자유로이 하나님께 기도할 수 없습니다.

구제하지 않으려고 핑계를 대는 것이 탐욕의 출발점이라면 가난한 사람들을 싫어하는 것은 그것의 결승점입니다. 징세관은 자비심을 발하기도 하지만, 돈이 수중에 들어오면 지배를 강화합니다.

가난하던 사람이 부자가 되면 영적으로 가난한 사람들과 함께 생활함으로 말미암아 자신의 곤궁함을 망각하곤 합니다.

돈을 탐하는 수도사는 영의 싫증을 알지 못합니다. 그는 내면에서 항상 "누구든지 일하기 싫어하거든 먹지도 말게 하라"(살후 3:10), "이 손으로 나와 내 동행들이 쓰는 것을 충당하여"(행 20:34)라는 사도 바울의 말을 뒤집습니다.

이것이 열여섯 번째 경기이며, 여기에서 승리한 사람은 사랑을 얻고 염려에서 벗어납니다.

열일곱 번째 계단

가난

수도사에게 있어서 가난이란 염려를 버리는 것입니다. 그것은 근심 없는 삶이요, 계명에 충실하고 슬픔을 멀리하면서 밝은 마음으로 여행하는 것입니다. 가난한 수도사는 세상의 주인입니다. 그는 모든 염려를 하나님께 맡기며, 믿음으로 말미암아 모든 사람이 그의 종이 됩니다. 그는 자신에게 부족한 것이 있어도 동료들에게 불평하지 않으며, 자기에게 임하는 것은 모두 주님에게서 오는 것으로 여겨 받아들입니다. 그는 가난 속에서 초연함을 배우며, 자신이 소유한 것을 무가치하게 여깁니다. 그는 세상을 버렸기 때문에 모든 것을 쓰레기로 여기게 됩니다. 만일 그가 어떤 일에 대해 염려하기 시작한다면, 그는 진정으로 가난한 사람이 아닙니다.

가난을 받아들인 사람의 기도는 순수하지만, 재산을 사랑하는 사람은 유형의 형상들에게 기도합니다.

서로 순종하며 사는 사람들은 물욕에서 완전히 해방됩니다. 몸을 포기한 사람에게 자신의 것이라고 주장할 것이 무엇이 있겠습니까? 그들이 해를 입을 수 있는 유일한 원인은 쉽게 이곳저곳으로 이동하는 것뿐입니다. 나는 수도사들이 물질적 재산 때문에 한 장소에 머무는 데 만족하는 것을 보았습니다. 그러나 나는 주님을 위한 순례자들을 칭찬합니다.

천국에 속한 것을 맛본 사람은 이 세상에 있는 것을 무가치하게 여깁니다. 그러나 천국을 맛보지 못한 사람은 재산에서 위로를 얻습니다.

가난한 이유가 선한 데 있지 않은 사람은 이중의 불행에 빠집니다. 그는 지금도 가난하지만, 장래에도 가난할 것입니다.

우리 수도사들은 새들보다 더 신뢰하며 살아가야 합니다. 새들은 걱정하지도 않고 곡식을 창고에 모아들이지도 않습니다(마 6:26 참조).

경건한 동기로 재산을 포기하는 사람은 위대한 사람이지만, 자기의 뜻을 포기하는 사람은 참으로 거룩한 사람입니다. 전자는 장차 백 배 이상의 돈이나 은혜를 받을 것이며, 후자는 영생을 유업으로 받을 것입니다.

바다에 항상 파도가 일듯이 인색한 사람은 항상 침울하고 노여워합니다.

물질을 탐하지 않는 사람은 언쟁과 논쟁에 휘말리지 않습니다. 그러나 재산을 사랑하는 사람은 작은 바늘 하나 때문에 죽기까지 싸울 것입니다. 착실한 믿음은 염려를 베어내며, 죽음에 대한 생각은 몸을 부인합니다. 욥은 탐욕이 전혀 없었기 때문에 모든 것을 잃었을 때도 마음이 평안했습니다.

탐욕은 모든 악의 뿌리라고 합니다(딤전 6:10). 그렇기 때문에 그것은 미움, 도둑질, 시기, 이별, 적대감, 심한 비난 등을 유발하며, 과거에 당한 부당한 일과 비인간적인 행동과 살인 등을 기억하게 만듭니다.

작은 불이 숲 전체를 태워버릴 수 있습니다. 그러나 많은 사람들이 위에서 언급한 모든 악덕을 피할 수 있도록 도와줄 수 있는 덕이 있습니다. 그것은 초연(이탈)으로서 모든 악한 욕망을 버리는 것, 그리고 신지식神知識을 맛보고 경험하며 죽음에 대한 글을 묵상함으로써 성장하는 것입니다.

세심한 독자는 모든 악의 어미에 대한 이야기를 기억할 것입니다. 그 마귀는 자신의 저주받은 악한 자손들을 언급하면서 무감각을 둘째 자식으로 언급했습니다. 나는 우상숭배라는 머리가 많이 달린 뱀 때문에 그것을 적절한 위치에 배치하지 못했습니다. 그러나 지혜로운 교부들은 그것을 여덟 가지 대죄 중 세 번째 죄로서 중한 죄로 간주합니다.

  탐욕에 대해서는 충분히 언급했으므로, 다음에는 무감각에 대해 다룰 계획입니다. 그 다음에는 잠, 철야, 그리고 초심자들의 결점인 어린아이처럼 소심한 두려움 등에 대해 다루려 합니다.

  이것이 열일곱 번째 계단입니다. 여기에 오른 사람은 물질의 짐을 지지 않고 천국을 향해 여행하는 사람입니다.

열여덟 번째 계단
무감각

 무감각이란 몸과 영혼의 감각이 둔화된 것으로서 오랜 질병과 부주의함이 원인입니다. 경계의 부족은 습관화된 태만입니다. 그것은 감각이 마비된 것, 소질素質의 결과, 열심을 방해하는 올가미, 용기를 저해하는 것, 가책에 대한 무지, 절망으로 들어가는 문, 하나님에 대한 경외심을 잃게 하며 영을 무기력하게 만드는 망각의 근원입니다.

 무감각한 사람은 어리석은 철학자요, 자신의 말에 의해 비난받는 석의釋義학자요, 모순된 말을 하는 학자요, 시각에 대해 가르치는 소경입니다. 그는 상처를 치료하는 것을 말하지만 상처가 악화되는 것을 중지시키지는 못합니다. 그는 이미 발생한 것에 대해서 불평하며, 해로운 음식을 먹는 일을 중지하지 않습니다. 그는 그러한 일이 발생하지 않기를 원하면서도 여전히 그러한 일을 행하면서 스스로에게 화를 냅니다. 이 가련한 사람은 결코 자신의 말을 부끄럽게 여기지 않습니다. 그는 "나는 잘못 행하고 있다"라고 말하면서도 계속 그렇게 행동합니다. 그는 입으로는 잘못을 원하지 않는다고 말하지만, 몸으로는 그것을 얻기 위해 애씁니다. 그는 죽음에 대한 심오한 이야기를 하며 마치 자신은 죽지 않을 것처럼 행동합니다. 그는 몸과 혼의 분리로 인해 신음하면서도, 마치 자신이 영원한 존재인 듯이 일종의 수면 상태로 살아갑니다. 그는 극기에 대해서 많은 말을 하지만, 실제로는 미식가의 삶을 얻기 위해서 싸웁니다. 그는 심판에 대한 글을 읽으면서 미소 짓기 시작하며, 허영에 대한 글을 읽으면서 허영심을 강화합니다. 그는 철야에 대해 배운 것을 암송하면 즉시 잠에 빠집니다. 그는 기도를 찬양하지만, 마치 전염병을 피하듯이 기도를 피합니다. 그는 순종을 찬양하지만, 제일 먼저 불순종합니다. 그는 초연(이탈)을 찬양하지만, 넝마를 갖기 위해 부끄러운 줄 모르고 싸웁니다. 그는 화가 나면 슬퍼하며, 이 슬픔이 다시 그를 화나게 만듭니다. 그리하여 한 번 실패하면, 자신이 또 다른 실패를 당했었다는 사실에 관심을 기울이지 못합니다. 그는 게걸스레 먹은 것을 후회하지만, 잠시 후에 다시 게걸스레 먹습니다. 그는 침묵을 찬양하지만, 계속 침묵에 대해 이야기합니다. 그는 온순함을 가르치는데, 종종 온순함을 가르치는 도중에 화를 냅니다. 그는 정신이 들면 한숨을 쉬고 고개를 흔들면서도 다시 그의 정념을 받아들입니다. 그는 웃음을 비난하지만, 애통에 대해 가르치면서 만면에 미소를 짓습니다. 그는 사람들 앞에서 자신이 허영심이 강하다고 스스로 비난하지만, 그렇게 고백하면서도 사람들로부터 칭찬을 구합니다. 그는 정념이 담긴 눈으로 사람들을 바라보면서 순결에 대해 이야기합니다. 그는 세상에 나가서 독거생활을 크게 찬양하면서 자신이 얼마나 창피를 당하고 있는지 깨닫지 못합니다. 그는 구제를 찬양하면서 가난한 사람들을 멸시합니다. 매사에 그는 정신을 차리지 못하고 자신을 실제의 모습 이상으로 과시합니다.

어떤 사람들은 죽음과 두려운 심판에 대한 말을 들으면 눈물을 흘리다가도 저녁때가 되면 눈물을 머금은 채 식사하러 달려갑니다. 이 놀라운 폭군은 완전한 무감각에 의해서 애통을 무력하게 만들 수 있습니다.

지금까지 나의 보잘 것 없는 능력을 한껏 발휘하여 이 냉혹하고 완강하고 사납고 무지한 정념이 만들어내는 계략과 대 파괴에 대해서 묘사했습니다. 만일 하나님으로부터 종기 치료기술을 받은 사람이 있다면, 그 임무를 피하지 마십시오. 나는 여기에서 내 능력이 부족하다는 것을 인정하는 일을 부끄러워하지 않습니다. 나는 이 악덕으로부터 크게 시련을 당하고 있습니다. 만일 내가 그것을 지배하여 굳게 붙잡고, 그것을 조사하여 묘사된 것을 발견하며, 주님에 대한 경외심과 끝없는 기도로 그것을 채찍질하지 않았다면, 그것의 교활한 방법들을 분석할 수 없었을 것입니다. 그렇기 때문에 이 포악한 악행자는 나에게 다음과 같이 말했습니다: "나의 지배를 받는 사람들은 죽은 사람의 시신을 보면 웃는다. 그들은 기도 앞에서 무정하고 무감각하다. 그들은 제단 앞에서 아무것도 느끼지 않는다. 그들은 성찬을 평범한 떡을 받듯이 받는다. 나는 그들이 가책을 느낄 때 그들을 비웃는다. 내 아버지는 용기와 사랑에게서 나는 것은 모조리 죽이라고 가르쳐 주셨다. 나는 웃음의 어미요, 잠의 유모요, 배부름의 친구이다. 나는 발각되어도 슬퍼하지 않는다. 나는 거짓 경건과 한패거리이다."

나는 이 광적인 격분의 말에 놀라서 그 악행자의 아비의 이름을 물었는데, 그는 이렇게 대답했습니다: "나의 부모는 한 분이 아니다. 나의 근원은 불확실하고 뒤섞여 있다. 훌륭한 음식은 나를 계속 앞으로 나아가게 하며 시간은 나를 성장하게 하며 나쁜 습관은 나를 고정시키기 때문에, 나를 소유하는 사람은 결코 나를 제거하지 못할 것이다. 그러나 만일 네가 항상 깨어 너 자신을 지키며 영원한 심판을 생각한다면, 나는 어느 정도 너를 놓아줄 것이다. 만일 내가 네 안에 존재하게 된 이유를 발견한다면, 너는 내 어미와 싸울 수 있을 것이다. 내 어미는 사람에 따라 달라진다. 종종 입관할 준비가 된 시신 앞에서 기도하면서 금식이라는 붓으로 네 마음에서 영원히 지워지지 않을 죽은 자의 모습을 그려라. 그렇지 않는 한 너는 결코 나를 패배로 이끌지 못할 것이다."

열아홉 번째 계단
잠, 기도, 시편찬송

　잠은 자연스러운 상태입니다. 그것은 죽음의 표상이며, 의식의 휴식입니다. 잠은 하나이지만, 수면욕의 근원은 다양합니다. 다시 말해서 잠은 본성·음식·마귀들로부터 옵니다. 때로는 금식 때문에 약해진 육체가 휴식을 원하는 것이 잠의 원인이 되기도 합니다.

　습관적으로 지나친 음주를 하게 되듯이, 지나치게 잠을 많이 자는 것도 습관이 될 수 있습니다. 이런 까닭에 특히 경건생활을 시작할 때에 지나친 수면욕과 싸워야 합니다. 왜냐하면 오래된 습관은 바로잡기가 어렵기 때문입니다.

　형제들을 가시적으로 소집하는 영적 나팔 소리는 눈에 보이지 않는 원수들의 모임을 알리는 신호입니다. 어떤 원수는 우리의 침대 곁에 서서 잠에서 깨어난 우리에게 좀 더 자라고 속삭입니다. 그는 "첫 번째 찬송이 끝날 때까지 기다려도 늦지 않게 교회에 갈 수 있다"라고 말합니다. 또 어떤 원수는 기도하는 사람들을 졸게 만듭니다. 또 다른 원수는 심한 복통을 일으키고, 어떤 원수는 교회 안에서 잡담을 하게 만듭니다. 어떤 원수는 악한 생각을 부추기고, 어떤 원수는 우리로 하여금 벽에 기대게 하거나 하품을 하게 만들며, 또 어떤 원수는 기도하는 동안 우리를 웃게 만들어 하나님의 화를 유발하게 합니다. 어떤 원수는 우리로 하여금 게으름을 피우다가 서둘러 찬송하게 하며 어떤 원수는 느리게 찬송하는 것을 즐기게 만듭니다. 또 어떤 원수는 우리의 입에 앉아서 입을 거의 열지 못하게 합니다.

그러나 자신이 하나님 앞에 서 있다는 것을 마음으로 깊이 생각하는 사람은 움직이지 않는 기둥처럼 기도할 것이며, 위에서 언급한 어떤 마귀도 그를 미혹하지 못할 것입니다.

참으로 순종하는 사람은 종종 기도하면서 크게 기뻐합니다. 그는 마치 훈련을 마치고 시합을 간절히 기다리는 씨름선수와 같습니다.

누구든지 많은 사람들 가운데서 기도할 수 있습니다. 어떤 사람들에게는 영적으로 비슷한 사람과 함께 기도하는 것이 유익합니다. 그러나 외딴 곳에서 홀로 기도하는 것은 극소수의 사람에게만 유익합니다.

사람들과 함께 찬송할 때 영으로 말없이 기도하는 것은 불가능할 수 있습니다. 그러나 우리는 정신으로 찬송하거나 낭독하는 단어를 묵상해야 합니다. 또 우리는 다른 찬송을 하려고 기다릴 때 드릴 일련의 기도문을 준비해야 합니다. 그러나 기도하는 시간에 다른 일을 하거나 분심되는 일을 해서는 안 됩니다. 성 안토니는 자기의 시중을 드는 천사에게서 이것을 배웠습니다.[42]

용광로는 금을 정련합니다. 기도는 하나님을 향한 우리의 열심과 사랑을 정련합니다.

하나님께 가까이 가는 것과 마귀를 몰아내는 것은 칭찬받을 일입니다.

---

42) 『사막교부들의 금언』(The Saying of the Desert Fathers, 은성출판사), 대 안토니 참조.

스무 번째 계단
깨어 경계함

 이 세상에는 무기나 갑옷을 입지 않고서 왕 앞에 서는 사람들이 있는가 하면, 직무를 나타내는 휘장과 방패와 칼을 들고 서는 사람들이 있습니다. 전자는 왕과 개인적인 관계를 가진 사람이나 왕실에 속한 사람들이므로, 후자보다 훨씬 지위가 높습니다.

 지금, 저녁 혹은 밤낮으로 왕이신 하나님 앞에 기도할 때 어떤 일이 일어나는지 살펴보겠습니다. 어떤 사람은 모든 짐을 벗어버린 영처럼 두 손을 들고서 밤새도록 기도합니다. 어떤 사람은 시편을 읽거나 찬송하고, 어떤 사람은 연약한 탓에 손으로 일을 함으로써 용감하게 잠과 싸웁니다. 또 어떤 사람은 끊임없이 죽음을 생각하면서 통회하는 마음을 얻기 위해 노력합니다. 첫째 유형부터 마지막 유형의 사람들에 이르기까지 모두 하나님을 향한 사랑 때문에 밤새 잠을 자지 않고 기도합니다. 둘째 유형은 수도사에게 적합합니다. 셋째 유형에 속한 사람들은 가장 낮은 길로 여행합니다. 그러나 하나님은 각각의 유형의 사람들이 드리는 기도를 각기 그들의 능력과 의도에 따라서 받아주시고 판단하십니다.

 깨어 경계함으로써 정신을 깨끗이 유지할 수 있습니다. 졸음은 영혼을 속박

합니다. 깨어 경계하는 사람은 음란을 대적하여 싸우지만, 꾸벅꾸벅 조는 사람은 음란과 함께 살아갑니다. 깨어 경계하면 육욕을 억제하고 꿈의 망상에서 해방되고, 눈물을 흘리며, 마음이 관대하고 부드러워지며, 생각들을 제어하고, 음식의 소화를 촉진하고, 정념들을 길들이고, 영들을 정복하고, 혀를 제어하며, 쓸데없는 상상을 몰아낼 수 있습니다.

깨어 경계하는 사람은 생각을 낚는 어부입니다. 그는 밤의 고요함 속에서 쉽게 생각들을 관찰하고 낚을 수 있습니다.

기도 시간을 알리는 종소리가 들릴 때 하나님을 사랑하는 사람은 "좋아, 좋아"라고 말하지만, 게으른 사람은 "아이고, 아이고"라고 말합니다.

걸신들린 사람은 식사 시간에 드러나고, 하나님을 사랑하는 사람은 기도 시간에 드러납니다. 음식이 준비되면, 전자는 춤을 추지만 후자는 뚱한 표정을 짓습니다.

잠을 많이 자면 건망증이 생기지만, 철야기도는 기억을 분명하게 만들어줍니다.

농부는 타작마당과 포도즙을 짜는 통에서 부를 얻습니다. 수도사는 저녁 시간과 밤 시간에 서서 기도할 때 지식과 부를 얻습니다.

지나친 잠은 게으른 사람에게서 인생의 절반 혹은 그 이상을 훔쳐가는 좋지 않은 동반자입니다.

미숙한 수도사는 친구들과 이야기할 때 정신이 말짱하지만, 기도시간에는 반쯤 잠이 듭니다. 게으른 수도사는 좌담의 명수이지만, 거룩한 독서가 시작되면 졸기 시작합니다. 장래에 나팔이 울리면 죽은 자들이 일어날 것이며, 쓸데없는 한담이 시작되면 졸던 사람이 깨어납니다.

잠은 우리가 배부를 때에 슬그머니 빠져나갔다가 배고프고 목마를 때에 강력하게 공격하는 교활한 친구입니다. 그것은 기도하는 사람에게 수작업을 해야 한다고 속삭입니다. 왜냐하면 다른 방법으로는 깨어 기도하는 사람을 방해할 수 없기 때문입니다. 그것의 첫 단계는 초심자를 첫날부터 공격하여 그를 부주의하게 만들거나 그에게 음란 마귀가 들어올 수 있는 길을 마련하는 것입니다. 이런 까닭에 우리는 그것을 정복하기까지 공동기도에 빠지지 않도록 노력해야 합니다. 우리는 수치심 때문이라도 졸지 않을 것입니다.

사냥개가 토끼의 원수인 것처럼 허영이라는 마귀는 잠의 원수입니다.

장사꾼은 하루를 마감하면서 하루의 이익을 계산하지만 수도사는 시편찬송을 마치면서 하루 동안 얻은 유익을 계산합니다.

기도를 마친 후에 조용히 기다려 보십시오. 그러면 기도를 마친 후에 무수히 많은 마귀들이 망상에 의해서 우리를 공격하려고 노력하리라는 것을 알 수 있을 것입니다. 주의 깊게 지켜보면 영혼의 첫 열매들을 빼앗아가는 것들을 주시하게 될 것입니다.

잠자는 동안에도 시편을 묵상할 수 있습니다. 종종 그것은 마귀들이 우리를 허영으로 이끌기 위해 야기하는 것일 수도 있습니다. 그러나 실제로 낮에 하나님의 말씀에 몰두한 영혼은 잠잘 때도 그 말씀에 몰두할 것입니다. 이 두 번째 은혜는 낮에 말씀에 몰두한 데 대해 주어지는 상으로서 망상을 피하는 데 도움이 됩니다.

이것이 스무 번째 계단입니다. 여기에 올라온 사람은 마음 안에 빛을 받습니다.

스물한 번째 계단
두려움

 만일 당신이 수도원이나 거룩한 사람들의 모임 안에서 덕을 추구한다면, 비겁의 공격을 받을 가능성이 적습니다. 그러나 홀로 고독한 곳에서 지낸다면, 허영의 자식이요 불신앙의 딸인 비겁의 지배를 받지 않도록 노력해야 합니다.
 비겁은 여러 해 동안 영혼 안에서 발달해온 유치한 행위요 허영입니다. 그것은 예기치 못한 것을 예상함으로써 믿음에서 벗어나는 것입니다.
 두려움은 위험을 미리 맛보는 것, 이름 모를 불행 앞에서 겁에 질려 떠는 것입니다. 두려움은 확신의 상실입니다.
 교만한 영혼은 비겁의 종입니다. 그러한 영혼은 자기 자신만 신뢰하며, 어떤 소리를 듣거나 그림자를 보아도 겁에 질립니다.
 애통하는 사람들과 무감각한 사람들은 비겁을 경험하지 않지만, 두려워하고 공포에 질리는 사람들은 종종 의기소침해지며 정신이 혼란해집니다. 이것은 비이성적인 것이 아닙니다. 왜냐하면 주님은 우리로 하여금 자만하지 않게 하기 위해서 교만한 자를 보호하시지 않기 때문입니다.
 겁쟁이들은 허영심이 강합니다. 그러나 두려움에서 해방된 사람들 모두가 겸손한 것은 아닙니다. 도둑들과 도굴꾼들은 두려움에 시달리지 않을 수도 있습니다.

캄캄한 밤에 사람들이 두려워하는 장소에 가는 일을 주저하지 마십시오. 이러한 연약함에 조금이라도 양보하는 것은 곧 이 유치하고 어리석은 질병이 장차 당신과 함께 늙어 가게 될 것을 의미합니다. 그러므로 두려운 곳으로 갈 때에 기도의 갑옷을 입고, 두 손을 내밀어 예수의 이름으로 원수들을 채찍질하십시오. 하늘과 땅에서 이보다 더 강력한 무기는 없습니다. 두려움을 몰아낸 후에는 당신을 구해주신 하나님을 찬양하십시오. 당신이 감사함을 잃지 않는다면, 하나님께서 영원히 당신을 보호해 주실 것입니다. 소량의 음식에 배부를 수 없듯이, 한 번에 두려움을 물리칠 수는 없을 것입니다. 그것은 애통함에 비례하여 약해질 것입니다. 우리가 적게 애통하면 비겁은 더 커질 것입니다.

"내 몸에 털이 주뼛하였느니라"(욥 4:15). 이것은 엘리바스가 마귀의 교활함에 대해 언급하면서 말한 것입니다. 두려움은 때로는 영혼 안에서, 때로는 몸 안에서 시작되며, 이 둘은 서로를 약하게 만듭니다. 그러나 영혼이 겁에 질린 몸을 두려워하지 않을 때, 우리는 치유에 근접합니다. 아무도 없는 어두운 장소가 아니라 영혼의 메마름이 마귀에게 우리를 공격할 힘을 부여해 줍니다. 때때로 하나님의 섭리로 말미암아 우리에게 교훈을 주기 위해서 이런 일이 발생하기도 합니다.

주님의 종은 오직 주인이신 주님만 두려워할 것입니다. 한편 주님을 두려워하지 않는 사람은 종종 자기의 그림자를 보고도 두려워합니다. 몸은 보이지 않는 영의 존재에 의해 겁에 질립니다. 그러나 겸손한 영혼은 천사가 가까이 있으면 크게 기뻐합니다. 그러므로 천사가 초래하는 결과를 통해서 천사를 발견할 때 우리는 서둘러 기도해야 합니다. 왜냐하면 거룩한 수호천사가 우리와 합류하기 위하여 그 자리에 왔기 때문입니다.

스물두 번째 계단
허영
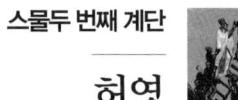

  어떤 사람들은 허영과 교만을 구분해야 한다고 주장하면서 특별히 허영을 구분하여 다루며 치명적인 대죄가 여덟 가지라고 주장합니다. 그러나 신학자 그레고리[43]를 비롯한 교사들은 치명적인 대죄가 일곱 가지라고 주장합니다. 나는 이 견해를 지지합니다. 허영을 정복한 사람에게 어찌 교만이 남아 있겠습니까? 전자는 출발점이요 후자는 종착점이므로, 그 차이는 아이와 어른, 밀과 빵의 차이와 같습니다. 그러므로 정념들의 시작이요 완성인 자만심이라는 악덕에 대해서 간단히 이야기하려 합니다.

  형태와 관련해서 보면, 허영은 본성의 변화 및 성품의 악용과 비판에 신경을 쓰는 것입니다. 특성상 허영은 일과 땀의 낭비, 보물을 폭로하는 것, 불신앙의 결과, 교만의 전조前兆, 배가 항구에서 좌초하는 것, 작지만 우리의 수고의 열매를 의도적으로 가져가는 타작마당의 개미와 같습니다. 개미는 밀이 타작될

---

43) 대 그레고리를 말한다. 에바그리우스가 언급한 여덟 가지 주요한 유혹(정념)은 탐식, 육욕, 탐욕, 낙담, 노염, 의기소침, 허영, 교만이다. 카시안은 이 목록을 서방에 소개했다. 교황 대 그레고리는 허영과 교만, 낙담과 의기소침을 합병하고, 시기를 도입하여 정념들을 일곱 가지로 축소했다.

때까지 기다리며, 허영은 미덕들이 수집될 때까지 기다립니다. 전자는 도둑이요, 후자는 부랑아입니다.

낙심의 영은 악이 증가하는 것을 볼 때 크게 기뻐하며, 허영의 영은 덕의 보물이 증가하는 것을 볼 때 기뻐합니다. 전자에게로 들어가는 문은 많은 상처들이요, 후자에게로 들어가는 문은 힘들여 행한 일입니다.

허영을 주목하십시오. 그것은 죽어 땅에 묻히는 날까지 옷, 하인, 향수 등을 좋아합니다.

태양이 모든 사람을 동일하게 비추어 주듯이 허영은 모든 일에 작용합니다. 다시 말해서 금식할 때에 허영심이 강해집니다. 자신에게 관심을 두지 않기 위해서 금식을 멈추면, 자신의 신중함으로 인해 허영심을 느낍니다. 옷을 제대로 잘 입든 말든 허영심을 느낍니다. 말을 하든지 침묵하든지 허영에게 패배합니다. 이 따끔따끔한 것을 어떤 방식으로 뿌려도 항상 뾰쪽한 면이 나를 향합니다.

허영심이 강한 신앙인은 우상숭배자입니다. 그는 겉으로 하나님께 영광을 돌리지만 실제로는 하나님이 아닌 사람들의 마음에 들려고 노력합니다. 과시하는 것은 허영심의 발로입니다. 과시하는 사람은 모든 일을 칭찬받기 위해서 행하므로 그의 금식은 상을 받지 못하며, 그의 기도는 열매를 맺지 못합니다. 허영심이 강한 금욕고행자는 두 배나 자신을 속이며, 자기 몸을 지치게 하지만 상을 얻지 못합니다. 시편을 찬송하기 위해 서 있으면서도 허영심 때문에 사람에게 보이려고 때때로 웃거나 눈물을 흘리는 사람은 모든 사람들로부터 비웃음을 받을 것입니다.

주님은 자주 우리가 이미 획득한 완전함조차 보지 못하도록 감추십니다. 그러나 우리를 칭찬하거나 잘못 인도하는 사람은 그들의 말을 통해 우리의 눈을 뜨게 하는데, 우리가 눈을 뜨는 순간 보물은 사라집니다.

아첨하는 사람은 마귀의 종이요, 교만의 교사요, 마음의 통회를 파괴하는 자요, 덕의 파괴자요, 심술궂은 안내자입니다. 선지자는 "네 인도자들이 너를 유혹하여 네가 다닐 길을 어지럽히느니라"(사 3:12)고 말합니다.

영적으로 고결한 사람은 불쾌한 일을 참고 견딥니다. 오직 거룩한 사람들과 성인들만 칭찬을 받아도 해를 입지 않습니다. 칭찬을 받을 때 화를 내는 것은 하나의 정념이 또 하나의 정념에게 양보하는 것입니다.

"사람의 일을 사람의 속에 있는 영 외에 누가 알리요"(고전 2:11). 그러므로 면전에서 우리를 칭찬하려는 사람들을 망신을 주어 침묵하게 해야 합니다.

이웃이나 친구가 우리 앞에서 또는 우리가 없는 곳에서 우리를 비난한다면, 그에게 우리의 사랑을 나타내고 그를 칭찬하려고 노력하십시오.

사람들의 칭찬을 무시하는 것은 큰 업적이요, 마귀들의 칭찬을 거부하는 것은 한층 더 큰 업적입니다.

스스로를 비판하는 사람은 자기의 겸손을 드러내지 않으며, 자기를 비판하는 사람을 계속 사랑합니다.

허영의 마귀가 한 형제에게 여러 가지 생각을 제안하고 그것들을 다른 형제에게 보여주며, 후자로 하여금 전자에게 자신의 생각을 말하고 생각을 읽는 그의 능력을 칭찬하게 하는 것을 나는 보았습니다. 그 무서운 마귀는 심지어 그의 몸의 음부를 흔들고 자극했습니다.

당신에게 주교나 수도원장이나 교사의 직무를 받아들이라고 말하는 마귀를 무시하십시오. 정육점 앞을 맴도는 개를 쫓아버리기 어렵습니다.

마귀는 어느 정도 내적 평온을 획득한 사람에게 죽어가고 있는 사람들을 구하기 위해서 즉시 사막을 떠나 세상으로 돌아가야 한다고 속삭입니다.

공동체 안에서 생활하는 사람의 허영과 사막에서 생활하는 사람의 허영은 다릅니다.

허영은 바깥세상의 손님들이 도착할 것을 예상하고는 교만이 가득한 경솔한 수도사를 자극하여 급히 나가서 그들을 맞이하며 그들 앞에 엎드려 겸손한 모습을 나타내게 합니다. 허영은 그로 하여금 겸손한 것처럼 말하고 행동하게 하며, 방문객들에게서 무엇인가를 얻을까 기대하여 그들의 손을 바라보게 합니다. 허영은 그로 하여금 방문객들을 "경건한 생활을 하는 후원자들"로 여기고 맞이하게 합니다. 식사할 때에는 그로 하여금 다른 사람에게 절식할 것을 요구하며 아랫사람들을 무섭게 비난하게 만듭니다. 허영은 시편찬송을 하는 동안 단정하지 못한 태도로 서있는 사람으로 하여금 노력할 수 있게 해주고, 소리를 내지 않는 사람으로 하여금 훌륭하게 찬송할 수 있게 해주며, 조는 사람을 깨우기도 합니다. 허영은 (성가대의) 선창자先唱者를 우쭐하여 성가대에서 으뜸으로 느끼게 하여 방문객들로 하여금 그곳에 머무는 동안 그를 교사요 수도원장처럼 대하게 만듭니다.

허영은 혜택을 받는 사람들의 마음에는 교만을, 멸시받는 사람들의 마음에는 원망을 심습니다. 종종 그것은 성난 제자들을 부끄럽게 만들기 때문에, 명예보다는 치욕을 초래하기도 합니다. 그것은 성마른 사람들을 사람들 앞에서 온순한 것처럼 보이게 합니다. 그것은 재주 있는 사람들 가운데서 무성하게 자라며, 때로 자기의 종이 된 사람들에게 불행을 가져다 줍니다.

나는 어떤 마귀가 자신의 형제에게 해를 입히고 쫓아버리는 것을 보았습니다. 한 형제가 화가 나 있을 때 바깥세상에서 손님들이 찾아왔는데, 이 불쌍한 형제는 허영에 굴복했습니다. 그는 한 번에 두 가지 정념을 섬길 수 없었습니다.

허영의 종은 이중생활을 하게 됩니다. 그는 표면적으로 수도사들과 함께 살지만 마음으로는 세상에 존재합니다.

진심으로 거룩한 것들을 갈망하는 사람은 분명히 하늘의 영광을 맛볼 것입니다. 또 그것을 맛본 사람은 세상의 영광을 생각하지 않을 것입니다. 어떤 사람이 하늘의 영광을 맛보지 않고서도 세상의 영광을 멸시할 수 있다면, 그것은 놀라운 일일 것입니다.

종종 우리는 허영에 의해 벌거벗겨진 후에 일변하여 영리하게 그것을 떼어내기도 합니다. 나는 허영에서 벗어나 영성생활을 시작한 사람을 만난 적이 있습니다. 그는 출발은 좋지 않았지만 의도를 바꾸었기 때문에 훌륭하게 과정을 마쳤습니다.

선천적인 능력들—영리함, 뛰어난 학습 능력과 글 읽는 능력, 훌륭한 말솜씨, 뛰어난 이해력, 그리고 노력하지 않고서도 소유하는 기술들—을 뽐내는 사람은 결코 하늘나라의 축복을 받지 못할 것입니다. 왜냐하면 작은 일에 충성하지 않는 사람은 큰일에서 허영심을 느끼기 때문입니다. 완전한 무정념, 하늘나라의 보물들, 기적을 행함, 예언적 능력 등을 추구하면서 목적 없이 몸을 지치게 만드는 사람들이 있습니다. 이 불쌍한 바보들은 고된 일이 아닌 겸손이 그러한 것들의 근원임을 깨닫지 못합니다. 하나님으로부터 응분의 보상을 구하는 사람은 불확실성 위에 집을 짓지만, 자신을 빚진 자라고 생각하는 사람은 기대하지 않았던 부富를 얻을 것입니다.

청중들의 유익을 위하여 덕을 나타내라고 말하는 마귀에게 복종하지 마십시오. "사람이 만일 온 천하를 얻고도 제 목숨을 잃으면 무엇이 유익하리요"(마 16:26).

우리의 이웃은 오직 진지하고 겸손하게 행동하고 말하는 태도에 의해 감동을 받습니다. 잘난 체하지 않는 것이 사람들에게 본이 되고 자극이 됩니다. 그것은 다른 어떤 것보다 더 큰 유익을 줍니다.

어느 통찰력 있는 사람이 나에게 다음과 같이 말했습니다: "언젠가 모임에 참석하고 있는데, 허영의 마귀와 교만의 마귀가 각기 내 양 옆에 와서 앉았습니다. 전자는 허영의 손가락으로 나를 콕콕 찌르면서 나에게 사막에서 본 환상이나 내가 행한 수고에 대해서 공개적으로 이야기하라고 부추겼습니다. 나는 '나의 해를 기뻐하는 자는 다 물러가 욕을 당하게 하소서'(시 40:14)라는 말로 그를 쫓아버렸습니다. 그때 왼쪽에 있던 마귀가 내 귀에 대고 '잘 했어! 너는 염치없는 내 어미를 정복함으로써 위대해졌다'라고 말했습니다. 나는 앞의 시편 구절의 다음 구절을 이용하여 그에게 대답했습니다: '나를 향하여 하하 하며 조소하는 자들이 자기 수치로 말미암아 놀라게 하소서'(시 40:15)."

나는 그에게 어찌하여 허영이 교만의 어미인지 물었는데, 그는 이렇게 대답했습니다: "칭찬은 우쭐대게 하고 자만심을 느끼게 만듭니다. 영혼이 우쭐해지면, 교만은 영혼을 하늘 높이 들어 올렸다가 깊은 구덩이에 던져버립니다."

한편 여호와에게서 오는 영광이 있습니다. 여호와께서는 "나를 존중히 여기는 자를 내가 존중히 여기고 나를 멸시하는 자를 내가 경멸하리라"(삼상 2:30)고 말씀하셨습니다. 또 그 뒤를 이어 임하는 것, 마귀들이 고안해낸 영광이 있습니다. 성경은 "모든 사람이 너희를 칭찬하면 화가 있도다"(눅 6:26)라고 말합니다. 첫째 종류의 영광은 우리가 그것을 위험한 것으로 여겨 온갖 방법으로 그것에게서 도망치며, 어디에든 자신의 생활방식을 숨길 때 알아볼 수 있습니다. 작은 일이라도 사람들의 주목을 받기 위해 행할 때 그 안에서 둘째 종류의 영광을 찾아볼 수 있을 것입니다.

허영은 우리로 하여금 실제로 소유하지 않은 덕을 우리 자신의 것인 체하라고 강요합니다. 그것은 다음과 같은 성경말씀을 가지고 우리를 격려합니다: "너희 빛이 사람 앞에 비치게 하여 그들로 너희 착한 행실을 보게 하라"(마 5:16).

종종 주님은 허영심이 강한 사람들에게 치욕을 주심으로써 그들을 겸손하게 만드십니다. 허영을 극복하는 첫 단계는 침묵하면서 치욕을 기꺼이 받아들이는 것입니다. 중간 단계는 우쭐대려는 행동과 관련된 생각을 억제하는 것입니다. 마지막 단계는 사람들 앞에서 아무런 느낌이 없이 치욕을 받아들이는 것입니다.

이웃을 모욕해서는 안 된다는 생각 때문에 죄를 감추지 마십시오. 물론 이 권고를 맹목적으로 받아들이지 마십시오. 우리는 자기 죄의 본질에 따라서 행해야 합니다.

우리가 영광을 얻으려 한다면, 원하지 않은 영광이 우리에게 임한다면, 또는 허영심 때문에 어떤 행동을 계획했다면 홀로 하나님 앞에서 기도하면서 우리의 애통과 복된 두려움을 생각해야 합니다. 이렇게 행한다면, 즉 참된 기도를 바라는 우리의 소원이 참되다면 염치없는 허영의 허를 찌르게 될 것입니다. 이것으로 부족할 경우에는 우리가 필연적으로 죽는다는 사실을 기억하십시오. 그것도 효과가 없으면, 항상 명예의 뒤를 따라오는 수치를 두려워하십시오. 자신을 높이는 사람은 분명히 수치를 당할 것입니다.

잘못된 길로 우리를 인도하는 사람들이 우리를 칭찬하기 시작할 때, 우리 자신의 많은 죄를 기억해야 합니다. 그렇게 함으로써 우리를 존경한다면서 행한 그들의 말이나 행동이 무가치함을 발견할 것입니다.

허영심이 강한 사람들이 드리는 기도는 하나님의 주목을 받을 가치가 없지만, 하나님은 그들이 기도에 성공하여 더욱 교만해지지 못하게 하기 위해서 정규적으로 그들의 소원과 청원을 미리 막으십니다.

일반적으로 단순한 사람들은 허영에 굴복하지 않습니다. 결국 허영은 단순성의 상실이요 위선적인 행동 방식입니다.

구더기가 완전히 성장하면 날개가 생겨서 하늘 높이 날아오를 수 있습니다. 허영이 완전히 성장하면 교만을 낳는데, 이것이 모든 악의 시작이요 또한 마지막입니다.

허영에 얽매이지 않는 사람은 구원에 접근합니다. 허영의 영향을 받는 사람은 성도들의 영광에서 멀리 내쫓깁니다.

이것이 스물두 번째 계단입니다. 허영에 접하지 않은 사람은 하나님이 미워하시는 교만에 빠지지 않을 것입니다.

스물세 번째 계단

교만

교만은 하나님을 부인하는 것, 마귀가 꾸며낸 것, 사람들을 멸시하는 것입니다. 그것은 정죄의 근원이요, 칭찬의 결과요, 무능의 표식입니다. 그것은 하나님의 도움으로부터 도망하는 것이요, 정신착란의 전조요, 몰락의 창시자입니다. 그것은 귀신들림의 원인이요, 노염의 근원이요, 위선의 출입구입니다. 그것은 마귀들의 요새요, 죄의 관리인이요, 완악한 마음의 근원입니다. 그것은 긍휼을 부인하는 것이요, 모진 바리새인이요, 잔인한 재판관입니다. 그것은 하나님의 원수요, 불경의 뿌리입니다.

허영이 떠나는 곳이 교만의 출발점입니다. 교만의 중간 지점은 이웃에게 모욕을 주는 것, 부끄러움을 모르고 자신의 업적을 과시하는 것, 자만, 정체가 드러나는 것을 싫어하는 것 등입니다. 교만의 종착점은 하나님의 도움을 거부하는 것, 자신의 노력을 과시하는 것, 그리고 악한 성향입니다.

이 함정을 피하고 싶은 사람은 들으십시오. 종종 이 정념은 처음에는 고마움의 선물을 주는 데서 힘을 얻으며, 염치없이 우리에게 하나님을 부인하라고 강요하지도 않습니다. 어떤 사람들은 큰 소리로 하나님께 감사하지만 마음으로는 자기 자신을 찬양합니다. 그 예를 "하나님이여 감사하나이다"(눅 18:11)라고 말하는 바리새인에게서 찾아볼 수 있습니다.

교만은 우리가 타락했던 곳에 주거를 정합니다. 왜냐하면 타락은 교만의 표시이기 때문입니다. 언젠가 어느 훌륭한 사람이 나에게 다음과 같이 말했습니다: "열두 개의 부끄러운 정념들을 생각해 보십시오. 그것들 중 하나, 즉 교만을 사랑하십시오. 그러면 그것이 나머지 열한 가지 정념들 모두의 공간을 차지할 것입니다."[44]

교만한 수도사는 사람들과 신랄하게 논쟁하지만, 겸손한 수도사는 사람들의 말을 거스르려 하지 않습니다.

삼나무 가지는 땅을 향해 뻗지 않으며, 거만한 수도사는 순종하기 위해서 고개를 숙이지 않습니다.

"하나님은 교만한 자를 물리치십니다"(약 4:6). 과연 누가 그들을 불쌍히 여길 수 있겠습니까? 교만한 사람들은 하나님 앞에서 부정합니다. 그러한 사람을 누가 깨끗하게 할 수 있겠습니까?

교만한 사람들의 견해에 의하면 잘못을 바로잡는 것은 몰락이요, 가시(고후 12:7 참조)는 마귀요, 하나님에게서 버림받는 것은 정신착란입니다. 이것들 중 처음 두 가지는 인간적인 치료가 가능하지만, 마지막 것은 인간이 치료할 수 없습니다.

비판을 거부하는 것은 교만을 나타내는 것이며, 비판을 받아들이는 것은 이러한 속박에서 벗어났음을 보여주는 것입니다.

교만이 천사를 하늘에서 떨어지게 만들었습니다. 그러므로 우리가 다른 덕

---

44) St. Mark the Ascetic, *On the Spiritual Law*, § 136 (PG 65, 921C): ET *Phil.*, § 135, p. 119.

의 도움을 받지 않고 오직 겸손에 의해서 천국에 이를 수 있는지 질문할 수 있습니다.

교만은 땀 흘려 힘들게 노력하여 얻은 소득을 잃게 합니다. 누구도 교만과 함께 아우성치는 사람들을 구할 수 없었습니다. 그런 사람들은 하나님께 소리쳤지만, 실제로는 기도하면서 없애 달라고 청원한 허물들을 근절하려고 노력하지 않았기 때문에, 하나님은 그들에게 관심을 기울이시지 않았습니다.

이런 일에 경험이 많은 원로에게서 훈계를 받은 어느 교만한 형제가 "아버지여, 나는 교만하지 않습니다"라고 대답했습니다. 지혜로운 원로는 "네가 교만하지 않다고 주장하는 것이 바로 네가 교만하다는 증거가 아니냐?"라고 말했습니다.

유순하게 행동하고, 고달프고 비천한 생활을 하며, 교부들의 초자연적인 위업에 대한 글을 읽는 것 등이 교만을 제거하는 데 도움이 됩니다. 그렇게 한다 해도 교만이라는 질병을 앓는 사람에게 구원의 희망이 없을 수도 있습니다.

사람들로부터 칭찬을 받아 우쭐대는 것은 부끄러운 일이며, 자신이 하나님의 선물을 받을 자격이 있다고 생각하는 것은 미친 짓입니다. 우리는 태어나기 전에 소유하고 있던 업적을 자랑할 수 있습니다. 그러나 태어남을 포함하여 태어난 이후의 것은 모두 하나님이 주신 선물입니다. 우리는 정신과 관련이 없는 내면에 있는 덕들에 대한 권리를 주장할 수 있을 것입니다. 이는 우리의 정신이 하나님께서 주신 것이기 때문입니다. 또 몸과 관계없이 성취한 승리만을 우리의 것이라고 주장할 수 있을 것입니다. 이는 몸 역시 우리의 것이 아니라 하나님의 솜씨입니다.

판결이 내려지기 전에 자신감을 갖지 마십시오. 혼인잔치에 초대받은 손님을 기억하십시오. 그곳에 도착한 그는 손과 발을 결박당하여 바깥 어둠에 내던짐을 당했습니다(마 22:13). 우리는 유한한 존재이니 고집 세게 행동하지 마십시오. 몸의 방해를 받지 않은 많은 거룩한 사람들이 천국에서 밖으로 내던짐을 당했습니다.

교만이라는 마귀는 자기 소유의 사람들 가운데서 거처를 찾으려 할 때 그들의 꿈이나 생시에 나타납니다. 그가 거룩한 천사나 순교자의 모습을 취하며 장차 계시될 비밀이나 주어질 선물을 넌지시 암시해 주므로, 그들은 미혹되어 정신을 잃습니다.

우리가 그리스도를 위해서 10만 번 죽는다 해도 그분에게 진 빚을 다 갚지 못할 것입니다. 왜냐하면 하나님의 피의 가치와 그 종들의 피의 가치는 비교할 수 없기 때문입니다.

우리는 항상 앞서 간 교부들 및 선각자들과 우리 자신을 비교해야 합니다. 그렇게 행한다면 우리가 수덕생활을 시작하지도 못했다는 것, 자신의 서원을 거룩하게 지키지 못했다는 것, 그리고 우리의 생각이 여전히 세상에 뿌리를 내리고 있다는 것 등을 발견할 것입니다.

참 수도사란 영혼의 눈이 거만하지 않으며 육체의 감각이 동요하지 않는 사람입니다.

수도사는 사나운 짐승처럼 원수들을 대적하여 싸우며 그들이 도망칠 때도 괴롭힙니다.

언제까지나 엑스터시를 알며 삶으로 인해 슬퍼할 때 참 수도사가 됩니다.

세상 사람들이 쾌락에 의해서 형성되듯이, 수도사는 덕에 의해 형성됩니다.

마음의 눈으로 보면 수도사는 꺼지지 않는 등불입니다.

수도사는 겸손의 심연입니다. 모든 악한 영들이 그 안에 빠져 질식해 죽습니다.

우리는 자신의 죄를 기억할 때 겸손해지므로, 교만은 우리로 하여금 죄를 기억하지 못하게 만듭니다.

교만은 영혼의 부귀로 가장한 빈곤이요, 빛으로 가장한 어둠입니다. 이 혐오스러운 악덕은 우리의 진보를 방해할 뿐 아니라 이미 올라가 있는 곳에서 우리를 내던져 버립니다.

교만한 사람은 겉은 멀쩡하지만 속이 썩은 석류와 같습니다.

교만한 사람에게는 마귀가 필요하지 않습니다. 왜냐하면 그는 이미 자신을 대적하는 원수 마귀로 변했기 때문입니다.

어둠은 빛을 용납하지 않으며, 교만은 덕을 용납하지 않습니다.

교만한 사람의 마음에서는 하나님을 모독하는 말이 솟아오르지만, 겸손한 사람의 마음에서는 거룩한 통찰이 솟아오릅니다.

도둑이 밝은 곳을 싫어하듯이, 교만한 사람은 온유한 사람을 멸시합니다.

교만한 사람은 자신의 참 자아를 발견하지 못합니다. 그는 자신이 정념들을 정복했다고 생각하며, 죽은 후에야 비로소 자신이 얼마나 가난한지 발견합니다.

교만한 사람에게는 사람이 도움이 되지 못하므로 하나님의 도움이 필요할 것입니다.

언젠가 내가 이 몰상식한 미혹자를 붙잡은 적이 있습니다. 그것이 내 마음에서 올라오고 있었는데, 그 어깨에는 어미인 허영이 앉아 있었습니다. 나는 순종의 올가미로 그것들을 결박하고 겸손의 회초리로 때린 후에 그것들을 책망하면서 어떻게 나에게 접근했는지를 물었습니다. 그것들은 다음과 같이 말했

습니다:

"우리는 모든 정념들의 근원이요 그것들을 잉태하는 자이므로, 우리에게는 시작도 없고 탄생도 없다. 우리에 대한 가장 강력한 반대자는 순종에서 자라나는 통회하는 마음이다. 우리는 우리보다 높은 권위를 인정하지 못하는데, 그것이 우리가 권위를 가지고 있던 천국에서 떨어진 이유이다. 간단히 말하자면 우리는 겸손과 반대되는 모든 것의 창시자요 조상이다. 겸손을 뒷받침하는 모든 것이 우리를 쇠하게 만든다. 우리는 천국을 제외한 모든 곳에서 우세하다. 그러니 네가 우리를 피해 어디로 도망치겠느냐? 너는 치욕을 참고 인내하는 곳, 노염으로부터의 자유와 순종이 있는 곳, 불평이 없는 곳, 이웃을 섬기는 곳에서 종종 우리를 발견할 것이다. 우리의 자식들은 영성생활을 영위하는 사람들의 타락으로서 그것들의 이름은 다음과 같다: 노여움, 중상, 멸시, 급한 성미, 불만의 소리, 신성모독, 위선, 미움, 시기, 논쟁을 좋아함, 이기심, 불순종.

"우리가 방해할 수 없는 것은 하나뿐인데, 네가 우리에게 가하는 폭력이 우리로 하여금 그것이 무엇인지 자백하게 만들 것이다. 만일 네가 주님 앞에서 정직하게 자신을 정죄할 수 있다면, 우리가 거미줄처럼 약하다는 것을 발견할 것이다. 네가 알고 있듯이 나를 어깨에 얹고 있는 교만이 타는 말은 허영이기 때문이다. 그러나 거룩한 겸손과 자기비하는 그 말과 기수를 조롱하고 다음과 같은 승리의 노래를 부를 것이다: '여호와를 찬송하리니 말과 그 탄 자를 깊은 겸손 속에 던지셨음이로다' (출 15:1 참조)."

이것이 스물세번 째 계단입니다. 여기에 올라가는 사람은 분명히 강한 사람일 것입니다.

하나님을 모독하는 생각들에 관하여

귀찮은 것은 귀찮은 것을 낳습니다. 하나님 모독은 교만의 자식입니다. 그것은 평범한 원수가 아니라 가장 치명적인 원수이기 때문에, 그것에 대해서 이야기해야 합니다. 설상가상으로 그것을 분명히 표현하고 고백하는 것과 영적 치유자와 함께 그것에 대해 논의하는 일은 무척 어려운 일이기 때문에 많은 사람들이 좌절하고 낙심하여 왔습니다. 왜냐하면 이 위험한 원수는 나무를 갉아먹는 벌레처럼 희망을 갉아먹기 때문입니다.

이 흉악한 원수는 예배 시간이나 성찬식 때에 나타나 주님과 성찬을 모독하는 습관이 있으며, 이 생각할 수도 없고 받아들일 수 없는 모독의 말은 우리가 아닌 주님을 모독하는 것이기 때문에 천당에서 도망친, 하나님을 미워하는 마귀의 말임을 알 수 있습니다. 만일 이 불경하고 두려운 말이 우리의 말이라면, 어떻게 거룩한 성찬을 받고 겸손하게 예배드릴 수 있겠습니까? 어찌 욕과 찬양을 동시에 할 수 있겠습니까?

영혼을 죽이는 이 미혹자는 종종 사람들을 미치게 만듭니다. 이것이 죄를 고백할 때 가장 받아들이기 어려운 생각이며, 그렇기 때문에 많은 사람들이 평생 이 생각에 시달립니다. 죄를 고백하지 않은 채 마음속에 품고 감추어두는 것은 곧 마귀들과 악한 생각들에게 우리를 지배할 가장 큰 힘을 제공하는 것입니다.

만일 당신이 불경한 생각을 하고 있다면, 그 책임이 당신에게 있다고 생각하지 마십시오. 하나님은 우리 마음에 있는 것들을 아시며, 그러한 생각들이 우리에게서 오는 것이 아니라 원수들에게서 온다는 것도 알고 계십니다.

사람이 술에 취하면 비틀거리듯이, 교만은 불경한 생각으로 이어집니다. 주정뱅이는 비틀거린 것 때문에 벌을 받는 것이 아니라 술 취함 때문에 벌을 받을 것입니다.

　기도하는 동안 말할 수 없이 더러운 생각들이 우리에게 임해도 끝까지 계속 기도한다면 그것들이 물러갈 것입니다. 그것들은 자기들을 거부하는 사람들을 대적하여 싸우지 않습니다.

　이 불경한 마귀는 하나님 및 모든 거룩한 것을 모독합니다. 그것은 우리 안에 가장 더럽고 추잡한 생각들을 자극하여 기도를 포기하거나 낙심하게 만들려고 노력합니다. 그것은 많은 사람들로 하여금 기도를 중단하며 성찬을 피하게 만듭니다. 그것은 악하게도 어떤 사람들의 몸을 슬픔 때문에 기진하게 만들고, 또 어떤 사람들로 하여금 금식하여 기진하게 하고 쉬지 못하게 합니다. 그것은 세상에 살고 있는 사람들뿐 아니라 수도생활을 하는 사람들을 공격하여 그들의 앞에 구원이 예비되어 있지 않으며 그들이 불신자나 이교도보다 더 불쌍하다고 속삭입니다.

　자기를 괴롭히는 신성모독의 영을 제거하려는 사람은 이러한 종류의 속삭임이 자신의 영혼에게서 생겨난 것이 아니라 "만일 내게 엎드려 경배하면 이 모든 것을 네게 주리라"(마 4:9)고 주님께 말했던 더러운 마귀에게서 나온 것임을 명심해야 합니다. 그러므로 이 마귀를 무시하고 그의 선동에 관심을 기울이지 말며, "사탄아 물러가라 나는 주 나의 하나님께 경배하고 다만 그를 섬길 것이다(마 4:10 참조). 네 말과 노력이 너 자신에게 돌아가며, 너의 불경한 말이 지금 그리고 다음 세상에서 네 머리에 떨어지기를 기원한다"라고 말해야 합니다. 이와 다른 방식으로 신성모독의 마귀를 공격하는 것은 마치 손으로 번개를 쥐려 하는 것과 같습니다. 바람보다 더 빨리 마음으로 들어가 섬광보다 더 빨리 말하고는 사라지는 것을 어떻게 붙잡을 수 있겠습니까? 다른 마귀들은 얼마 동안 싸움을 중지하고 머뭇거리기 때문에 대적할 기회가 있지만, 이 마귀는 그렇지 않습니다. 이 마귀는 모습을 드러냈다가는 곧 사라지고, 말을 하고 나서 즉시 사라집니다.

이 특별한 마귀는 단순하고 순진한 영혼들의 정신 안에 자리 잡는데, 이런 사람들은 다른 사람들보다 더 쉽게 당황하고 혼란을 느낍니다. 이런 일이 이런 사람들에게 발생하는 이유는 그들 자신의 부당한 자부심 때문이 아니라 마귀들의 질투 때문이라고 말해 줄 수 있습니다.

이웃을 판단하거나 정죄하는 일을 삼가야 합니다. 우리가 그렇게 행한다면, 불경한 생각들이 우리를 위협하지 못할 것입니다. 이웃에 대한 판단이나 정죄가 불경한 생각들을 만들어내기 때문입니다.

여기에서의 상황은 마치 방 안에 있으면서 지나가는 사람들의 대화를 엿들을 수는 있지만 그들의 대화에 직접 참여하지 못하는 사람과 같습니다. 교제를 피해 혼자 지내는 영혼은 떠돌이에 불과한 마귀들의 불경한 말을 엿듣고 동요합니다.

이 원수를 무시하면 그것의 괴롭힘에서 해방될 것입니다. 그러나 그것을 대적하여 싸우려고 노력하면 결국 그것에게 굴복할 것입니다. 대화로써 영들을 정복하려는 것은 마치 바람을 가두려는 것과 같습니다.

어느 열성적인 수도사가 이 마귀에게 괴롭힘을 당했습니다. 그는 20년 동안 금식하고 철야한 것이 전혀 소용이 없다는 것을 깨달았습니다. 그리하여 그는 이 시험에 대해 기록한 것을 거룩한 사람에게 가서 내밀었습니다. 그는 감히 얼굴을 들지 못하고 땅에 엎드려 있었습니다. 원로는 형제가 쓴 글을 읽고는 미소를 지으면서 형제를 일으킨 후 "아들아, 내 목에 손을 대 보아라"라고 말했습니다. 형제는 그의 말대로 했습니다. 원로는 "잘 했다. 이제 그것이 네게 머문 세월 또는 앞으로 너를 괴롭힐 세월만큼 내 목에 머물게 하여라. 그러나 이제부터는 그것을 잊어야 한다"라고 말했습니다. 시험을 받아왔던 수도사는 이 원로의 수실을 떠나기 전에 자신의 결점이 사라졌다고 말했습니다. 그는 이러한 경험을 이야기하면서 그리스도께 감사했습니다.

　이 악덕을 물리치면 교만이 제거됩니다.

스물네 번째 계단

온유, 단순, 순진, 그리고 사악함에 관하여

아침 해가 뜨기 전에 새벽빛이 비치듯이, 온유는 겸손의 전조前兆입니다. 우리의 빛이신 그리스도께서 이 덕목들의 순서를 어떻게 배치하시는지 들어 보십시오: "나는 마음이 온유하고 겸손하니 나의 멍에를 메고 내게 배우라"(마 11:29). 그러므로 겸손의 태양을 바라보려면, 먼저 우리에게서 온유의 빛이 흘러 넘쳐야 합니다. 그렇게 되면, 꾸준히 태양을 바라볼 수 있을 것입니다. 이러한 덕들의 순서는 우리가 먼저 빛에 익숙해지지 않으면 눈을 들어 태양을 볼 수 없다는 것을 가르쳐 줍니다.

온유란 영예를 받을 때나 치욕을 받을 때나 한결같은 정신을 말합니다. 온유는 아무리 귀찮아도 이웃을 위해서 묵묵히 성실하게 기도합니다. 온유는 밀려오는 파도를 부수면서 흔들림 없이 노염의 바다를 내려다보는 바위와 같습니다. 온유는 인내의 성채요, 문이요, 사랑의 근원이요, 분별의 기초입니다. "(여호와께서) 온유한 자에게 그의 도를 가르치시리로다"(시 25:9)라고 기록되어 있습니다. 온유는 우리에게 죄 사함을 얻게 해주며, 기도에 확신을 주고, 성령이 거할 장소를 만듭니다. "무릇 마음이 가난하고 심령에 통회하며 내 말을 듣고 떠는 자 그 사람은 내가 돌보려니와"(사 66:2).

온유는 순종과 나란히 접하여 일하고, 경건한 공동체를 인도하며, 광포함을 저지하고, 노염을 억제합니다. 그것은 기쁨의 종이요, 그리스도를 본받음이요, 천사들의 재산이요, 마귀들을 속박하는 굴레요, 신랄함을 막는 방패입니다. 주님은 온유한 사람들의 마음에서 쉼을 발견하십니다. 반면에 모진 영은 마귀의 거처입니다. 온유한 자는 땅을 기업으로 받고(마 5:5) 다스릴 것입니다. 그러나 심술궂은 사람들은 땅을 빼앗길 것입니다.

온유한 영혼은 단순함의 보좌이지만, 진노하는 정신은 악의 산실입니다.

온유한 영혼은 지혜로운 말에게 양보합니다. 왜냐하면 주께서 "온유한 자를 정의로 지도"(시 25:9)하시거나 지혜로 인도하실 것이기 때문입니다.

강직한 영혼은 겸손의 동반자요, 악한 영혼은 교만의 딸입니다.

온유한 영혼에게는 지혜가 가득할 것이요, 성난 정신은 무지와 어둠과 함께 거할 것입니다.

심술궂은 사람과 위선자가 만나면, 둘 사이에 정직한 말이 오가지 않습니다. 전자의 마음에서는 광포함을, 후자의 영혼에서는 악의를 발견할 수 있습니다.

단순함은 악한 생각들의 영향을 받지 않게 된 영혼 안에 있는 영속적인 습관입니다.

악은 일종의 고의적인 지식, 또는 흉한 모습의 마귀이므로 그 안에는 진리가 없습니다. 그것은 자신이 많은 사람들에게 탐지되지 않도록 피할 수 있다고 생각합니다.

위선이란 상반되는 상태에 있는 몸과 영혼이 온갖 종류의 날조된 것들에 의해 서로 얽혀있는 것을 말합니다.

순진함은 비타산적인 영혼의 상태입니다.

정직이란 순결한 생각이요, 성실한 성품이요, 인위적이거나 미리 계획된 것이 아닌 말입니다.

항상 모든 사람들을 배려하도록 피조되어 낮처럼 깨끗한 영혼은 순결합니다.

악의란 비뚤어진 정직이요, 미혹된 생각이요, 거짓말하는 성향이요, 애매한 말입니다. 악의는 거짓된 마음이요, 교활함의 심연이요, 습관화된 속임이요, 제2의 본성인 교만입니다. 그것은 겸손의 적이요, 거짓 인내요, 소진된 애통이요, 죄 고백을 거부하는 것이요, 자기의 방법을 고집하는 것입니다. 그것은 타락의 대리인이요, 부활을 방해하는 것이요, 비행을 묵인하는 것이요, 거짓 슬픔이요, 거짓 존경입니다. 그것은 사악한 삶입니다.

악한 사람은 마귀와 같은 이름을 가진 동반자입니다. 그렇기 때문에 주님은 "우리를 악에서 구하시옵소서"(마 6:13)라고 말씀하시면서, 마귀를 악한 자라고 부르라고 가르치셨습니다.

우리는 위선의 절벽, 표리부동의 웅덩이에서 빠져나와야 합니다. "악을 행하는 자들은 끊어질 것"(시 37:9)이며 "풀과 같이 속히 베임을 당할 것이며 푸른 채소같이 쇠잔할 것임이로다"(시 37:2)라는 말에 주목하십시오. 이런 부류의 사람들은 마귀들을 지지하는 무리들입니다.

사랑이라고 불리시는 하나님은 정직함이라고 불리실 수도 있습니다. 그렇기 때문에 지혜자의 아버지는 "여호와는 선하시고 정직하시니"라고 말합니다(시 25:8). 또 그는 하나님과 같은 이름을 가진 사람들이 구원을 받는다고 말합니다: "나의 방패는 마음이 정직한 자를 구원하시는 하나님께 있도다"(시 7:10). 하나님은 정직한 사람들과 의로운 사람들을 보고 찾으십니다.

꾸밈이 없는 단순함은 유아기의 첫째 특징입니다. 아담은 이것을 가지고 있는 동안에 자기 영혼의 벌거벗음이나 육체의 꼴사나움을 보지 못했습니다.

사람들이 본성적으로 소유하고 있는 단순함은 선하고 복됩니다. 그러나 힘들게 노력함으로써 사악함이 제거된 단순성은 그보다 더 좋습니다. 전자는 복합성과 정념들로부터 보호되며, 후자는 가장 큰 겸손과 온유함으로 들어가는 입구입니다. 전자에게 주어지는 상은 많지만, 후자에게 주어지는 상은 끝이 없습니다.

만일 주님이 당신 가까이 오시기를 원한다면 제자가 스승에게 다가가듯이 단순하고 정직하게, 감추는 것이나 이중성이나 호기심을 갖지 말고 주님께 다가가십시오. 주님은 단순한 분이시며, 자기에게로 오는 영혼들이 단순하고 깨끗하기를 원하십니다. 실제로 단순함은 결코 겸손과 분리된 것이 아닙니다.

악한 사람은 거짓 선지자입니다. 그는 말에서 생각을 포착하고 외모에서 마음의 진실을 포착할 수 있다고 생각합니다.

나는 선한 영혼들이 악한 사람들을 본 후에 악해지고 자신의 본성적인 단순함과 순진함을 재빨리 벗어버리는 것을 보고 놀랐습니다. 악을 행하는 사람들이 악한 길을 버리기는 어렵지만, 정직한 사람들이 타락하기는 쉽습니다. 진정으로 세상을 버리고 순종하고 입술을 지키는 것이 이에 대한 효과적인 대응책이라는 사실은 종종 증명되었습니다.

지식이 많은 사람들을 자만하게 만들 수 있다면, 무지와 학습의 부족이 사람들을 겸손하게 만들 수 있을 것입니다. 그러나 우리는 자신의 무지를 자랑하는 사람들을 발견합니다.

순진한 폴[45]에게서 훌륭한 본보기를 발견할 수 있습니다. 그는 단순함의 전형이요 척도였습니다. 그만큼 짧은 기간에 큰 진보를 이룬 사람을 찾아볼 수

---

45) 『사막교부들의 삶』(The Lives of the Desert Fathers, 은성출판사), "단순한 폴"을 참조.

없습니다.

단순한 수도사는 말을 못하지만 이성적이고 순종하는 짐승과 같습니다. 그는 자신의 영적 지도자에게 짐을 내려놓습니다. 멍에를 씌우는 주인에게 말대꾸하지 않는 짐승처럼, 정직한 영혼은 자기를 지도하는 사람에게 말대꾸를 하지 않습니다. 그는 지도자가 가라고 하는 곳으로 가며, 심지어 지도자가 그를 죽음으로 몰아가도 항의하지 않을 것입니다.

부자는 천국에 들어가기가 어렵습니다(마 19:23 참조). 또 멍청할 만큼 지혜로운 자가 단순함을 얻는 것도 어렵습니다.

종종 탈선이 영리한 사람을 구원하여 구원과 순진함을 주기도 합니다.

자신의 영리함에서 도망치십시오. 그리하면 우리 주 예수 그리스도로 말미암아 구원과 정직함을 발견할 것입니다. 아멘.

만일 당신에게 이 계단에 올라갈 힘이 있다면, 낙심하지 마십시오. 지금 구원받은 당신은 주인이신 그리스도를 본받고 있습니다.

스물다섯 번째 계단
겸손

주님의 사랑, 겸손, 순결, 신적 조명, 하나님께 대한 경외심, 마음의 확신 등을 평범한 말로 제대로 묘사할 수 있다고 생각하십니까? 이것들을 경험하지 못한 사람들에게 이것들에 대해 말하는 것이 의미가 있다고 생각하십니까? 그렇게 생각하는 것은 마치 꿀을 먹어본 적이 없는 사람에게 꿀맛을 말로 전달하려는 것과 같습니다. 그런 말은 전혀 소용이 없으며, 쓸데없는 말에 불과합니다. 주님의 사랑과 겸손과 확신 등을 경험한 적이 없는 사람에게 그것들을 말로 설명하려는 것도 그러합니다. 이는 설명을 듣는 사람이 말하는 이가 전달하는 것을 전혀 경험하지 못했거나 허영에 사로잡혀 있기 때문입니다.

이번 주제는 질그릇 같은 우리의 몸 안에 안전하게 보관되어 있는 보물을 하나의 시금석으로 제시합니다. 이 보물은 특성상 적절히 설명할 수 없는 것입니다. 그것에는 천국에서 유래했기 때문에 이해할 수 없는 서명이 새겨져 있습니다. 그렇기 때문에 그것에 대한 적절한 설명을 찾는 사람은 무한히 큰 임무에 직면할 것입니다. 그 서명은 "거룩한 겸손"입니다.

하나님의 영의 인도하심을 받는 사람들은 우리와 함께 이 신령하고 지혜로운 모임에 들어가야 합니다. 그들은 하나님께서 새기신 지식의 서판을 영적인 손으로 붙들어야 합니다. 우리는 함께 오면서 질문했습니다. 우리는 이 귀중한 서명의 의미를 찾으려고 노력해 왔습니다.

어떤 사람은 "겸손은 항상 자기의 업적을 잊는 것이다"라고 말합니다.

또 어떤 사람은 "겸손이란 세상에서 자신이 가장 중요하지 않은 사람이요 가장 큰 죄인이라는 사실을 인정하는 것이다"라고 말합니다.

또 다른 사람은 "겸손은 자신이 연약하고 무력하다는 것을 의식하는 것이다"라고 말합니다.

"겸손은 논쟁이 벌어지는 순간에 이웃을 저지하며 앞장서서 말다툼을 종식시키는 것입니다."

"겸손은 하나님의 은혜와 자비를 인정하는 것입니다."

"겸손은 통회하는 영혼의 성향이요, 자신의 의지를 포기하는 것입니다."

나는 이러한 말을 듣고 냉정하고 신중하게 생각해 보았지만 내가 들은 말을 토대로 하여서는 겸손의 덕의 의미를 제대로 파악할 수 없었습니다. 나는 말하는 데 가장 무능한 사람이었습니다. 나는 식탁 밑에서 부스러기를 주워 먹는 개처럼 복되고 유식한 교부들이 말한 것을 수집한 후에 나름대로 다음과 같이 정의해 보았습니다: "겸손은 영혼 안에 있는 것을 은혜로써 경험한 사람만 알 수 있는 이름을 가집니다. 그것은 형언할 수 없는 부요, 이름이요, 하나님이 주시는 선물입니다. 주님은 '나는 마음이 온유하고 겸손하니 내게 배우라'고 말씀하셨습니다(마 11:29). 천사나 사람이나 책에서 배우는 것이 아니라 '내게' 배우라. 즉 '네 안에 있는 나의 거처와 설명과 행동으로부터 배우면 네 영혼이 갈등으로부터 쉼을 얻고 악한 생각으로부터 해방될 것이다'라고 말씀하셨습니다."

이 거룩한 포도나무의 모습은 정념들이 활동하는 겨울, 꽃피는 봄철의 모습,

그리고 모든 덕을 추수하는 시기에 따라 각기 다릅니다. 그러나 각각의 모습에는 기쁨과 열매 맺음이라는 공통점이 있으며, 각기 장차 거둘 수확의 확실한 증거를 제공합니다. 우리 안에서 거룩한 겸손의 꽃이 피어나기 시작할 때 우리는 세상적인 칭찬과 영광을 미워하기 시작합니다. 우리는 자신에게서 격노와 격분을 제거합니다. 우리 영혼 안에서 이 덕의 여왕이 영적으로 성장하여 가지를 뻗기 시작하면, 우리는 자신의 선한 행위들을 대수롭지 않게 여기기 시작합니다. 우리는 날마다 자신이 무지하게 씨를 뿌림으로써 짐을 더하고 있다고, 우리가 받아야 할 것보다 훨씬 더 많은 선물을 하나님께서 주시기 때문에 우리가 받을 형벌이 한층 더 커진다고 생각합니다. 이런 까닭에 우리의 정신은 겸손이라는 주머니 속에 안전하게 머물면서 도둑들이 문을 두드리고 조롱하는 소리를 듣지만, 겸손이라는 든든한 금고실 안에 있기 때문에 동요하지 않습니다.

지금까지 겸손이라는 열매의 성장과 꽃핌에 관해서 철학적인 말을 해왔습니다. 주님 가까이에 있는 사람들은 주님에게서 이 거룩한 덕과 관련된 완전한 상이 무엇인지 발견해야 합니다. 왜냐하면 그 풍성한 부富는 측량할 길이 없으며 그 특성을 전할 수 없기 때문입니다. 그럼에도 불구하고 우리는 겸손의 특징들에 대한 생각을 표현하기 위해 노력해야 합니다.

초심자들의 경우 참 회개와 더러운 것이 완전히 제거된 애통과 겸손이 마치 밀가루와 이스트처럼 서로 다릅니다. 영혼은 눈에 보이는 회개에 의해서 으깨지고 정제됩니다. 참된 애통의 눈물은 그것에게 일종의 통일성을 가져다 줍니다. 더 나아가서 하나님과 섞인다고 말할 수도 있습니다. 그 후 주님의 불이 붙으면, 겸손은 교만의 누룩이 없는 빵이 됩니다. 이 모든 일의 결과는 세 겹 줄이요(전 4:12 참조), 각기 자체의 결과와 특징들을 가지고 통합되어 하나의 힘과 에너지가 된 하늘의 무지개입니다. 그 중 하나에 대해 이야기하는 것은 곧 나머지 둘을 암시적으로 의미하는 것입니다. 이제 이 말의 진리를 간단히 증명해 보려 합니다.

이 세 겹 줄의 으뜸 되는 표식은 영혼이 모욕을 기꺼이 받아들이려 하는 것, 두 팔을 벌려 환영하는 것, 그것이 마치 영혼의 질병과 심각한 죄들을 태워 없애 주는 것인 듯 영접하는 것입니다. 두 번째 표식은 노염의 제거, 그리고 그것이 제거되었다는 사실로 인해 우쭐대지 않는 겸손입니다. 세 번째 표식은 자신의 덕목들과 더 많이 배우려는 끝없는 갈망을 신뢰하지 않는 것입니다.

"그리스도는 모든 믿는 자에게 의를 이루기 위하여 율법의 마침이 되시니라"(롬 10:4). 불순한 정념의 문제를 제대로 다루지 못한 사람들에게 있어서 정념의 마지막은 허영과 교만입니다. 그것들을 죽이는 것은 영적 수사슴입니다.[46] 영적 수사슴은 자기와 함께 사는 사람을 모든 독으로부터 안전하게 지켜 줍니다. 겸손이 있는 곳에서는 위선과 비방이라는 치명적인 독이 나타나지 않습니다. 그러면 이 뱀은 어디에 둥우리를 틀고 숨을까요? 그것을 마음에서 끌어내어 죽일 수 없을까요? 겸손이 있는 곳에는 미움 · 말다툼 · 불순종의 표식이 없을 것입니다. 겸손을 신부로 삼는 사람은 유순하고, 친절하고, 양심의 가책을 쉽게 느끼고, 동정심이 많고, 어떤 상황에서도 냉정하며, 기꺼이 협조하며, 악의가 없고, 활동적입니다. 한 마디로 말해서 정념에서 해방됩니다. 주님은 우리를 비천한 가운데서 기억하시고 대적들, 다시 말해서 정념들과 불순한 것들에서 건지셨습니다(시 136:23-24).

---

46) 수사슴이 뱀이 사는 굴에 콧김을 불어넣어 굴에서 나오게 만든 후에 뱀을 죽인다고 생각되었다(cf. Origen, *Hom.* 2, 11 in Cant.: PG 13, 56C).

겸손한 수도사는 신비한 것들에 몰두하지 않습니다. 그러나 교만한 수도사는 은밀하게 하나님을 판단하느라 바쁩니다.

언젠가 마귀들이 형제들 중에서 가장 분별력이 있는 형제를 한껏 칭찬했습니다. 마귀들은 심지어 눈에 보이는 형태로 그 형제에게 나타나기도 했습니다. 그러나 이 지혜로운 형제는 마귀들에게 이렇게 말했습니다: "만일 너희들이 내 마음의 생각들을 통해 나를 칭찬하는 일을 중단한다면, 너희들이 나에게서 떠났다는 사실 때문에 나는 나 자신을 위대하고 탁월하다고 생각할 것이다. 그러나 마음이 교만한 사람들은 모두 하나님 앞에서 부정하므로, 만일 너희들이 계속 나를 칭찬한다면 나는 스스로를 매우 부정하다고 생각해야 한다(잠 16:5 참조). 그러니 나에게서 떠나가라. 그러면 내가 위대해질 것이다. 그렇지 않고 나를 칭찬한다면, 나는 너희들의 도움을 받아 더욱 겸손해질 것이다." 마귀들은 이 딜레마를 풀지 못한 채 사라졌습니다.

당신의 영혼이 인생이라는 개울에 패인 구덩이가 되어 어떤 때는 교만과 허영으로 가득 차고, 어떤 때는 그것의 열기에 의해 말라버리지 않게 하십시오. 당신의 영혼이 무정념의 수원水源이 되어 거기서 솟아나는 물이 가난의 강으로 흘러 들어가야 합니다. 영의 곡식과 열매가 골짜기에 가득 차게 될 것을 기억하십시오(시 65:13 참조). 골짜기란 고역과 덕의 산들 사이에서 겸손해진 영혼입니다. 성경은 우리가 자신을 낮추면 여호와께서 속히 구원하신다고 말합니다.

회개는 우리를 들어 올려 주고, 애통은 천국 문을 두드리며, 거룩한 겸손은 그 문을 엽니다. 나는 통일체이신 삼위와 삼위 안에 계신 통일체를 예배합니다.

태양은 눈에 보이는 모든 것을 밝혀줍니다. 겸손은 모든 행동을 가로질러 이성에 도달합니다. 빛이 없는 곳에서는 모든 것이 어둠 속에 있습니다. 겸손이 없는 곳에서는 모든 것이 부패합니다.

우주에는 단 한 번 태양을 목격한 특별한 장소가 있습니다. 겸손을 일으킨 특별한 생각이 있습니다. 온 세상을 기쁘게 한 특별한 날이 있었습니다. 또 마귀들이 모방할 수 없는 특별한 덕이 있습니다.[47)]

우쭐대는 것과 우쭐대지 않는 것이 다르며, 자신을 낮추는 것은 완전히 다릅니다. 항상 사람들을 비판하는 사람이 있고, 자기 자신이나 다른 사람을 비판하지 않는 사람이 있으며, 실제로 죄가 없는데도 항상 자기 자신을 비판하는 사람이 있습니다.

겸손한 것, 겸손하려고 노력하는 것, 겸손한 사람을 칭찬하는 것은 각기 다릅니다. 겸손한 것은 완전한 사람들의 표식이며, 겸손하려고 노력하는 것은 순종하는 사람들의 표식이며, 겸손한 사람을 칭찬하는 것은 신실한 사람들의 표식입니다.

내면적으로 참으로 겸손한 사람의 말과 행동은 다르지 않을 것입니다. 보물 창고 안에 없는 것을 창고 밖으로 내올 수 없는 법입니다.

홀로 지내는 말은 종종 자신이 빨리 달린다고 상상하지만, 무리 속에 있으면 자신이 얼마나 느린지 깨닫게 됩니다.

---

47) 고전 주석자들은 이 인유(引喩)들 중 두 가지를 다음과 같이 설명한다: "특별한 장소는 이스라엘이 건너간 홍해 바닥이다. 특별한 기쁨의 날은 우리 구주께서 부활하신 날이다. 그 날 인류는 지옥의 영원한 속박에서 해방되었다. 그 날이 수태고지의 날이라고 말하는 사람도 있고, 노아 일행이 방주에서 나온 날이라고 말하는 사람들도 있다"(Scholion 10[1005B]). 라이투의 요한(John of Raithu)의 것으로 알려진 다른 고전 주석에 의하면, 특별한 생각은 "끊임없이 죽음을 생각하는 것, 영원한 심판과 십자가와 그리스도의 죽음을 생각하는 것"이다(PG 88, 1236C). 특별한 덕은 겸손이다.

영적 건강의 첫째 징후는 자신의 성향에 대한 오만한 의식이 우리의 생각을 채우지 않는 것입니다. 콧속에 교만의 악취가 남아있으면, 몰약의 향기를 느낄 수 없습니다.

거룩한 겸손은 이렇게 말했습니다: "나를 사랑하는 사람은 다른 사람을 정죄하거나 판단하거나 다른 사람 위에 군림하거나 자신의 지혜를 과시하지 않고 나와 결합할 것이다. 참으로 나와 연합한 사람은 율법의 속박을 받지 않는다."

언젠가 마귀들이 겸손을 얻기 위해 노력하고 있는 어느 수도사의 마음속에서 칭찬을 속삭이기 시작했습니다. 그러나 하나님께서는 이 수도사로 하여금 거룩한 속임수를 사용하여 이 악령들의 교활함을 물리치게 하셨습니다. 수도사는 일어나서 수실 벽에 완전한 사랑, 거룩한 겸손, 순수한 기도, 침범할 수 없는 순결 등 주요한 덕의 이름들을 썼습니다. 그는 허영이 가득한 생각들 때문에 자만해지기 시작할 때마다 "와라! 우리 함께 심판을 받으러 가자"라고 말하곤 했습니다. 그는 벽 쪽으로 가서 그곳에 적힌 덕의 이름들을 읽으면서 "네 안에 이 모든 덕을 소유한다면, 너 자신이 하나님으로부터 얼마나 멀리 떨어져 있는지 정확하게 의식할 것이다"라고 자신에게 소리치곤 했습니다.

우리는 태양의 힘과 본성을 묘사할 수 없으며, 단지 태양의 특성들과 영향들을 토대로 하여 본질을 추론할 수 있을 뿐입니다. 겸손도 그렇습니다. 겸손은 우리를 보호하여 자신의 업적을 보지 못하게 하려고 하나님이 주시는 것입니다. 그것은 도둑이 들어올 수 없는 곳, 자기비하의 심연입니다. 그것은 원수를 대적하는 튼튼한 망대입니다. "원수가 그에게서 강탈하지 못하며 악한 자가 그를 곤고하게 못하리로다 내가 그의 앞에서 그 대적들을 박멸하며 그들 미워하는 자들을 치며"(시 89:22-23) 저그를 미워하는 자들을 도망치게 만들 것입니다.

  이 보물을 소유한 위대한 사람의 영혼 안에는 위에서 언급한 것들 외에 다른 특성들이 있습니다. 이것들은 하나를 제외하고는 모두 이 부富의 분명한 표식입니다. 기도에 대해 무어라고 묘사할 수 없는 사랑과 말로 표현할 수 없는 풍성한 빛을 경험할 때 우리는 내면에 이 거룩한 선물을 소유하며, 길을 잃지 않는다는 것을 알게 될 것입니다. 마음으로 사람들의 선물을 비판하지 않는다면, 이 단계에 이르기 전에도 그것을 소유할 수 있을 것입니다. 지금까지 묘사한 것의 전조前兆는 허영심을 미워하는 것입니다.

  자기의 영혼에 대한 충분한 의식과 더불어 자신을 알게 된 사람은 좋은 땅에 씨를 뿌린 사람입니다. 이렇게 씨를 뿌리지 않은 사람의 내면에서 겸손의 꽃이 피어나기를 기대할 수 없습니다. 자아에 대한 지식을 획득한 사람은 주님에 대한 경외심을 이해하고, 이 경외심의 도움을 받아 사랑의 입구에 도착한 사람입니다. 겸손은 천국으로 들어가는 문으로서 가까이 오는 사람들에게 활짝 열립니다. 나는 그것이 주님이 "내가 문이니 누구든지 나로 말미암아 들어가면 구원을 받고 또는 들어가며 나오며 꼴을 얻으리라"(요 10:9)고 말씀하신 것이라고 믿습니다. 다른 문으로 수도생활을 시작한 사람은 자기 생명을 훔치는 도둑이요 강도입니다.

  명철 얻기를 원하는 사람은 쉬지 않고 자신을 성찰해야 합니다. 만일 이웃이 모든 면에서 자기보다 우월하다는 것을 깨닫는다면, 분명히 하나님의 자비가 가까이에 있을 것입니다.

  눈이 불로 변할 수 없습니다. 이단자 안에 겸손이 거할 수 없습니다. 겸손은 정화된 경건한 사람들과 신실한 사람들에게 속한 것입니다.

  대부분의 신자들은 스스로 죄인이라고 묘사하곤 하며, 실제로 그렇게 생각할 것입니다. 그러나 모욕을 받을 때 마음의 참된 상태가 드러납니다.

겸손의 평화로운 항구를 간절히 원하는 사람은 그곳에 도착하기 위해 가능한 모든 일을 쉬지 않고 행할 것입니다. 그는 말과 생각, 고찰과 설명, 질문과 탐구, 기도와 간구, 묵상과 침잠 등을 행하면서 멸시와 치욕을 당하고, 수고하면서 하나님의 도움을 받아 앞으로 나아갈 것입니다. 그는 항상 폭풍이 이는 허영의 바다에서 항해하며 영혼의 배를 끌어낼 것입니다. 이 죄에서 구함을 받은 사람은 성경에 등장하는 세리처럼 다른 모든 죄들을 쉽게 용서받습니다.

어떤 사람은 죽을 때까지 과거의 악행들을 생각함으로써 교만을 몰아내는데, 이미 사함을 받은 그 악행들이 지금은 겸손의 박차 역할을 합니다. 또 어떤 사람들은 그리스도의 수난을 기억하면서 스스로 영원히 빚진 자라고 생각합니다. 또 어떤 사람들은 끊임없는 유혹과 약함과 죄에 의해서 이 은혜의 원천을 소유하게 됩니다.[48] 오늘날도 찾아볼 수 있을지 알 수 없지만, 어떤 사람들은 하나님에게서 받은 은혜에 비례하여 자신을 낮추며, 자신이 그러한 은혜를 받을 자격이 없다는 의식을 가지고 살기 때문에 자신이 날마다 더 많은 빚을 진다고 생각합니다. 그것이 참된 겸손, 참된 복, 참된 상입니다! 이 복된 길로 여행하는 사람들은 짧은 기간에 무정념의 정상에 도달한다고 확신해도 좋습니다.

사랑과 겸손은 거룩한 팀을 이루어 작용합니다. 사랑은 칭찬하며, 겸손은 칭찬받은 사람을 교만하지 않게 도와줍니다.

통회와 자기인식과 겸손은 각기 다릅니다. 통회는 배교의 결과입니다. 배교

---

48) 다른 역본에서는 이 문장을 다음과 같이 표현한다: "다른 사람들은 자기들을 공격하는 시험과 연약함과 죄의 결과인 교만을 죽였습니다."

했던 사람은 끊임없이 울면서 오만함이 없이 기도합니다. 그리고 절망을 몰아내기 위해서 끈질기게 희망에 매달립니다. 자기인식은 자신의 영적 진보에 대한 명민한 개념입니다. 그것은 자신이 범한 지극히 작은 죄들을 확실히 기억하는 것입니다.

겸손은 자격이 있다고 여겨지는 영혼의 내면 침실로 인도된 신부와 같으신 그리스도의 영적 가르침입니다. 그것은 무어라 묘사할 수 없는 것이기도 합니다.

한 사람이 자신의 내면에서 이 몰약의 향기를 맡고 있다고 말합니다. 어떤 사람이 우연히 그를 칭찬합니다. 만일 그가 조금이라도 마음의 동요를 느끼거나 상대방이 하는 말의 의미를 완전히 파악한다면, 그의 생각은 분명히 잘못된 것이므로 그 사실에 대해 망상을 갖지 않도록 해야 합니다.

언젠가 어떤 사람이 우리의 이름이 아닌 여호와의 이름을 찬양해야 한다고 진지하게 말했습니다. 그는 인간이 본성적으로 칭찬을 받으면 해를 입는다는 것을 잘 알고 있었습니다. "큰 회중 가운데에서 나의 찬송은 주께로부터 온 것이니"(시 22:25). 칭찬 받는 것은 위험한 일입니다.

칭찬을 받기 위해 소유하지도 않은 덕을 소유한 것처럼 보이는 것은 극단적인 교만의 한계와 척도를 나타내는 특징입니다. 최고의 겸손의 표식은 실제로 소유하지 않은 약점들을 자기의 것이라고 주장하여 자신을 낮추는 것일 것입니다. 이것은 사부 시몬이 손에 빵과 치즈를 들고서 행한 일입니다.[49] 이것은 사라피온이 모든 육적인 욕정에서 해방되었음에도 불구하고 벌거벗은 채 마

---

[49] 『사막교부들의 금언』(The Sayings of the Desert Father, 은성출판사), 사부 시몬을 참조하라.

을을 걸어 다니면서 행한 방식입니다.[50] 이러한 사람들은 기도를 통해서 눈에 보이지 않게 모든 사람들을 안심시키는 능력을 받았기 때문에 물의를 일으키는 것에 대해 염려하지 않습니다. 비방을 두려워하는 것은 기도의 능력 부족을 나타내는 것입니다. 하나님께서 우리의 기도를 들어주려 하신다면, 우리는 어떤 일이든지 성취할 수 있습니다.

하나님께 범죄하기보다는 사람에게 범죄하는 편이 낫습니다. 우리가 헛된 자만심을 박멸하기 위하여 모욕을 자초하는 것을 보실 때 하나님은 기뻐하십니다. 이런 종류의 덕은 세상을 완전히 포기하는 데서 오는 것으로서 위대한 사람들만이 모욕을 참고 견딜 수 있습니다. 누구도 한 걸음에 사다리를 오를 수 없습니다. 이 문제에 있어서 사람들이 우리를 하나님의 제자로 인정하는 것은 마귀들이 우리에게 복종했기 때문이 아니라 우리의 이름이 겸손의 하늘에 기록되었기 때문일 것입니다(눅 10:20 참조).

열매가 달리지 않은 나뭇가지는 하늘을 향해 뻗지만, 열매가 많이 달린 가지는 아래로 휘어집니다.

거룩한 겸손은 하나님으로부터 삼십 배, 육십 배, 백배의 열매를 맺는 능력을 받습니다. 첫 단계는 누구나 올라갈 수 있고, 둘째 단계는 용감한 사람들이 올라갈 수 있으며, 마지막 단계는 무정념한 사람들만 올라갈 수 있습니다.

자기 자신을 알게 된 사람은 어리석게 자기의 능력이 닿지 않는 것을 이루려 하지 않으며, 그렇기 때문에 겸손의 길에서 벗어나지 않습니다.

새들이 매를 두려워하듯이 겸손을 실천하는 사람은 논쟁을 두려워합니다.

---

50) 팔라디우스의 『초대 사막 수도사들의 이야기』(Palladius, The Luasiac History, 은성출판사), 사라피온(Sarapion)을 참조하라.

많은 사람들이 예언, 계몽, 표적, 기사㗣事 등의 도움이 없이 구원을 얻었지만, 겸손이 없으면 누구도 신방에 들어가지 못할 것입니다. 왜냐하면 겸손은 그러한 은사들의 관리인이기 때문입니다. 그러한 은사들은 겸손이 없는 경솔한 사람들에게 재앙을 가져다 줄 것입니다.

우리가 자신을 낮추려 하지 않기 때문에, 하나님은 우리로 하여금 자신의 허물들을 이웃만큼 분명히 볼 수 없게 하셨습니다. 이런 까닭에 우리는 자신의 치유에 대해서 우리 자신이 아닌 이웃과 하나님께 감사해야 합니다.

겸손한 사람은 자신의 의지를 잘못의 근원이라고 여겨 미워할 것입니다. 그는 확고한 믿음으로 주님께 청원하면서, 자신이 행해야 할 것과 순종해야 할 대상을 알게 됩니다. 그는 선배들의 생활방식을 자세히 조사하면서 시간을 허비하지 않으며, 나귀를 사용하여 발람에게 행해야 할 일을 가르치신 하나님에게 모든 짐을 맡깁니다. 이러한 사람은 결코 자신을 신뢰하지 않으며, 그의 생각과 말과 행동이 모두 하나님의 뜻을 향합니다. 교만한 사람이 명령을 짐으로 여기듯이 겸손한 사람은 자만을 가시로 여깁니다.

천사의 특징은 속아서 죄를 범하지 않는다는 사실이라고 생각됩니다. 나는 세상의 천사[51]에게서 다음과 같은 말을 듣습니다: "내가 자책할 아무것도 깨닫지 못하나 이로 말미암아 의롭다 함을 얻지 못하노라 다만 나를 심판하실 이는 주시니라"(고전 4:4). 그러므로 우리가 신중하게 선택된 굴욕에 의해서 의식하지 않은 죄에 빠지지 않도록 보호를 받으려면 항상 자신을 비판하고 정죄해야 합니다. 만일 이렇게 행하지 않는다면, 죽을 때 호된 벌을 받을 것입니다.

---

51) 헬라어 천사는 메신저를 의미한다.

용서를 구한 세리가 구원받은 데서 볼 수 있듯이, 하나님께 요청해야 할 것보다 적게 요청하는 사람은 분명히 많은 것을 받을 것입니다(눅 18:1-14참조). 주님과 함께 십자가에 달린 강도는 단지 하늘나라에서 자기를 기억해 달라고 요청했지만 낙원 전체를 유업으로 받았습니다(눅 23:43 참조).

피조세계에서는 작은 불이 동시에 큰 불일 수 없습니다. 겸손도 순수한 것이면서 동시에 세상적인 경향을 소유할 수 없습니다.[52] 고의적으로 죄를 짓는 것은 그 사람의 내면에 물질적인 것이 있다는 표식이며, 그러한 사람은 참된 겸손을 소유하지 못합니다.

주님은 영혼의 덕이 표면적인 행위에 의해 형성된다는 것을 알고 계셨습니다. 그러므로 주님은 수건을 두르고 제자들의 발을 씻어주심으로써 겸손의 길을 걸어가는 방법을 보여주셨습니다(요 13:4). 영혼은 몸이 행하는 것에서부터 형태를 취하고 그에 순응하면서 형성됩니다. 천사들 중 하나는 다스리는 자라는 사실 때문에 교만해졌습니다. 이런 이유 때문에 원래 그에게 그러한 특권이 주어진 것이 아니었습니다.

보좌에 앉은 사람의 행동방식과 거름더미 위에 앉은 사람의 행동방식은 다릅니다. 그것이 위대하고 의로운 사람 욥이 도시 밖 거름더미에 앉았던 이유일 것입니다. 철저히 비천해진 욥은 "제 말이 잘못되었음을 깨닫고 티끌과 잿더미에 앉아 뉘우칩니다"라고 말했습니다(욥 42:6).

므낫세는 다른 사람들과는 다른 죄를 범했습니다. 즉 그는 우상들로 하나님의 성전을 더럽히고 거룩한 예전을 오염시켰습니다(왕하 21:4). 온 세상의 금

---

[52] 이 문장의 의미는 분명하지 않으며, 다음과 같이 번역할 수도 있을 것이다: "작은 불이거나 큰 불이거나, 날 때부터 피조물 안에 존재하는 불을 볼 수 없다. 마찬가지로 참된 겸손 안에서는 죄의 흔적을 볼 수 없다."

식으로도 그의 죄를 보상할 수 없었겠지만, 겸손은 치료할 수 없는 그의 상처를 치료해 줄 수 있었습니다. 다윗은 이렇게 말합니다: "주께서는 제사를 기뻐하지 아니하시나니 그렇지 아니하면 내가 드렸을 것이라 주는 번제를 기뻐하지 아니하시나이다 하나님께서 구하시는 제사는 상한 심령이라 하나님이여 상하고 통회하는 마음을 주께서 멸시하지 아니하시리이다"(시 51:16-17). 겸손은 간음과 살인을 뒤따라가면서 하나님께 "내가 여호와께 죄를 범하였노라"고 소리쳤고, "여호와께서도 당신의 죄를 사하셨나이다"라는 응답을 받았습니다(삼하 12:13).

교부들은 육체의 노동이 겸손에 이르는 방법이요 기초라고 선언했습니다. 나는 여기에 순종과 정직한 마음을 더합니다. 왜냐하면 이것들은 본래 자기 강화와 반대되기 때문입니다.

교만이 천사들 중 몇을 마귀로 변화시킨다면, 겸손은 귀신들을 천사로 만들 수 있습니다. 죄인들이여, 그러므로 용기를 내십시오.

겸손의 정상, 또는 적어도 산기슭에 도달하기 위해 힘껏 노력하십시오. 그것이 어렵다면, 겸손의 산의 지맥支脈에서 굴러 떨어지지 않도록 하십시오. 거기서 굴러 떨어진 후에는 종류를 불문하고 영속적인 은사를 거의 받지 못할 것입니다.

겸손에는 나름의 표식들이 있습니다. 또 다음과 같은 나름의 원동력과 방법이 있습니다: 가난, 세상을 버리고 떠남, 자기의 지혜를 감춤, 단순한 말, 구제, 자신의 고귀한 태생을 멸시함, 자유롭고 편안한 관계를 배제함, 잡담을 멀리함.

거지의 생활과 가난만큼 영혼을 겸손하게 만들 수 있는 것은 없습니다. 과시의 가능성을 멀리한다면, 우리는 자신이 참으로 지혜를 사랑하는 사람임을 나타낼 것입니다.

어떤 정념을 대적하여 싸우기 원한다면, 겸손과 동맹을 맺으십시오. 겸손이 죄와 낙심이라는 뱀을 짓밟을 것이며, 육체의 악함과 교활함이라는 사자와 뱀을 짓밟을 것입니다(시 91:13참조).

겸손은 심연에 빠진 영혼을 높이 하늘로 들어 올려줄 수 있는 거룩한 물기둥입니다.

어떤 사람이 마음으로 겸손이 얼마나 아름다운지를 발견하고는 놀라서 겸손에게 그 어미의 이름을 물었습니다. 겸손은 평온하게 미소를 지으면서 말했습니다. "어찌하여 성급하게 내 어미의 이름을 알려 합니까? 그분에게는 이름이 없으며, 당신이 하나님을 소유하기 전에는 그분을 당신에게 드러내지 않겠습니다. 하나님께 영원히 영광이 있을지어다." 아멘.

바다는 샘의 근원이요, 겸손은 분별의 근원입니다.

스물여섯 번째 계단

분별

 초심자들의 분별은 참된 자기인식입니다. 완덕에 이르는 길의 중간 단계에 있는 사람들의 분별은 참으로 선한 것과 본질적으로 선을 반대하는 것을 확실히 구분하는 영적 능력입니다. 완전한 사람들의 분별은 신적 조명의 결과로 얻는 지식으로서 그 빛으로 사람들의 내면에 있는 어두운 것을 비춰 줄 수 있습니다. 일반적으로 분별이란 항상, 모든 장소에서, 모든 일에 있어서 하나님의 뜻을 확실히 이해하는 것으로서 마음과 몸과 말이 깨끗한 사람들에게서만 발견됩니다.

 내면에서 세 가지 정념을 죽인 사람은 다섯 가지 정념도 죽인 사람입니다.[53] 만일 세 가지 정념 중 하나를 방치한다면, 단 하나의 정념도 극복할 수 없을 것입니다.

 분별은 부패하지 않은 양심입니다. 그것은 순수한 인식입니다.

 수도생활을 하면서 본성을 초월하는 힘을 가진 것을 보거나 들을 때 무지함

---

53) 에바그리우스의 주장에 의하면, 세 가지 주된 악한 생각은 탐식과 허영과 탐욕이다. 이 세 가지로부터 다섯 가지 정념, 즉 음란, 낙담, 교만, 슬픔, 노염 등이 나온다.

때문에 믿지 못하는 사람은 없습니다. 초자연적인 하나님이 거하시는 곳에서는 초자연적인 것이 많이 발생합니다.

우리 안에서 일어나는 좋지 않은 큰 동요의 원인은 부주의와 교만 또는 마귀들의 시기 등인데, 이것들은 서로 관련되어 있습니다. 부주의는 가련한 것이요, 교만은 통탄스러운 것이지만, 마귀들의 시기는 복된 것입니다.

바람이 부는 방향을 알고 그에 따라 항해하려면, 매사에 양심을 하나님께 향하도록 하는 것을 목표와 척도로 삼으십시오.[54)]

하나님을 기쁘시게 하려는 우리의 노력을 방해하려고 마귀들은 세 가지 올무를 놓습니다. 첫째, 마귀들은 모든 종류의 가치 있는 성취를 방해하려 합니다. 만일 그 일에 실패하면, 우리가 행하는 것이 하나님의 뜻과 일치하지 않는다고 믿게 만들려 합니다. 둘째 함정도 실패하면, 마귀들은 우리 영혼 앞에 잠잠히 서서 우리가 모든 면에서 하나님이 원하시는 대로 살고 있다는 사실을 칭찬합니다. 첫째 올무는 열심과 죽음에 대한 두려움에 의해서, 둘째 올무는 순종과 자기비하에 의해서, 셋째 올무는 쉬지 않고 자신을 정죄함으로써 대적해야 합니다. "하나님의 불이 우리의 성소에 들어오지 않는 한 우리는 이 일에서 승리하지 못할 것입니다"(시 73:16-17참조). 하나님의 불이 우리의 성소에 들어오면, 우리의 성향들이 우리를 속박하지 못할 것입니다. 하나님은 모든 욕정들, 정념들의 꿈틀거림, 모든 성향, 마음 안팎의 가시적인 것과 영적인 완

---

54) 고전 주석가는 다음과 같이 주석한다: "배는 때로 외부로부터 불어오는 폭풍 때문에 가라앉고, 때로는 배 안에 물이 새어 들어오는 것 때문에 가라앉는다. 우리도 때로는 외적으로 범한 죄로 말미암아 멸망하고, 때로는 내면의 악한 생각들에 의해서 멸망한다. 그러므로 우리는 영들의 외적인 공격을 경계하며, 내면의 악한 생각들을 중지해야 한다. 지혜롭게 악한 생각들을 대적하여 더욱 노력해야 한다"(*Scholion* 4[1037AB]).

악함을 태워 없애시는 불이십니다.

마귀들은 이것들과는 반대되는 것들을 초래합니다. 그것들은 영혼을 붙잡고 정신의 불을 꺼버리기 때문에 우리는 불쌍하게도 자신에게 분별이나 냉정, 자기인식이나 수치심이 부족하다고 여기며, 무관심과 무감각, 분별의 부족과 맹목성을 품게 됩니다.

음란을 버리고 순결하게 된 사람, 혀를 제어하고 무례를 버리고 겸손해진 사람들은 이것을 잘 압니다. 그들은 언제 정신이 정화되고 무감각함이 종식되었는지, 또 정신의 훼손 및 그들의 눈이 멀었을 때 행한 것과 말한 것으로 인해 그들에게 가득 찼던 수치가 언제 치유되었는지를 압니다.

만일 우리 영혼의 낮이 저물어 어두워지지 않는다면, 도둑이 들어와서 영혼을 강탈하거나 죽이지 못할 것입니다.

강도행위는 영혼의 숨겨진 속박입니다. 영혼을 죽이는 것은 악한 길에 빠진 이성적 정신의 죽음입니다. 멸망이란 하나님의 법을 범한 후에 스스로 절망하는 것입니다.

복음서에서 요구하는 것을 행할 능력이 없다고 항변해서는 안 됩니다. 왜냐하면 복음서에서 명령하는 것보다 더 많은 것을 성취한 영혼들이 있기 때문입니다. 주께서 명하시지 않았는데도 이웃을 제 몸보다 더 사랑하며 그를 위해 목숨을 버린 사람에 대한 이야기를 참작한다면, 이 진리를 납득할 수 있을 것입니다.[55]

정념들에게 쉽게 정복된 사람들은 용기를 내야 합니다. 비록 그들이 미끄러

---

[55] 카파도키아의 사부 레오. 그는 사로잡힌 세 명의 수도사를 위해서 목숨을 버렸다. John Moschus, *Pratum Spirituale*, ch. 112을 보라.

져서 온갖 구덩이에 빠진다 해도, 모든 덫에 걸린다 해도, 온갖 질병에 걸린다 해도, 건강을 회복한 후에는 모든 사람들에게 빛이 되며 의사가 되며 횃불이 됩니다. 그들은 우리에게 고질병의 특징을 가르쳐주며, 자신의 경험을 토대로 하여 타락하려는 사람들을 구할 수 있습니다.

과거의 좋지 않은 습관들에 여전히 잡혀있지만 가르칠 능력이 있는 사람들은 말에 의해서만 가르쳐야 합니다(그들에게 권위 있는 지위를 부여해서는 안 됩니다). 그들은 말 때문에 수치를 당하면 마침내 자신이 전파한 것을 실천하기 시작할 수도 있습니다. 내가 목격했던 바, 늪에 빠져 꼼짝하지 못한 사람에게 발생한 일이 그들에게 발생할 수도 있을 것입니다. 늪에 빠진 그들은 지나가는 사람들에게 자신이 늪에 빠진 경위를 이야기하면서 그것이 그들로 하여금 늪에 빠지지 않고 구원을 받게 하기 위한 것이라고 경고했습니다. 전능하신 하나님은 다른 사람들을 구원하시기 위해서 그들을 늪에서 구하셨습니다.

한편 정념들의 지배를 받으며 자발적으로 쾌락을 포용하는 사람은 침묵함으로써 교훈이 되어야 합니다. 예수님은 "행하시며 가르치시기를 시작"하셨습니다(행 1:1).

겸손한 수도사들은 위험한 바다, 즉 바람과 암초들과 소용돌이, 해적들, 바다회오리, 얕은 곳, 괴물들과 파도 등이 가득한 바다를 항해해야 합니다. 영혼 안의 암초는 격렬하고 갑작스러운 노염입니다. 소용돌이는 사방에서 정신을 사로잡아 깊은 절망 속으로 끌고 가려 하는 자포자기입니다. 얕은 곳이란 악한 것을 이용하는 무지입니다. 해적은 우리의 뱃짐, 즉 어렵게 얻은 덕들을 빼앗아가는 허영의 종입니다. 파도는 탐식하여 우리를 짐승에게 내주는 식욕입니다. 바다회오리는 우리를 천국에서 내동댕이쳤다가 하늘로 끌고 올라가 다시 가장 깊은 곳으로 내던지는 교만입니다.

교육전문가들은 초심자들과 중간 단계의 사람들과 교사들에게 적합한 프로그램들을 구분할 수 있습니다. 초심자의 단계에서 과도하게 오랜 시간을 보내지 말아야 합니다. 노인이 유치원에 다니는 것은 부끄러운 일일 것입니다.

다음은 모든 사람들에게 적용할 수 있는 알파벳입니다: A – 순종, B – 금식, Γ – 베옷, Δ – 재, E – 눈물, Z – 죄고백, H – 침묵, Θ – 겸손, I – 철야, K – 용기, Λ – 추운 곳, M – 노력, N – 힘든 일, Ξ – 모욕, O – 통회, Π – 부당한 일을 잊음, P – 형제우애, Σ – 온유, T – 의심하지 않는 단순한 믿음, Υ – 세상 염려로부터의 자유, Φ – 부모를 미워하지 않으면서 거부함, X – 초연(이탈), Ψ – 어린아이 같은 단순성, Ω – 자발적인 자기비하.

상급 단계의 사람들의 경우에 훌륭한 계획이요 발전의 전조는 다음과 같습니다: 허영의 부재, 노염으로부터의 자유, 선한 희망, 침묵, 분별, 항상 심판을 생각함, 동정심, 환대, 관대한 판단, 무정념한 기도, 탐욕의 부재.

육체 안에 있으면서 영적으로나 육적으로 완전을 목표로 하는 사람들을 위한 척도와 규칙과 법은 다음과 같습니다: A – 속박 받지 않는 마음, B – 완전한 사랑, Γ – 겸손의 샘, Δ – 초연한 정신, E – 그리스도의 내주內住, Z – 빛과 기도의 보증, H – 신적 조명의 유출, Θ – 죽음을 바람, I – 삶에 대한 증오, K – 육신으로부터의 도피, Λ – 세상을 위한 특사特使, M – 끈질기게 하나님께 조름, N – 천사들의 동역자, Ξ – 심오한 지식, O – 신비들의 거처, Π – 거룩한 비밀들의 관리인, P – 사람들의 구조자, Σ – 마귀들을 정복하는 자, T – 정념들을 다스리는 자, Υ – 몸의 주인, Φ – 본성을 통제하는 자, X – 죄를 모르는 자, Ψ – 무정념의 안식처, Ω – 하나님의 도움을 받아 주님을 본받는 자.

특히 병들었을 때에 방심하지 말아야 합니다. 마귀들은 우리가 병에 걸리면 연약하여 전처럼 그들을 대적할 수 없다는 것을 알고 우리를 맹렬하게 공격합니다. 병들었을 때 세상에 사는 사람들 주위에서 노염의 마귀와 불경의 마귀가 발견됩니다. 경건한 생활을 하면서도 필요한 모든 물질을 소유하고 있는 사람들은 탐식의 마귀와 음란 마귀의 공격을 받을 수 있습니다. 반면에 편안한 생활을 버리고 살아가는 금욕고행자들은 낙담과 배은망덕의 공격에 시달릴 것입니다.

음란의 늑대는 병상에 누워 있는 병자의 고통을 증가시키고 육체를 자극하고 누정漏精을 초래하기도 합니다. 놀랍게도 육체는 고통을 겪으면서도 격분하고 색정을 일으킬 수 있습니다. 그러나 어떤 병자들은 하나님의 능력이나 양심의 가책의 작용에 의해서 위로를 받으며, 또 위로를 받았기 때문에 고통을 억제하며, 심지어 병의 회복을 원하지 않는 경향을 나타내기도 합니다. 어떤 사람은 중병 때문에 영혼의 정념에서 해방됩니다. 그것을 보면 흙으로 흙을 깨끗하게 하시는 하나님을 찬양할 수밖에 없습니다.

영적인 것을 원하는 정신은 우리가 항상 소유하기 위해 노력해야 하는 영적 지각知覺을 부여받습니다. 영적 지각을 부여받으면, 우리의 감각은 본성적인 활동을 단념합니다. 그렇기 때문에 어느 지혜로운 사람은 "당신은 신적인 것을 깨달을 것입니다"라고 말했습니다.

수도생활은 말, 행동, 움직임, 생각 등에 있어서 통찰력이 있는 마음을 가지고 실천해야 합니다.[56] 그렇지 않은 삶은 수도적이거나 거룩하지 못할 것입니

---

56) 고전 주석가는 다음과 같이 덧붙인다: "왜냐하면 수도사는 자신의 모든 움직임, 심지어 생각의 움직임까지도 주의깊게 조사해야 하기 때문이다"(*Scholion* 18 [1040D]).

다.

우리는 하나님의 섭리, 도움, 보호, 자비, 위로 등을 구분해야 합니다. 하나님의 섭리는 자연 전체 안에 나타나며, 도우심은 신실한 자들에게만 주어지며, 보호하심은 살아 있는 믿음을 가진 신자들에게 주어지며, 자비는 하나님을 섬기는 사람들에게 주어지며, 위로는 하나님을 사랑하는 사람들에게 주어집니다.

어떤 사람에게는 약이 되는 것이 다른 사람에게는 독이 될 수 있으며, 어떤 것은 동일한 사람에게 있어서도 때에 따라 약이 되기도 하고 독이 되기도 합니다. 병들었지만 통회하는 사람에게 치욕을 주어 절망하게 만드는 무능한 의사가 있고, 치욕의 칼로 오만한 마음을 절제하고 고약한 냄새가 나는 고름을 완전히 짜내는 유능한 의사가 있습니다. 순종의 약을 복용하고 깨어 움직이고 거동함으로써 더러움을 씻으려고 노력하는 병자가 있습니다. 그 사람은 영혼의 눈이 병들면 움직이지 않고 소리치지도 않고 침묵합니다. "들을 귀가 있는 자는 들을지어다"(눅 14:35).

나는 하나님의 선물들을 꼬치꼬치 캐낼 만큼 교만하지 않기 때문에, 어떤 사람들이 선천적으로 절제, 침묵, 순결, 겸손, 온유, 통회 등으로 기우는 듯한 이유를 말할 수 없습니다. 어떤 사람들은 이것들을 얻기 위해서 자신의 본성을 대적하여 힘들게 싸워야 합니다. 그들은 능력을 최대한 발휘하지만 때로는 실패합니다. 자신의 본성을 대적하여 싸워야 한다는 사실이 그들을 첫째 부류의 사람들보다 고등한 범주에 속하게 하는 듯합니다.

노력하지 않고 얻은 재산을 자랑하지 마십시오. 우리에게 선한 것을 주시는 하나님은 우리가 해를 입거나 약해지거나 멸망할 수도 있다는 것을 미리 아시기 때문에, 우리가 받을 자격이 없지만 그러한 선물을 통해 우리를 도와주십니다.

어려서 배우고 익힌 학문은 우리가 장성하여 수도생활을 하는 동안 덕을 키우는 데 도움이 될 수도 있고, 방해물이 될 수도 있습니다.

천사들은 수도사들을 위한 빛이요, 수도생활은 모든 사람을 위한 빛입니다. 이런 까닭에 수도사들은 모든 일에 있어서 본보기가 되기 위하여 노력을 아끼지 말며, 말이나 행동으로 물의를 일으키지 말아야 합니다. 만일 빛이 어두워지면, 세상에 살고 있는 사람들의 어둠이 한층 더 깊어질 것입니다.

또 우리가 자신의 의견을 관철시키기 위해 노력하지 않는 것, 불쌍한 우리의 영혼이 사방으로 잡아당겨지도록 내버려두는 것, 혼자 힘으로 도전하는 것, 무수히 많은 원수들과 싸우는 것 등은 좋지 않을 것입니다. 왜냐하면 원수들의 악한 활동들을 이해하거나 열거하는 것은 우리의 능력 밖의 일이기 때문입니다. 우리가 세 가지 덕으로 세 가지 악덕을 대적할 때 거룩한 삼위의 도움을 구해야 합니다.[57] 만일 그렇게 하지 못한다면 스스로 고되게 노력해야 할 것입니다. 만일 바다를 육지로 만드신 하나님이 우리 안에 거하신다면 우리 안에 있는 이스라엘, 즉 하나님을 바라보는 정신은 애굽 사람들이 눈물의 바다에 빠지는 것을 볼 것입니다. 그러나 만일 하나님이 아직 우리 안에 도착하지 않으셨다면 바다, 즉 우리의 몸에서 노호하는 파도를 누가 이해하겠습니까? 만일 우리의 행위 때문에 우리 안에서 하나님이 일어나신다면 하나님의 원수들이 흩어질 것이며, 만일 우리가 관상을 통해서 하나님께 가까이 간다면 주를 미워하는 자들은 주의 앞에서, 그리고 우리 앞에서 도망칠 것입니다(시 68:1).

---

57) 고전 주석가는 육욕과 탐욕과 야심, 절제와 사랑과 겸손을 말한다(*Scholion* 29[1044AB]). 에바그리우스의 주장에 의하면 육욕과 탐욕과 야심은 주요하게 악한 생각들이다.

우리는 단순히 말에 의해서가 아니라 수고의 땀을 통해서 천국의 것들을 발견하려 해야 합니다. 왜냐하면 임종할 때는 말이 아니라 행위가 나타나기 때문입니다.

어딘가에 보물이 감추어져 있음을 알게 된 사람들은 그것을 발견하면 붙잡고 놓지 않습니다. 그러나 노력하지 않고 부자가 된 사람은 가진 것을 쉽게 탕진합니다.

오래된 습관, 특히 나쁜 습관은 떨쳐버리기가 어렵습니다. 또 거기에 다른 습관이 더해지면, 결과적으로 낙심하게 되며 순종이 무가치하게 됩니다. 그러나 하나님은 무엇이든지 하실 수 있습니다. 하나님에게는 불가능이 없습니다.

어떤 사람들이 나에게 대답하기 어려운 질문을 했습니다. 그것은 내가 읽은 어떤 책에서도 다루지 않은 것이었습니다. 그것은 "여덟 가지 대죄의 특별한 결과는 무엇이며, 세 가지 주된 죄 중에서 어느 것이 나머지 다섯 가지 죄를 낳는가?"였습니다. 나는 알지 못한다고 대답했는데, 거룩한 사람들로부터 다음과 같은 것을 배울 수 있게 되었습니다: "탐식은 욕정의 근원이요, 허영은 낙담의 근원입니다. 의기소침과 노염은 그 세 가지의 결과이며,[58] 교만의 근원은 허영입니다."

이 영원히 기억될 교부들의 진술을 듣고서 나는 여덟 가지 죄의 계보와 관련하여 어느 죄가 어느 죄를 낳는지에 대해 질문했습니다. 정념에서 해방된 이 교부들은 비이성적인 정념들 가운데서는 질서나 이성을 발견할 수 없다고, 실

---

58) 세 가지란 탐식과 허영과 탐욕을 말한다. 그러나 사다리의 요한은 탐욕을 세 가지 주요한 악덕으로 다루지만, 여기에서 실제로 탐욕을 언급하지 않고 있다.

제로 그것들 안에서 온갖 종류의 무질서와 대혼란을 발견할 수 있다고 가르쳐 주었습니다. 교부들은 설득력 있는 본보기와 많은 증거를 가지고 이 모든 것을 증명해 주었는데, 나는 그 중 몇 가지를 이 글에 수록했습니다. 그것들은 다른 것들을 분석하는 데 사용될 수 있을 것입니다.

예를 들면 적절하지 못한 때 하는 농담은 욕정의 산물이요, 경건하지 못하면서 경건한 체 하는 사람의 농담은 허영의 산물일 수 있습니다. 지나친 수면은 사치, 금식 및 금식을 자랑하는 것, 낙담 등의 결과일 수 있습니다. 때로는 본성적으로 잠을 지나치게 많이 잘 수도 있습니다. 수다의 근원이 탐식일 수도 있고 허영일 수도 있습니다. 낙담의 근원은 사치한 삶일 수도 있고 하나님에 대한 경외심의 부족일 수도 있습니다. 불경은 교만의 산물이지만, 종종 동일한 범죄로 인해 쉽게 이웃을 정죄하는 데서 생겨날 수도 있고 마귀들의 미숙한 시샘이 원인일 수도 있습니다. 완악한 마음은 탐식과 무감각 또는 욕심의 결과일 수 있습니다. 욕심의 원인은 욕, 탐욕, 탐식, 허영 등 여러 가지입니다. 악의의 원인은 자만과 노염이며, 위선의 원인은 자발성과 독립심입니다.

이것들과 반대되는 덕들은 반대되는 근원에서 생겨납니다. 그것들에 대해서 살펴볼 여유가 없으므로, 간단히 위에서 말한 모든 정념들의 치료약이 겸손이라는 것을 살펴보겠습니다. 겸손을 소유한 사람들은 전쟁에서 완전히 승리합니다.

모든 사악함의 근원은 쾌락과 악의입니다. 내면에 이것들을 소유한 사람은 주님을 보지 못할 것입니다. 또 악의를 포기하지 않은 채 쾌락을 삼가는 것은 그다지 소용이 없을 것입니다.

우리가 통치자나 사나운 짐승들 앞에서 느끼는 두려움은 하나님에 대한 경외심의 본보기가 될 수 있으며, 육체적인 사랑은 하나님을 향한 갈망의 본보기가 될 수 있습니다.

우리 세대는 몹시 타락했고 교만과 위선이 가득합니다. 우리 세대는 옛날 교부들처럼 열심히 일하지만 교부들이 지녔던 것과 같은 은혜는 소유하지 못하고 있습니다. 오늘날처럼 영적 은사가 필요한 시대는 없을 것입니다. 하나님은 고된 노동 안에 나타나시는 것이 아니라 단순과 겸손 안에 나타나시므로, 우리는 받을 만한 것을 받았습니다. 주님의 능력이 연약한 것 안에서 완전해질진대, 주님은 겸손한 일꾼을 거부하시지 않을 것입니다.

만일 영적 경주자들 중 한 사람이 중병에 걸린 것을 발견한다면, 심술궂게 그 병의 원인을 알아내려 하지 마십시오. 그는 우리와 함께 전쟁터에서 부상당한 군사이므로, 그를 우리 몸의 일부인 듯이 여겨 사랑을 품고 치료하기 위해서 힘껏 노력해야 합니다.

질병은 때로는 우리의 죄를 깨끗이 씻기 위해서, 때로는 우리의 교만한 생각을 낮추기 위해서 발생할 수 있습니다. 영원히 은혜로우신 주님은 사람들이 경건생활을 게을리 하는 것을 발견하시면, 질병을 통해 그들의 육신을 낮추실 것입니다. 질병은 영혼에 있는 악한 생각들과 정념들을 깨끗이 제거해 줄 수 있습니다.

눈에 보이는 것이든 보이지 않는 것이든 우리에게 발생하는 모든 일을 우리는 훌륭한 태도로 받아들이거나 정욕적으로 받아들이거나 중간적인 태도로 받아들일 수 있습니다. 언젠가 세 명의 수사가 벌을 받았습니다. 한 사람은 화를 냈고, 또 한 사람은 전혀 불평하지 않았습니다. 그러나 세 번째 사람은 기뻐하며 벌을 받았으므로 크게 유익을 얻었습니다.

농부들이 각기 다른 생각을 품고서 씨를 뿌리는 것을 보았습니다. 한 사람은 빚을 갚을 계획이었고, 또 한 사람은 부자가 되기를 바랐고, 또 한 사람은 주님을 영화롭게 할 선물을 거두기 원했습니다. 또 한 사람은 자신의 노동을 지나가는 사람들이 칭찬해 주기를 원했습니다. 또 다른 사람은 질투심이 많은 이웃을 안달하게 하기를 원했고, 또 다른 사람은 게으르다는 책망을 피하기 원했습니다. 밭에 뿌려진 씨앗들의 이름은 금식, 철야, 구제, 봉사 등이었습니다. 그러므로 주님 안에 있는 우리 형제들은 자신이 품고 있는 동기가 무엇인지 주의 깊게 살펴보아야 합니다.

우물에서 물을 길어 올릴 때 실수로 개구리를 퍼 올릴 수 있습니다. 우리가 덕을 획득할 때 때로 감지할 수 없을 정도로 그것과 뒤얽혀 있는 악덕들이 개입할 수 있습니다. 탐식과 환대, 욕정과 사랑, 교활함과 분별, 악의와 신중, 이중성, 지체, 게으름, 완고함, 외고집, 불순종과 온유, 학습을 거부하는 것과 침묵, 낙담 및 게으름과 마음의 평정, 자만심과 기쁨, 게으름과 희망, 불쾌한 정죄와 사랑, 빈정거림과 순결, 친밀함과 겸손이 뒤얽힐 수 있습니다. 허영은 모든 덕의 종으로서 그 뒤를 따라옵니다.

잠시 주님이 우리의 요청에 응답하시지 않는 듯이 보여도 당황하지 마십시오. 만일 한 순간 모든 사람들이 무정념하게 된다면 주님은 기뻐하실 것입니다. 그러나 주님은 이것이 그들에게 유익하지 않을 것을 아십니다.

하나님께 요구한 것이 즉시 응답으로 나타나지 않는 이유는 다음 중 하나일 것입니다: 우리의 청원이 시기적으로 적절하지 않은 것이거나, 합당하지 않거나 허영심에서 비롯된 청원이거나, 응답을 받으면 우리가 자만하게 될 것이기 때문이거나, 태만하거나 부주의하게 될 것이기 때문입니다.

마귀들과 정념들은 얼마 동안 또는 완전히 영혼을 포기합니다. 누구도 이것을 부인할 수 없습니다. 그러나 그 이유를 아는 사람은 거의 없습니다.

신실한 사람들과 신실하지 못한 사람들 중에서 단 하나의 정념을 제외한 모든 정념들이 자신에게서 사라진 것을 발견한 사람들이 있었습니다. 그런데 그 하나의 정념이 압도적으로 악한 것이어서 다른 정념들을 대신하며, 저주로 이어질 만큼 강력했습니다.

정념들의 근원이 되는 것을 거룩한 불로 태워 없앨 수 있습니다. 그것의 뿌리를 뽑아버리면, 모든 악한 충동들이 영혼에게서 물러갑니다. 우리가 세상적인 습관들과 게으름을 통해 다시 끌어들이지 않는 한 그것들은 다시 돌아오지 않습니다.

마귀들은 우리를 홀로 내버려 두었다가 우리가 부주의해질 때에 불쌍한 우리 영혼을 공격합니다. 마귀들은 또 다른 책략을 사용하기도 합니다. 즉 영혼이 악한 습관에 완전히 물들었을 때, 영혼이 자체의 원수요 배반자로 변했을 때 마귀는 영혼에게서 떠나갑니다. 그것은 젖을 빨던 습관 때문에 젖을 뗀 후에도 손가락을 빠는 아기와 비슷합니다.

다섯째 종류의 무정념이 있습니다. 그것은 단순함과 순진함에서 오는 것입니다. "마음이 정직한 자를 구원하시는 하나님"(시 7:10), 알지 못하게 모든 악을 제거하시는 하나님이 그러한 사람들을 도와주십니다. 그들은 벌거벗었으나 그 사실을 의식하지 못하는 어린아이들과 같습니다.

악이나 정념은 본래 사물 안에 심겨 있는 것이 아닙니다. 하나님은 정념들을 지으신 분이 아닙니다. 반면에 하나님께서 우리에게 주시는 많은 본성적인 덕들이 있습니다. 거기에는 다음과 같은 것들이 포함됩니다: 자비, 이것은 이교도들도 가지고 있습니다; 사랑, 말 못하는 짐승들도 자식을 잃으면 슬퍼합니다; 믿음, 이것은 우리 모두가 스스로 일으킬 수 있습니다; 희망, 우리는 이익 얻기를 기대하면서 씨앗을 빌려서 바다로 가지고 가서 뿌립니다. 이런 까닭에 만일 사랑이 자연스럽게 우리에게 온다면, 만일 그것이 속박이요 율법의 완성이라면, 덕들은 본성에서부터 멀리 떨어질 수 없을 것입니다. 그렇기 때문에 덕을 실천할 수 없다고 주장하는 사람들은 자기 자신을 부끄럽게 여겨야 합니다.

본성을 초월하는 곳에 노염으로부터의 자유, 겸손, 기도, 철야, 금식, 부단한 양심의 가책 등이 있습니다. 우리는 사람들, 천사들, 말씀이신 하나님에게서 이것들에 대해 배웁니다.

악들을 대면할 때는 가장 작은 악을 선택해야 합니다. 예를 들어 우리가 서서 기도하는데 어느 형제가 찾아온다면, 우리는 기도를 중지하든지 형제를 무시함으로써 그를 노하게 해야 할 것입니다. 사랑은 모든 덕을 포함하는 데 반해 기도는 개별적인 덕이기 때문에, 사랑이 기도보다 위대합니다.

나는 젊었을 때 도시나 마을에 가서 식탁 앞에 앉으면 탐식과 허영의 공격을 동시에 받았습니다. 나는 탐식의 결과를 알고 있었고 또 그것을 두려워했기 때문에 허영에게 굴복하기로 했습니다. 또 나는 젊은 사람들의 내면에서 종종 탐식의 마귀가 허영의 마귀를 정복한다는 것을 알고 있었습니다. 이것은 놀라운 일이 아닙니다. 세상 사람들에게는 돈을 사랑하는 것이 모든 악의 뿌리요, 수도사들에게는 탐식이 모든 악의 뿌리입니다.

하나님은 종종 영적인 성향을 가진 사람들 안에 정념의 흔적을 남기십니다. 이는 그들이 사소한 결점들을 끝없이 정죄함으로써 아무도 빼앗아갈 수 없는 겸손을 얻게 하시려는 섭리입니다.

순종을 실천하는 법을 배운 후에야 겸손이 우리에게 올 수 있습니다. 스스로 터득한 기술을 가지고 있는 사람에게는 자신을 높이는 경향이 있을 수 있습니다.

교부들은 금식과 순종이 활동적인 삶을 지배한다고 말합니다. 금식은 육욕을 파괴하고, 순종은 겸손을 가져옴으로써 그 파괴를 완성합니다. 애통도 죄를 죽이고 겸손을 낳는 이중의 효과를 지닙니다.

경건한 사람은 누구든 요청하는 사람에게 주는 경향이 있습니다. 일반적인 수준 이상의 경건을 소유한 사람은 요청하지 않은 사람에게도 줍니다. 그러나 무엇인가를 취한 사람에게서 그것의 반환을 요구하지 않는 것은 무정념한 사람들만의 특징이라고 생각됩니다.

모든 덕과 악덕과 관련하여 우리는 자신이 어느 지점에 도착했는지, 즉 출발점에 머물러 있는지, 중간에 와 있는지, 아니면 종착점에 와 있는지 끊임없이 살펴야 합니다.

마귀들이 우리를 공격하여 괴롭히는 원인은 세 가지입니다. 즉 우리가 세속적이기 때문이거나, 교만하기 때문이거나, 마귀가 우리를 시기하기 때문입니다. 이 세 가지 중에서 마지막 원인은 기쁨의 근거요, 두 번째 원인은 애석함의 근거요, 첫째 원인과 관련해서는 평생 실패할 것을 기대하게 됩니다.

고난을 참고 인내하는 것은 일종의 습관이나 통찰력입니다. 그것을 소유한 사람은 고통이나 수고나 곤경을 두려워하지 않을 것이며, 그것들을 피하지도 않을 것입니다. 이 놀라운 은혜가 순교자들로 하여금 고문을 견뎌낼 수 있게 해주었습니다.

자신의 생각들을 지키는 것과 정신을 지키는 것은 별개의 일입니다. 이 두 가지는 동이 서에서 먼 것처럼 다릅니다. 전자보다는 후자가 더 중요하고 어렵습니다.

좋지 않은 생각들로부터 자신을 구해 달라고 기도하는 것과 그것들을 대적하는 것, 또는 그것들을 무시하고 멸시하는 것은 각기 다릅니다. 첫째 상황은 "하나님이여 속히 나를 건지소서"(시 70:1)라고 말한 사람이 예증해 주며, 둘째 상황은 "내가 나를 비방하는 자들에게 대답할 말이 있사오니"(시 119:42), "우리를 우리 이웃에게 다툼 거리가 되게 하시니 우리 원수들이 서로 비웃나이다"(시 80:6)라고 말한 사람이 예증합니다. 시편 기자는 셋째 상황에 대해서 다음과 같이 증언합니다: "나를 모든 죄에서 건지시며 우매한 자에게서 욕을 당하지 아니하게 하소서 내가 잠잠하고 입을 열지 아니함은 주께서 이를 행하신 까닭이니이다"(시 39:8-9); "교만한 자들이 나를 심히 조롱하였어도 나는 주의 법을 떠나지 아니하였나이다 여호와여 주의 옛 규례들을 내가 기억하고 스스로 위로하였나이다"(시 119:51-52). 그러므로 중간 위치에 선 사람은 준비가 부족하기 때문에 종종 첫째 상황을 이용할 것입니다. 첫 단계의 사람이 원수를 정복하기 위해 둘째 방법을 사용할 수 없습니다. 그러나 셋째 단계에 이른 사람은 마귀들을 완전히 무시할 것입니다.

영적인 것들을 물질적인 것으로 속박할 수 없지만, 하나님을 소유한 사람은 모든 일을 할 수 있습니다.

정상적인 후각을 가진 사람은 은밀한 향기를 탐지할 수 있으며, 깨끗한 영혼은 자신이 하나님으로부터 받은 선의 향기와 같은 향기를 다른 사람들에게서 속히 알아낼 수 있습니다. 그는 과거에 자신을 속박했던 더러운 냄새도 식별할 수 있습니다.

모든 사람이 무정념을 성취할 수 있는 것은 아닙니다. 그러나 모든 사람이 구원 받고 하나님과 화목할 수 있습니다.

이질적인 생각들의 지배를 받지 않도록 조심하십시오. 즉 하나님의 섭리에 따른 결정들이나 다른 사람에게 임하여 주님이 편애하신다는 개념을 불러일으키는 환상들을 자세히 조사하게끔 만드는 생각들을 조심하십시오. 그런 생각들은 교만의 결과입니다.

종종 탐욕의 마귀가 겸손을 가장하여 등장합니다. 허영의 마귀와 육욕의 마귀는 구제를 장려합니다. 이것들을 피하려면, 쉬지 않고 자비를 실천해야 합니다.

어떤 사람들은 마귀들이 서로 대적하여 일한다고 주장합니다. 그러나 마귀들은 모두 우리를 멸망시키기 위해서 일합니다.

눈에 보이든지 보이지 않든지 우리의 모든 영적 행동에는 우리의 결단과 의도와 하나님의 도움이 함께 작용합니다. 그런데 하나님의 도움은 우리의 결단과 의도가 없이는 작용하지 않는 듯합니다.

전도서에서는 천하 만사가 다 때가 있다고 선언합니다(전 3:1). "만사"는 우리의 영성생활을 언급한다고 이해할 수 있을 것입니다. 그렇다면 우리는 이 문제를 조사해 보아야 하며, 모든 일을 적절한 시기에 행해야 할 것입니다. 영적 싸움을 시작하는 사람들에게는 정념의 때가 있고 무정념의 때가 있습니다. 눈물을 흘릴 때와 마음이 완악해질 때, 순종의 때와 명령의 때, 금식할 때와 음식을 먹을 때, 몸을 대적하여 싸워야 할 때와 육체적으로 평화를 구해야 할 때가 있습니다. 영혼이 혼란할 때와 정신이 평온할 때, 마음이 슬플 때와 영혼이 기쁠 때, 가르칠 때와 들어야 할 때, 자만심 때문에 타락할 때와 겸손에 의해 정결해질 때, 노력할 때와 안전하게 쉴 때, 침묵할 때와 분심될 때, 쉬지 않고 기도할 때와 정직하게 봉사할 때가 있습니다. 그러므로 교만한 열심에 미혹되지 말며, 때가 되면 얻게 될 것을 미리 얻으려 하지 마십시오. 여름에 나는 물건과 겨울에 나는 물건이 다르고, 씨 뿌릴 때가 있고 수확할 때가 있습니다. 수고하여 씨를 뿌리는 때가 있고 놀라운 은혜의 열매를 거두는 때가 있습니다. 만일 그렇지 않다면, 우리는 제철에 나는 것을 제때 얻지 못할 것입니다.

말로 표현할 수 없는 하나님의 섭리 안에서 어떤 사람은 일을 시작하기 전에 수고의 거룩한 상을 받고, 어떤 사람들은 일하는 도중에 받고, 또 다른 사람들은 일을 마친 후에 받으며, 어떤 사람들은 임종할 때 받습니다. 이들 중에 누가 더 겸손할지 생각해 보십시오.

자신의 많은 죄의 결과로 생기는 절망이 있습니다. 그것의 근원은 괴로워하는 양심과 과도한 슬픔입니다. 그때 영혼은 많은 무거운 상처들 때문에 절망의 바다에 빠집니다. 그것과는 다른 종류의 슬픔이 있습니다. 그것의 근원은 교만과 자만이며, 어떤 면에서 자신이 배교한 것이 부당하다고 생각할 때 생겨납니다. 이 상태들은 각기 특징을 가지고 있습니다. 전자는 무관심하게 되며, 후자는 내면으로 계속 절망하면서도 모순되게도 금욕 훈련을 계속 실천합니다. 첫째 상태는 절제와 선한 소망에 의해 치료할 수 있고, 둘째 상태는 겸손 및 사람들을 판단하지 않음으로써 치료될 것입니다.

말은 번듯하게 하면서 악하게 행동하는 사람을 보아도 놀라거나 충격을 받지 마십시오. 낙원에서 뱀을 죽인 것은 거드름을 피우는 교만이었습니다.

공동체에서 순종의 생활을 하든지, 독립하여 홀로 경건생활을 하든지 공개적으로든지 영성생활에 있어서 무슨 일을 행하고 어떤 식으로 살든지, 그것이 하나님의 뜻과 일치하는지 질문하는 것을 규칙으로 삼고 실천하십시오. 예를 들어 초심자들이 어떤 행동을 할 때 그 행동에서 파생되는 겸손이 영혼의 소유에 더해지지 않는다면, 그것은 하나님의 뜻을 존중한 행동이 아닙니다. 영적인 삶에 있어서 지치지 않는 초심자들의 경우에 주님이 원하시는 것을 행하는 데서 겸손이 생겨납니다. 노정의 중도에 도착한 사람의 경우에 시험은 내적 갈등의 종식입니다. 완전한 사람들에게는 하나님의 빛이 증가합니다.

위대한 사람들에게는 아주 작은 것이 작게 보이지 않을 수도 있습니다. 그러나 작은 사람들에게는 큰 것들도 아주 완전하지는 않습니다.

하늘에서 구름이 사라지면 태양이 밝아집니다. 옛 습관에서 해방되고 용서받은 영혼은 하나님의 빛을 봅니다.

죄, 나태, 무관심, 정념, 타락 등은 구분되어야 합니다. 하나님의 도움을 받아서 이것들을 분석할 수 있는 사람은 분석해야 합니다.

어떤 사람들은 기적을 행하는 은사와 눈에 보이는 영적 은사들로 인해 찬양을 받습니다. 그들은 그보다 더 중요한 많은 은사들이 안전하게 감추어져 있다는 것을 알지 못하고 있습니다.

완전히 정화된 사람은 이웃의 영혼을 들여다보고 그 상태를 분별할 수 있습니다. 그보다 더 진보한 사람은 몸의 상태를 보고 영혼의 상태를 말할 수 있습니다.

작은 불이 숲 전체를 태워 없앨 수 있고, 작은 실수가 우리의 작업 전체를 망칠 수 있습니다.

적개심으로부터 숨을 돌릴 때, 정신의 능력들이 정념의 불을 자극하지 않고 깨어날 때가 있습니다. 또 극도의 피로가 육체의 정욕을 일으킬 수 있습니다. 그러므로 "자기를 의지하지 말아야" 합니다(고후 1:9). 우리는 하나님, 은밀한 방법으로 우리의 정욕들을 죽이실 수 있는 하나님을 의지해야 합니다.

만일 누군가가 주 안에서 우리를 사랑한다는 사실을 알게 된다면, 그 사람과 어느 정도 거리를 유지해야 합니다. 왜냐하면 친밀함이 사랑을 손상시키고 미움을 만들어낼 수 있기 때문입니다.

영혼의 눈은 영적이고 아름다우며, 영적 존재들에 비길 만큼 모든 것을 능가합니다. 따라서 아직 정념들의 영향을 받는 사람들은 종종 자신이 극진히 사랑하는 사람들의 생각을 식별할 수 있습니다. 육체의 더러움에 압도되지 않은 사람들은 더욱 그렇습니다. 육체적인 본성은 영적인 본성과 반대가 됩니다.

평신도들의 미신적인 관습은 하나님의 섭리에 역행하는 것입니다. 그러나 수도사들의 미신적인 관습은 영적 지식에 역행하는 것입니다.

비틀거리는 영혼들은 자신의 육체적인 환경과 위험과 외적인 시험들과 주님의 방문을 구별하여 알아야 합니다. 완전한 사람들은 주님의 방문과 성령의 오심 및 은혜의 획득을 구별해야 합니다.

우리가 침대에 누워 있을 때 공격하는 마귀가 있습니다. 그 마귀는 악하고 더러운 생각들의 불을 지르기 때문에, 게으른 우리는 침대에서 일어나지 않고 기도로 마귀를 대적하지 않은 채 이 더러운 생각을 품고 잠들어 더러운 꿈을 꾸게 됩니다.

전주자前走者라는 마귀가 있습니다. 그것은 우리가 잠에서 깨어나는 순간 우리를 지배하여 첫 생각을 더럽힙니다.

하루의 첫 열매를 주님께 바치십시오. 그것에 따라서 남은 하루가 결정될 것입니다. 어느 훌륭한 주님의 종은 "나는 나의 아침을 보고서 나머지 하루가 어떻게 진행될 것인지 식별할 수 있습니다"라고 말했습니다.

지옥에 이르는 길이 많듯이, 거룩에 이르는 길은 많습니다. 어떤 이에게 적합하지 않은 길이 다른 사람에게는 적합할 수 있지만, 각 사람이 행하는 것은 하나님을 기쁘시게 합니다.

마귀들은 우리에게 발생하는 유혹을 사용함으로써 우리로 하여금 부적절한 말이나 행동을 하게 만듭니다. 만일 그렇게 하여 우리를 수중에 넣지 못하면, 마귀들은 우리에게 하나님께 오만한 감사를 드려야 한다고 조용히 속삭입니다.

정신이 천국의 일에 몰두해 있는 사람들은 영혼과 몸이 분리된 후에 두 부분으로 나뉘어 높은 곳으로 올라갑니다.[59] 정신이 땅에 속한 것에 몰두해 있는 사람들은 아래쪽을 향해 내려갈 것입니다. 왜냐하면 몸과 분리된 영혼에게는 중간의 정지 장소가 없기 때문입니다. 하나님의 피조물들 중 단 하나만 자체가 아닌 다른 것 안에 존재합니다.[60] 그러나 놀랍게도 영혼은 그 존재를 받은 곳 외부에 존재할 수 있습니다.

경건한 어머니는 주님에게서 태어나며 경건한 딸을 낳습니다. 이것을 역으로도 적용할 수 있습니다.

비겁한 사람은 전쟁터에 나가지 말아야 합니다. 이것이 모세 또는 하나님의 명령이었습니다(신 20:8 참조). 왜냐하면 마지막 영적 타락이 최초의 몸의 타락보다 더 나쁠까 염려했기 때문입니다.

눈은 몸 전체의 빛입니다. 덕의 분별은 정신의 빛입니다.

숙달된 분별에 관하여

목마른 사슴이 시냇물 찾기에 갈급하듯이(시 42:1), 수도사는 하나님의 선하신 뜻 알기를 갈망합니다. 또 그는 하나님의 것이 아닌 것, 심지어 하나님과 반대되는 것도 알고자 합니다. 여기에 쉽게 설명할 수 없는 중요한 주제가 있습니다. "하루하루 미루지 말고 한시 바삐 주님께로 돌아오너라. 주님의 진노

---

59) 먼저 영혼이 올라가고, 그 다음에는 부활 후에 몸이 올라간다.
60) 즉, 영혼은 몸 안에 존재한다.

가 언제 떨어질지 모르며 징벌하시는 날에는 네가 멸망하리라"(집회서 5:7-8)는 말씀에서 권하는 것처럼 우리가 지체하지 말고 즉시 행해야 하는 것은 무엇입니까? 또 "지략을 베풀고 전쟁할지니라"(잠 20:18), "모든 것을 품위 있게 하고 질서 있게 하라"(고전 14:40)는 말씀에 따라 적당하고 신중하게 해야 할 것은 무엇입니까? 내면에 자신을 위해 기도하시는 성령과 하나님을 소유한 사람이 "주는 나의 하나님이시니 나를 가르쳐 주의 뜻을 행하게 하소서"(시 143:10), "주의 진리로 나를 지도하시고 교훈하소서"(시 25:5), "내가 다닐 길을 알게 하소서 내가 내 영혼을 (세상의 모든 염려와 정념들로부터 들어올려) 주께 드림이니이다"(시 143:8)라고 기도한다고 해서 이 미묘한 문제에 있어서 신속하고 정확한 결정을 할 수 있는 것은 아닙니다.

하나님의 뜻 알기를 원하는 사람들은 먼저 자기의 뜻을 죽여야 합니다. 그 후에 모든 악의를 버리고 단순하게 믿음으로 기도한 후 확신을 가지고 겸손하게 형제들이나 원로들을 의지해야 합니다. 그리고 비위에 맞지 않더라도 그들의 권고를 하나님의 권고로 여겨 받아들여야 하며, 심지어 신령한 것처럼 보이지 않는 사람들의 충고도 받아들여야 합니다. 결국 하나님은 불의하신 분이 아닙니다. 하나님은 이웃의 충고와 결정을 신뢰하며 겸손히 복종하는 영혼들을 잘못된 길로 인도하시지 않을 것입니다. 비록 우리에게 충고해 주는 사람이 어리석은 사람이라 해도, 하나님은 눈에 보이지 않게 영적으로 그를 통해서 우리에게 말씀하십니다. 이 규범에 신실하게 복종하는 사람은 크게 겸손해질 것입니다. 사람이 자신의 고통을 노래로 표현할 수 있을진대, 이성적인 정신과 합리적인 영혼은 생명 없는 것이 주는 것보다 더 훌륭한 가르침을 제공할 수 있을 것입니다.

그러나 많은 사람들이 교만 때문에 이 쉽고 완벽한 규칙을 거부합니다. 그들은 자기 안에서 자기의 수단에 의해서 하나님의 뜻을 발견하려 하면서 이 문제에 대해서 무수히 많은 상이한 견해들을 제공해 왔습니다.

어떤 사람들은 하나님의 뜻을 발견하기 위해서 모든 애착을 버렸습니다. 그들은 하나님께 자기 영혼의 동요와 관련된 모든 생각들을 중재하여 행해야 할 것과 거부해야 할 것을 알려 달라고 요청했습니다. 그들은 자기의 수명을 알려 달라고 기도하며, 자신이 좋아하는 모든 것을 포기했습니다. 그리하여 그들은 하나님으로부터의 명료한 의사소통이라는 직접적인 방법에 의해서, 또는 자신이 행하려 했던 모든 것을 영혼으로부터 완전히 소멸시킴으로써 하나님이 원하시는 것을 찾아냈습니다.

또 어떤 사람들은 "나 바울은 한 번 두 번 너희에게 가고자 하였으나 사탄이 우리를 막았도다"(살전 2:18)라는 말처럼 자신이 행하는 모든 일에서 많은 근심과 분심을 발견했으며, 그것들이 하나님에게서 오는 것일 수 있다고 생각했습니다.

또 자기의 모험이 예상치 않게 성공했으므로 그것이 하나님을 기쁘시게 했다고 추측하며, 나아가 하나님이 의로운 일을 행하는 모든 사람들을 도와주신다고 선언한 사람들도 있습니다(롬 8:28 참조).

즉각적인 행동을 필요로 하는 일에 있어서나 시간을 필요로 하는 일에 있어서 신적 조명을 통해서 내면에 하나님을 소유하게 된 사람은 두 번째 방법으로 직접적이고 거룩한 안심을 발견할 것입니다.

판단이 흔들리거나 의심이 오래 지속되는 것이 조명을 받지 못하고 허영심이 강한 영혼의 모습입니다.

하나님은 불의하신 분이 아닙니다. 우리가 겸손히 문을 두드릴 때, 하나님은 우리가 들어오지 못하게 문을 닫아버리지 않으실 것입니다.

우리가 행하는 모든 일의 목적을 하나님에게서 찾아야 합니다. 또 비록 완전히 선한 행동이 아니더라도, 개인적인 성향이나 더러움의 산물이 아닌 모든 행동, 특히 사람을 위해서 행한 것이 아니라 하나님을 위해서 행한 행동은 우리의 선으로 간주될 것입니다.

우리의 능력을 초월하는 것을 찾는 데는 항상 위험이 따르며, 하나님께서 우리를 위해 결정하신 것을 통찰하기는 어렵습니다. 하나님은 섭리 안에서 종종 우리에게 자신의 뜻을 감추십니다. 왜냐하면 우리가 그것에 대해 알고 불순종함으로써 더 큰 형벌을 받을 수 있음을 아시기 때문입니다.

정직한 심령은 어떤 종류의 분심에도 흔들리지 않습니다. 그는 순결의 배를 타고 안전하게 항해합니다.

자기 능력을 초월하는 임무를 사랑하는 마음으로 겸손하게 행하는 담대한 영혼들이 있습니다. 동일한 일을 행하는 교만한 심령들이 있습니다. 종종 원수들은 의도적으로 우리를 부추겨 능력을 초월하는 일들을 행하게 하는데, 그들의 목적은 우리로 하여금 자신의 능력 안에 있는 것까지 포기하게 하여 조롱거리로 만드는 데 있습니다.

몸과 영혼이 병든 사람들은 자신의 무수히 많은 죄를 의식하고서 능력이 닿지 않는 일을 행하려고 노력하지만 실패합니다. 나는 이런 사람들에게 하나님은 우리의 노력이 아닌 겸손에 의해서 우리의 회개를 판단하신다고 말해줍니다.

때로 가장 큰 악들의 원인이 가정교육일 수 있고, 친구들일 수 있습니다. 종종 영혼의 외고집이 재난을 만들어 내기도 합니다. 처음 두 가지 원인에서 자유로운 수도사는 세 번째 원인도 피할 수 있을 것입니다. 그러나 세 번째 원인의 시달림을 받는 사람은 어디에서든지 신용을 얻지 못합니다. 왜냐하면 천국보다 더 안전한 곳은 없기 때문입니다.

불신자들이나 이단자들과의 갈등이 있을 때에는 두 차례 그들을 책망하는 데 그쳐야 합니다(딛 3:10 참조). 그러나 진리를 배우려고 열심을 내는 사람들을 대할 때는 싫증을 내지 말고 옳은 일을 행해야 합니다(갈 6:9 참조). 또 우리 자신의 확고부동함을 시험하기 위해서 두 가지 상황을 모두 사용해야 합니다.

성인들의 초자연적인 업적에 대한 이야기를 듣고서 자신에 대해 낙심하는 사람은 대단히 비이성적인 사람입니다. 실제로 그는 탁월한 덕을 얻기 위해 자기처럼 용감해야 한다는 것, 또는 세 배나 거룩한 겸손에 의해서 자신의 선천적 연약함을 겸손하게 깊이 의식해야 한다는 것을 가르쳐야 합니다.

마귀들 중에서도 특히 더러운 마귀들이 있습니다. 그것들은 우리로 하여금 한층 더 심한 벌을 받게 만들기 위해서 우리에게 홀로 지내지 말고 사람들과 교제하라고 말합니다. 나는 어떤 사람이 다른 사람에게서 악한 습관을 배우는 것을 목격한 적이 있습니다. 후자는 정신을 차려 회개하고 악을 멈추었지만, 그에게서 배운 제자의 행동 때문에 그의 마음의 변화가 전혀 소용이 없었습니다.

악한 영들은 놀랄 만큼 악합니다. 그것은 많은 사람들이 목격하는 것이 아니며, 그것을 이해하는 극소수의 사람들도 부분적으로만 볼 수 있습니다. 예를 들어 우리가 풍요롭고 사치하게 생활할 때에 잠을 자지 않고 깨어있을 수 있지만, 금식하고 수고하여 피곤할 때에 잠을 이기지 못하는 것은 어찌된 일입니까? 우리가 홀로 지내며 침묵할 때에는 마음이 냉담해지지만, 사람들과 함께 지낼 때에 우리 안에 양심의 가책이 생기는 것은 어찌된 영문입니까? 배고플 때에 꿈이 우리를 유혹하지만, 배부를 때에는 그렇지 않은 것은 어찌된 영문입니까? 우리가 가난할 때에 우울해지고 가책을 느끼지 못하지만, 포도주를 마시면 행복해지고 통회할 수 있는 것은 어찌된 일입니까? 이런 종류의 일들이 항상 마귀들에게서 오는 것은 아닙니다. 이유는 알지 못하지만, 나도 나의 기질 및 더럽고 욕심 많은 육체의 짐의 결과로서 이러한 변화를 경험합니다.

위에 언급된 바 설명하기 어려운 변화들과 관련하여, 우리는 겸손히 진지하게 하나님께 기도해야 합니다. 그러나 시간을 내어 기도한 후에도 여전히 동일한 힘이 우리 안에서 작용하는 것을 경험한다면, 그 원인이 마귀들이 아니라 본성에 있음을 인정해야 합니다. 하나님의 섭리는 종종 역경에 의해서 우리를 돕고, 온갖 방법으로 우리의 교만을 억제하려 합니다.

하나님의 판단의 깊이를 조사하는 것은 무모한 일입니다. 왜냐하면 호기심은 자만심이라는 배를 타고 항해하기 때문입니다.

어떤 사람이 통찰력 있는 사람에게 다음과 같이 질문했습니다: 장차 타락할 것을 아시면서도 하나님께서 어떤 사람에게 기적을 행하는 능력과 은사를 주시는 이유가 무엇입니까?" 하나님은 다른 영적인 사람들이 신중하도록 하기 위해서, 인간에게 자유의지가 있다는 것을 보여주기 위해서, 그리고 타락한 사람들이 심판 날에 변명할 수 없음을 증명하기 위해서 그렇게 행하신다는 것이 그의 대답이었습니다.

비록 불완전하지만 율법은 "네 마음을 힘써 지키라"고 말합니다(신 4:9). 완전하신 주님은 "네 형제가 죄를 범하거든" (마 18:15) 잘못을 고쳐주라고 말씀하십니다. 만일 당신이 겸손하고 순수하게 책망하거나 깨우쳐줄 수 있다면, 특히 상대방이 받아들이려 할 경우에는 주님이 명하신 대로 행하십시오. 그러나 아직 그러한 단계에 이르지 못했다면, 최소한 율법이 말한 대로 행하십시오.

사랑하는 사람이 당신의 책망을 듣고서 당신에게 반항해도 놀라지 마십시오. 경솔함은 마귀들의 도구로서, 특히 마귀들이 원수들을 공격할 때 사용됩니다.

우리에게는 끊임없이 우리를 놀라게 하는 것들이 있습니다. 우리에게 덕을 향하도록 도와줄 전능하신 하나님과 천사들과 성도들이 있으며 우리를 대적하는 것은 마귀뿐인데도 우리가 쉽게 정념들에게 기우는 것은 어찌된 일입니까? 이 문제에 대해서는 상세히 다루지 않겠으며, 그렇게 할 능력도 내게는 없습니다. 만일 존재하는 모든 것이 그 본성을 유지한다면, 위대한 그레고리의 말처럼 내가 하나님의 형상이면서도 진흙과 혼합되어 있는 것은 어찌된 일입니까?[61]

우리가 경청하는 교리는 어둠 속의 빛이요, 길 잃은 여행자를 집으로 인도해 주는 길이요, 눈먼 자를 위한 설명입니다. 통찰력이 있는 사람은 건강을 발견하는 자요, 질병을 죽이는 자입니다.

하찮은 것을 칭찬하는 데는 두 가지 이유가 있습니다. 아주 무지하기 때문이거나, 이웃이 성취한 것을 중시하여 그로 하여금 겸손에 이르게 하기 위해서입니다.

마귀들과 싸울 때에는 가볍게 치고받는 싸움을 하지 말고 전면적으로 전쟁을 해야 합니다. 가볍게 싸울 때에는 서로 승부를 주고받지만, 전면적으로 싸울 때에 원수의 치열한 공격을 받습니다.

정념들을 정복한 사람은 마귀들에게 상처를 입힙니다. 그는 여전히 마귀들에게 예속된 것으로 가장하기 때문에 원수들을 속일 수 있으며 상처를 입지 않

---

[61] 로마의 교황 그레고리가 아니라 나지안주스의 그레고리를 말한다. Or. 14. 6 (PG 35, 865A).

습니다. 어느 형제는 모욕을 당했지만 동요됨이 없이 기도하는 마음을 유지했습니다. 그런데 그는 소리 내어 슬피 울며 거짓 정념으로 자신의 무정념 상태를 숨겼습니다. 어느 형제는 실제로는 수도원장직을 원하지 않으면서도 그것을 간절히 원하는 척했습니다. 죄를 범하려는 체하여 창녀 집에 들어가서 창녀를 유혹하여 수도생활을 하게 한 수도사의 순결을 어떻게 말해야 할까요? 언젠가 이른 아침에 은둔자에게 포도 한 송이가 배달되었습니다. 포도를 가져온 사람이 떠난 후에 은둔자는 포도를 먹었습니다. 그는 실제로는 전혀 즐겁지 않았지만 배불리 먹는 것처럼 보임으로써 마귀들로 하여금 자신이 탐식하는 것처럼 생각하게 만들었습니다. 어느 형제가 종려나무 잎 약간을 잃어버렸는데, 그는 하루 종일 그것 때문에 걱정하는 체했습니다.

그러나 이러한 사람들은 방심하지 말아야 합니다. 마귀들을 우롱하려다가 자신이 우롱 당할 수 있습니다. "속이는 자 같으나 참되고"(고후 6:8)라는 말은 이런 사람들에게 주는 말입니다.

깨끗한 몸과 마음을 주님께 바치려는 사람은 노염에서 벗어나며 순결해야 합니다. 이것들이 부족한 사람이 행하는 모든 노력은 무익합니다.

영의 태양이 영혼을 비추는 방식은 여러 가지입니다. 육체적인 눈물의 방법이 있고, 영혼의 눈물의 방법이 있습니다. 눈앞에 있는 것을 묵상하는 방법이 있고, 눈에 보이지 않는 것을 묵상하는 방법이 있습니다. 간접적으로 전해 듣는 방법이 있고, 영혼 안의 자발적인 기쁨의 방법이 있습니다. 침묵의 길이 있고, 순종의 길이 있습니다. 그밖에 황홀한 기쁨의 길, 신비하고 놀랍게 정신이 그리스도의 빛 속으로 끌려들어가는 방법이 있습니다.

덕들이 있고, 덕들의 근원이 있습니다. 어느 지혜로운 사람은 덕들의 근원을 다루곤 했습니다. 근원이 되는 덕들을 가르치시는 분은 하나님이십니다. 파생된 덕들을 가르치는 사람은 많습니다.

잠을 많이 잠으로써 음식의 부족을 보충하려 하거나, 잠의 부족을 음식으로 보충하려 하지 않도록 조심해야 합니다. 그것은 어리석은 사람들이 행하는 일입니다. 나는 은수사들이 식욕에 조금 양보하고서는 밤새도록 서서 주린 배를 벌함으로써 배부르지 않아도 만족하도록 가르치는 것을 본 적이 있습니다.

탐욕의 마귀는 아무것도 소유하지 않은 사람들을 무섭게 공격합니다. 그 마귀는 그들을 정복하지 못하면 가난한 사람들의 비참한 상태에 대해 이야기하여 그들로 하여금 다시 물질에 관심을 갖게 만들려 합니다.

풀이 죽어 있을 때 베드로에게 죄인을 일곱 번씩 일흔 번 용서하라고 말씀하신 주님의 명령을 기억하십시오(마 18:22 참조). 이 명령을 하신 주님 자신은 훨씬 더 많이 용서해 주실 것이라고 확신할 수 있을 것입니다. 그러나 우리가 지나치게 자신만만할 때면 영적인 법을 완전히 지켜도 교만이라는 하나의 정념에 빠지면 모든 죄를 범한 셈이 된다는 말을 기억하십시오(약 2:10 참조).

악하고 시기심이 많은 영들은 거룩한 사람들이 자기들을 이기고 상 받을 기회를 갖지 못하도록 하기 위해서 그들에게서 물러납니다.

화평하게 하는 사람들은 복된 사람들입니다(마 5:9). 누구도 이것을 부인하지 않을 것입니다. 그러나 나는 원수를 맺으면서도 복된 사람들을 보았습니다. 언젠가 두 명의 수도사들이 건전하지 못하게 서로를 좋아했습니다. 통찰력이 있는 원로가 그들을 서로 미워하는 상태로 이끌었습니다. 그는 두 사람에게 각기 상대방이 그를 비방한다고 말해주어 두 사람을 원수로 만들었는데, 이 속임수에 의해서 마귀의 악의를 막고 서로를 미워하게 함으로써 건전하지 못한 애정을 종식시켰습니다.

하나의 계명을 지키기 위해서 다른 계명을 범하는 사람들이 있습니다. 나는 바람직한 애정으로 묶여 있으면서도 스캔들을 피하기 위해 얼마 동안 서로 교제하지 않기로 합의한 청년들을 알고 있습니다.

교만과 절망은 결혼과 장례처럼 서로 반대됩니다. 그러나 마귀는 그것들을 같은 종류인 것처럼 보이게 만들어 혼동을 초래할 수 있습니다.

경건생활을 시작하여 성경을 해석할 때 더러운 마귀들은 우리에게 교훈을 줍니다. 특히 허영심이 강한 사람이나 세속적인 교육을 받은 사람들에게 이런 일이 발생하는데, 그들은 점차 이단이나 불경에 빠지게 됩니다. 성경을 공부하는 동안에 영혼 안에서 발생하는 큰 동요와 혼동과 거룩하지 못한 기쁨에 의해서 하나님에 대한 마귀의 가르침과 하나님을 대적하는 전쟁을 탐지해 낼 수 있습니다.

존재하는 것들은 조물주로부터 자신의 적절한 위치, 출발점, 그리고 어떤 경우에는 종착점을 부여받았습니다. 그러나 덕에는 경계선이 없습니다. 시편 기자는 "내가 보니 모든 완전한 것이 다 끝이 있어도 주의 계명들은 심히 넓으니이다"라고 말합니다(시 119:96). 선한 은수사가 활동의 힘에서 관상의 힘으로 나아간다면(시 84:7 참조), 또 사랑이 결코 없어지지 않는다면(고전 13:8), 그리고 우리의 두려움이 들어오는 것과 사랑이 나가는 것을 주님이 지켜주신다면(시 121:8) 사랑에는 경계가 없고, 우리는 현세와 내세에서 빛에 빛을 더하며 쉬지 않고 사랑 안에서 발전할 것입니다. 많은 사람들은 이것을 이상하게 여길 것입니다. 그러나 우리가 가진 증거에 따르면 천사들도 진보하며 실제로 영광에 영광을, 지식에 지식을 더한다고 말해야 합니다.

종종 마귀들이 우리 안에 선한 생각을 불어넣을 때 놀라지 말고 이성적인 논거로 그것들을 대적하십시오. 원수 마귀들은 자기들이 우리의 깊은 곳에 있는 생각들까지도 알고 있다고 믿게 만들기 위해서 그러한 행동을 합니다.

중요한 것을 가르치기 위해서 웅변술을 사용하는 사람들을 비판하지 말고, 말과 행동이 일치하지 않는 사람들을 비판하십시오. 종종 덕을 세워주는 말이 행위의 부족을 보상해 주기도 합니다. 우리 모두가 선한 것을 동등하게 나누어 가질 수는 없습니다. 어떤 사람은 행위보다 말에 능하고(시 103:20-21 참조), 어떤 사람은 그와 반대입니다.

하나님은 악을 만들지도 않으시고 초래하지도 않으셨습니다. 그러므로 어떤 정념들이 본성적으로 영혼에게 임한다는 주장은 잘못된 것입니다. 그것은 우리가 자신의 본성적 특성들을 취하여 정념들로 변화시켰다는 사실을 깨닫지 못한 데서 비롯된 주장입니다. 예를 들어 우리는 간음하기 위해서, 자식을 낳기 위해서 정액을 남용합니다. 본성은 뱀에게 쏟아놓도록 위해서 우리에게 노염을 주었지만 우리는 그것을 이웃에게 쏟아냅니다. 덕에 탁월하려는 본성적 충동을 가지고 있는 우리가 악 안에서 경쟁합니다. 본성은 우리 안에서 거룩한 영광을 얻으려는 갈망을 자극합니다. 마귀들을 대적하여 오만하게 행하는 것은 자연스러운 일입니다. 우리는 본성적으로 기뻐하되 주님 때문에, 그리고 이웃에게 행한 선 때문에 기뻐해야 합니다. 우리는 본성적으로 영혼의 원수에게 분개해야 합니다. 우리에게는 본성적으로 방탕을 향한 욕망이 아닌 음식을 향한 욕망이 있습니다.

활동적인 영혼은 마귀들에게 도전합니다. 싸움이 크면 받을 상도 큽니다. 전혀 공격을 받지 않은 사람에게는 면류관이 없을 것입니다. 천사들은 실패에도 불구하고 참고 견디는 사람들을 우승자로 찬양할 것입니다.

땅 속에서 사흘 밤을 지내신 분은 돌아와서 영원히 사셨습니다. 세 시간을

정복한 사람은 결코 죽지 않을 것입니다.[62]

우리 안에서 떠오른 태양이 섭리에 따른 우리의 징계를 위해서 "그 지는 때를 안다면"(시 104:19), 흑암을 그의 숨는 곳으로 삼을 것입니다(시 18:11). 우리를 버려두고 떠났던 사나운 젊은 사자들이 다시 먹이를 찾아 헤매는 밤이 오면, 가시 같은 정념들의 숲에 사는 사자들과 모든 짐승들이 우리 안에 있는 희망을 붙잡으려고 으르렁거리며 생각이나 행위 안에서 정념의 양식을 찾으려 합니다. 우리의 겸손이라는 어둠을 뚫고 해가 떠오르면, 사나운 짐승들은 자기들의 처소인 육욕적인 마음 안에 모입니다(시 104:22 참조). 그리고 마귀들은 서로 "주님이 그들을 위해 기꺼이 큰일을 행하셨다"라고 말하며, 우리는 "주님이 우리를 위해 큰일을 행하셨으므로 우리가 기뻐하지만, 너희들은 추방당했다"고 말합니다. "보라 여호와께서 빠른 구름(세상적인 갈망을 초월한 우리 영혼)을 타고 애굽(어두워진 마음)에 임하시리니 애굽의 우상들(정신의 헛된 작용들)이 그 앞에서 떨겠고"(사 19:1).

그리스도는 전능하신 분이심에도 불구하고 육체적으로 헤롯에게서 도망치셨습니다. 그러므로 어리석은 사람들은 시험에 빠지지 않는 법을 배워야 합니다. "여호와께서 너를 실족하지 아니하게 하시며 너를 지키시는 이가 졸지 아니하시리로다"라고 기록되어 있습니다(시 121:3 참조).

메꽃 덩굴이 삼나무를 둘러싸듯이 허영은 용기를 둘러쌉니다. 자신이 어떤

---

62) "세 시간"의 의미는 분명하지 않다. Scholio 21a(1081A)에서는 사부 엘리아스의 말을 인용하여 그것이 죽음, 하나님의 임재 안에 들어가는 것, 심판이라고 암시한다. Scholio 21b(1081A)에서는 다른 해석을 제공한다: 젊음과 장년과 노년 또는 쾌락과 허영과 탐욕 또는 마귀의 세 가지 유혹(아마 그리스도께서 광야에서 당하신 세 가지 시험). 세 시간을 정복한 사람은 그리스도이며, 이 표현은 십자가에 달리신 세 시간을 언급한다고 볼 수 있다.

종류의 선을 성취했다는 생각에 굴복하지 않도록 항상 조심해야 합니다. 그것이 우리 내면의 특성이 되지 않도록 조심해야 합니다. 만일 그것이 우리 내면의 특성이라면, 우리는 분명히 실패할 것입니다.

정념들의 징후를 경계하여 꾸준히 지켜보면 우리 안에는 우리가 병들었을 때 주목하지 못했던 것들이 많음을 발견할 것입니다. 이는 우리가 너무 연약했거나, 그것들이 너무 깊이 뿌리를 내리고 있었기 때문입니다.

하나님은 우리의 의도들에 의해서 우리를 심판하시지만, 우리를 사랑하시기 때문에 우리의 능력 안에 있는 행동만 우리에게 요구하십니다. 자신의 능력 안에 있는 것을 모두 행하는 사람은 위대합니다. 그러나 겸손하게 능력 이상의 것을 행하려고 노력하는 사람은 한층 더 위대합니다.

종종 마귀들은 우리에게 쉽지만 소중한 것을 행하지 못하게 하고, 더 어려운 일을 행하게 만듭니다.

요셉이 복되다고 여김을 받은 것은 무정념의 증거를 보여주었기 때문이 아니라 죄의 원인을 피했기 때문입니다(창 39:12 참조). 따라서 피하면 면류관을 받게 되는 죄의 유형과 수효에 대한 질문을 하게 됩니다. 그늘에서 달려 나오는 것과 서둘러 의의 태양을 향해 가는 것은 서로 다릅니다. 어둠 안에 있는 것은 비틀거리는 것이요, 비틀거리는 것은 넘어지는 것이요, 넘어지는 것은 죽는 것입니다.

술에 취해 넘어진 사람은 물로 씻지만, 정념에 취해 넘어진 사람은 눈물로 씻어야 합니다.

흐림과 어둠과 맹목은 구분되어야 합니다. 흐림은 절제에 의해서 치료되고, 어둠은 독거에 의해 치료될 것입니다. 맹목은 순종, 그리고 우리를 위해 순종하신 하나님에 의해서 치료될 것입니다(빌 2:8 참조). 천국의 일에 몰두하는 정신을 가진 사람들을 비유하기 위해 세상에서 두 가지 예를 취할 수 있습니다. 주님을 따라 살아가는 수도사들의 공동체는 영혼의 더러움과 고약함과 결함을 문질러 제거하는 세탁소와 같습니다. 수도 공동체를 떠나서 고립되어 홀로 생활하는 것은 염색공장과 같습니다. 그곳에서는 육욕, 마음에 품고 있는 부당한 대우, 노염 등이 제거됩니다.

어떤 일에 있어서 우리가 거듭 타락하는 것은 이전의 타락에 대해 제대로 속죄하지 못한 데 그 원인이 있다고 주장하는 사람들이 있습니다. 그러나 그럴 경우에 어떤 사람들이 동일한 유형의 죄에 거듭 빠지지 않는 것은 그 죄에 대해서 적절히 회개했기 때문인가 하는 문제가 제기됩니다. 사람들이 동일한 죄를 거듭 범하는 원인은 이전에 범한 죄를 철저히 망각했기 때문이거나, 쾌락을 사랑하면서 하나님이 자비하신 분이라고 계속 생각하기 때문이거나, 아니면 구원의 소망을 완전히 포기했기 때문입니다. 내가 보기에 그들의 실질적인 문제점은 자신을 지배하는 습관을 확실히 붙잡을 힘을 가지고 있지 못하다는 데 있는 듯합니다.

영혼이 자기의 내면에 거하려 하는 악한 영들의 특성을 감지하지 못하는 이유는 무엇입니까? 이 질문에 대한 대답은 영혼과 육체의 연합에 있겠지만, 그것은 그 둘을 결합하신 분만 아십니다.

어느 경험 많은 분으로부터 우리가 죄를 범할 때 정신을 쇠약하게 만드는 영은 어떤 것이며, 고양시키는 영은 어떤 것인지 말해 달라는 질문을 받은 적이 있습니다. 나는 당황하여 그것을 알지 못한다고 고백했고, 그분은 이렇게 말했습니다: "당신에게 분별할 수 있는 원동력을 주겠습니다. 나머지는 당신 스스로 발견하십시오. 육욕의 영, 노염의 영, 탐식의 영, 낙담의 영, 졸림의 영 등은 정신을 격분시키지 않습니다. 그러나 축재蓄財의 영, 야망의 영, 수다의 영 등은 악에 악을 더합니다. 이것은 비판의 영이 후자에 더 가까운 이유이기도 합니다."

수도사는 한 시간이나 하루 동안 세상에 나가서 사람들을 방문하거나 세상 사람들을 손님으로 접대하며 지낸 후 그들과 헤어질 때 마치 덫에서 풀려난 사람처럼 기뻐해야 합니다. 만일 그가 헤어짐을 유감스럽게 느낀다면, 그것은 그가 허영이나 육욕의 노리개가 되었음을 드러내는 것입니다.

바람을 거슬러 항해하지 않으려면 바람이 부는 방향을 알아내야 합니다.

금욕생활을 실천하여 육신이 쇠약해진 노인들을 친절하게 대하며 어느 정도의 휴식을 취하게 하십시오. 그러나 죄로 영혼을 기진하게 만든 젊은이들은 억제되어야 하며, 영원한 고통을 생각해야 합니다.

경건생활을 시작하면서 즉시 탐식과 허영에서 벗어날 수는 없습니다. 그러나 초심자들의 경우에 탐식을 물리치는 것이 허영에 뛰어드는 것이라는 이유 때문에 허영을 미식美食으로 공격해서는 안 됩니다. 허영에는 검약으로 대처해야 합니다. 장차 주님이 우리에게 이 악덕을 짓밟을 능력을 주실 때가 올 것입니다.

경건생활을 시작할 때에 젊은이들과 늙은이들을 괴롭히는 정념이 다릅니다. 왜냐하면 그들은 상반되는 단점들을 가지고 있는 경우가 많기 때문입니다. 그렇기 때문에 겸손은 참으로 복된 것입니다. 그것은 젊은이들과 노인들 모두에게 안전하고 효과적인 회개를 이루어주기 때문입니다.

이제부터 내가 하려는 말을 과도하게 칭찬하지 마십시오. 드물게 참되고 고결한 영혼들, 악의와 위선과 속임수를 알지 못하는 영혼들, 수도 공동체 안에서 살지 못하는 영혼들이 있습니다. 그들은 영적 지도자의 도움을 받아 독거의 항구를 떠나며, 공동체 생활의 기복, 즉 걸림돌을 경험하지 않고서 하늘을 향해 올라갈 수 있습니다.

사람들은 호색적인 사람들을 치료할 수 있고, 천사들은 악의적인 사람들을 치료할 수 있습니다. 그러나 하나님만이 교만한 사람을 고치실 수 있습니다.

사랑에는 이웃이 자기가 원하는 것을 행하기 위해 자주 찾아오는 것을 허락하는 특성이 있는 듯합니다. 우리는 그러한 이웃에게 친절해야 합니다.

또 하나의 문제가 있습니다. 악을 파괴하는 것과 동일하게 선을 파괴할 수 있는 회개가 있습니까? 만일 있다면, 어떤 상황에서 얼마나 파괴합니까?

우리는 언제 죄와 맞서야 하는지, 정념들을 키우는 것들을 언제 얼마나 대적하여 싸워야 하는지, 그리고 언제 싸움을 멈추어야 하는지 등을 재빨리 파악해야 합니다. 우리는 약하기 때문에 죽음을 피하기 위해서 도망치는 편을 택해야 할 때가 있습니다. 우리를 의기양양하게 만드는 마귀, 쇠약하게 하는 마귀, 무정하게 만드는 마귀, 위로를 가져다 주는 마귀, 어둡게 해주는 마귀, 조명해 주는 체하는 마귀, 게으르게 만드는 마귀, 잘 속이는 마귀, 우리를 슬프게 하는 마귀, 쾌활하게 만드는 마귀가 어떤 것인지 지켜보아야 합니다.

경건생활을 시작한 후에 정념들이 경건생활을 시작하기 전보다 더 강력한 것을 발견할 수도 있는데, 그 때문에 당황할 필요는 없습니다. 병의 원인을 제거하면 다시 건강해질 것입니다. 그것들이 전에는 우리 안에 숨어서 모습을 드러내지 않았었던 것뿐입니다.

다른 일에 있어서는 완전함을 획득한 사람이 사소한 일에 있어서 마귀들의 유혹에 넘어가는 경우가 있습니다. 그럴 경우에는 즉시 그것을 제거하기 위해서 모든 방법을 사용해야 합니다.

날씨가 좋을 때에는 바람이 바다의 표면에서만 물결을 일으키지만 그렇지 않을 때에는 깊은 곳까지 휘저어 놓듯이, 악의 돌풍도 우리의 깊은 곳을 휘저어 놓습니다. 그것은 정념들의 지배를 받는 사람들의 마음을 혼란하게 만들지만, 진보한 사람들의 경우에는 마음의 표면만 일렁이게 합니다. 진보한 사람의 마음은 더럽혀지지 않았기 때문에 곧 평온을 회복합니다.

완전한 사람은 생각이 자신의 내면에서 오는 것인지, 하나님에게서 오는 것인지, 아니면 마귀들에게서 오는 것인지를 압니다. 마귀들이 처음부터 자동적으로 악을 제안하는 것이 아님을 기억하십시오. 여기에 어려운 문제가 있습니다.

영적인 눈은 몸을 비추어주며, 마음의 눈은 보이는 것과 보이지 않는 일에 있어서 분별의 가르침을 받습니다.

1-26 계단의 요약

    강한 믿음이 극기와 자제의 근원입니다. 이것과 반대되는 것은 분명히 드러납니다.

    흔들림이 없는 희망은 초연(이탈)으로 들어가는 문입니다. 이것과 반대되는 것은 명백히 드러납니다.

    하나님 사랑은 유배생활의 기초입니다. 이것과 반대되는 것을 분명히 알 수 있습니다.

    자기비판은 순종 및 건강하려는 갈망을 낳습니다.

    자제는 건강의 근원입니다. 자제의 근원은 죽음을 생각하는 것이며, 우리 주님이 마신 쓸개와 식초입니다.

    독거생활은 순결의 기초요 조력자입니다. 금식은 육체의 불을 소멸시킵니다. 마음의 통회는 더러운 생각들의 적입니다.

    믿음 및 세상을 버리는 것이 탐욕의 죽음입니다.

    긍휼과 사랑은 육신의 배반자입니다.

    꾸준한 기도는 낙담의 죽음입니다.

    심판에 대한 기억은 열심을 장려해 줍니다.

치욕을 사랑하는 것이 노염의 치료법입니다. 찬송을 부르는 것과 긍휼을 나타내는 것과 가난은 슬픔을 없애줍니다.

감각으로 인식한 것에서 이탈하는 것은 영적인 것을 보는 것을 의미합니다.

침묵과 독거는 허영의 적입니다. 많은 사람들 가운데 있을 때 수치를 구하십시오.

공공연한 교만은 암담한 환경이 고쳐주겠지만, 우리 안에 감추어져 있는 교만은 영원부터 눈에 보이지 않는 하나님만이 고치실 수 있습니다.

사슴은 눈에 보이는 뱀들을 죽이고, 겸손은 영의 뱀들을 죽입니다.

자연세계에 존재하는 모든 것을 통해 지성적인 것들을 인식하는 법을 배울 수 있습니다.

뱀은 좁은 구멍 속으로 기어 들어가야만 낡은 껍질을 벗을 수 있고, 우리는 금식과 수치의 협착한 길을 취해야만 옛 성향들과 낡아빠진 영혼과 옛 사람의 옷을 벗을 수 있습니다.

몸이 비대한 새가 하늘을 향해 날 수 없듯이, 육체에 굴복하고 육체를 만족시키는 사람도 하늘나라를 향할 수 없습니다.

돼지들은 마른 땅을 좋아하지 않으며, 말라버린 육체에는 마귀들이 잠복하지 않습니다.

장작을 너무 많이 넣으면 연기가 나고 불이 꺼질 수 있습니다. 지나친 슬픔은 영혼을 어둡게 만들고 눈물을 마르게 할 수 있습니다.

눈먼 사수射手는 소용이 없고, 논쟁을 좋아하는 제자는 버림을 받습니다. 단련된 철은 단련되지 않은 것을 연마할 수 있습니다. 열성적인 형제는 게으른 형제를 구할 수 있습니다.

품어 부화된 알에서 병아리가 나오듯이, 고백되지 않은 악한 생각은 악한 행동을 낳습니다.

달리는 말들은 서로 경쟁합니다. 열성적인 공동체는 각 사람의 열심을 장려합니다.

구름이 태양을 가리듯이, 악한 생각은 정신을 흐리게 하고 파괴합니다.

사형선고를 받고 형장으로 가는 사람은 극장에 대해 논하지 않습니다. 진심으로 자기의 죄를 한탄하는 사람은 식욕을 충족시키려 하지 않을 것입니다.

가난한 사람들은 왕의 보물들을 보면 자신의 궁핍함을 더 크게 의식합니다. 교부들의 위대한 덕에 대한 글을 읽는 영혼은 한층 더 겸손한 사고방식을 취합니다.

자석은 철을 마구잡이로 끌어당깁니다. 나쁜 습관에 사로잡힌 사람은 그 습관의 지배를 받습니다.

금식은 육체의 무의식적인 정념의 불을 끕니다.

둑을 쌓아 막으면, 물이 거꾸로 흐릅니다. 위험에 직면한 영혼은 종종 하나님께 돌아가며 회개하여 구원을 받습니다.

향수를 뿌린 사람은 자신의 뜻과 상관없이 향내에 의해 탐지됩니다. 하나님의 영을 지닌 사람은 말과 겸손함에 의해 탐지됩니다.

바람은 깊은 곳을 휘저어 놓고, 짜증은 정신을 휘저어 놓습니다.

어떤 것을 보지 못한 채 듣기만 했다면, 그것을 원하는 마음이 그리 크지 않습니다. 그러므로 무지는 순결에 큰 도움이 됩니다.

도둑은 왕의 갑옷이 저장된 곳을 약탈하지 않습니다. 마음을 기도와 결합시킨 사람들을 영적 도둑들은 공격하지 않습니다.

불이 눈을 만들어내지 못하듯이, 이 세상에서 영광을 구하는 사람들은 천국에서 영광을 얻지 못할 것입니다.

작은 불이 큰 숲을 태우듯이, 하나의 선한 행동이 많은 죄를 씻어버릴 수 있습니다(약 3:5, 5:20 참조).

무기가 없으면 사나운 짐승을 죽일 수 없고, 겸손하지 않으면 노염에서 벗어날 수 없습니다.

우리가 본래 음식이 없이는 생존할 수 없듯이, 임종을 앞두고 있을 때는 한순간이라도 태만해서는 안 됩니다.

햇빛이 작은 틈을 뚫고 들어와 집을 밝혀주며 작은 먼지까지도 드러내주듯이, 주님에 대한 경외심이 마음에 들어오면 우리의 모든 죄가 드러납니다.

게는 어떤 때는 앞으로 가고 어떤 때는 뒤로 가기 때문에 쉽게 잡을 수 있습니다. 마찬가지로 때에 따라 웃기도 하고 슬퍼하기도 하며 사치하게 사는 사람은 발전할 수 없습니다.

잠든 사람은 쉽게 약탈당하며, 세상을 가까이 하는 사람은 쉽게 덕을 빼앗깁니다.

사자와 싸우는 사람이 잠시라도 한눈을 팔면 치명적인 결과가 초래됩니다. 몸을 대적하여 싸우는 사람이 잠시라도 몸에 굴복하는 것은 치명적인 일입니다.

썩은 사다리를 올라가는 것은 위험한 일입니다. 마찬가지로 명예와 영광과 권세는 겸손을 위협합니다.

굶주린 사람이 빵을 생각하듯이, 구원을 간절히 원하는 사람은 죽음과 심판을 생각합니다.

물이 얼룩을 씻어내듯이, 눈물이 죄를 씻어버릴 수 있습니다. 물이 부족하면 얼룩을 씻기 위해서 다른 것을 사용하듯이, 눈물이 부족한 영혼은 슬픔, 신음, 애통 등을 사용하여 죄를 몰아냅니다.

거름더미에는 벌레들이 많습니다. 음식을 많이 먹으면, 타락, 악한 생각, 꿈 등이 많아집니다.

두 다리를 결박당한 사람은 자유롭게 걸을 수 없고, 보물을 간직하고 있는 사람은 하늘나라로 올라갈 수 없습니다.

새로 생긴 상처는 쉽게 치료될 수 있지만, 오래된 상처를 가진 영혼은 쉽게 치료될 수 없습니다. 혹시 치료된다고 해도 힘들게 치료됩니다.

죽은 사람이 걸을 수 없듯이, 낙심한 사람은 구원받을 수 없습니다.

참 믿음을 가지고 있다고 주장하면서도 계속 죄를 범하는 사람은 눈이 없는 사람과 같습니다. 믿음이 없지만 선을 행하는 사람은 물을 길어 구멍 뚫린 통에 붓는 사람과 같습니다.

하나님을 항해사로 모시고 항해하는 사람은 안전하게 항구에 도착합니다. 과거에 부당한 일을 많이 행했더라도 선한 목자와 함께 하는 영혼은 쉽게 하늘나라를 향해 올라갑니다.

신중한 사람이라도 안내자가 없으면 쉽게 길을 잃을 수 있습니다. 세상의 모든 지혜를 가지고 있지만 홀로 수도생활을 하는 사람은 쉽게 길을 잃을 수 있습니다.

육체가 연약하며 심각하게 타락했던 사람은 겸손의 길을 걸으십시오. 구원에 이르는 다른 길은 없습니다.

오랫동안 병을 앓던 사람이 순식간에 건강을 회복할 수 없듯이, 순식간에 정념들을 정복할 수 없습니다.

각각의 정념들과 각각의 덕들의 정확한 상태를 계속 추적하십시오. 그리하면 자신이 얼마나 진보하고 있는지 정확하게 알 수 있을 것입니다.

금을 주고 진흙을 사는 것은 손해 보는 일입니다. 물질적인 이익을 위해서 영적인 것을 제시하는 사람의 경우도 마찬가지입니다.

많은 사람들이 신속하게 죄 사함을 받았습니다. 그러나 신속하게 무정념을 획득한 사람은 하나도 없습니다. 그것은 많은 시간과 수고와 하나님을 필요로 하는 일이기 때문입니다.

우리는 씨를 뿌릴 때, 싹이 나서 자랄 때, 그리고 수확할 때 어떤 짐승과 새들이 해를 끼치려 하는지 알아내고 적절한 덫을 준비해야 합니다.

열병을 앓는다고 해서 자살해서는 안 되며, 죽는 순간까지 절망하지 말아야 합니다.

아버지를 장사지낸 직후에 결혼하는 것은 옳지 않으며, 자기의 죄로 인해 슬퍼하는 사람이 이 세상에서 명예와 영광과 쉼을 구하는 것도 옳지 않습니다.

선량한 시민들이 사는 장소와 죄수들이 사는 장소가 다릅니다. 죄로 인해 애통하는 사람들의 신분과 무죄한 사람들의 신분에는 차이가 있어야 합니다.

왕은 전쟁터에서 중상을 입은 군인을 퇴역시키지 않고 진급시킵니다. 마찬가지로 하늘나라 왕은 마귀들로부터 오는 많은 위험을 참고 견딘 수도사들에게 면류관을 주십니다.

죄는 영혼의 특성인 지각知覺을 파괴합니다. 양심의 산물인 지각은 악을 종식시키거나 감소시킵니다. 양심은 수호천사에게서 오는 말과 비난으로서, 우리는 세례 받을 때부터 그것을 소유합니다. 그렇기 때문에 세례 받지 않은 사람의 영혼은 자신의 악한 행위로 인해서 큰 슬픔을 느끼지 않습니다.

악을 줄이면 악을 삼가게 되는데, 이렇게 악을 삼가는 것이 회개의 출발점입니다. 회개의 시작은 구원의 시작이요, 구원의 시작은 선한 의도요, 선한 의도는 노력을 낳습니다. 노력의 시작은 덕이요, 덕의 시작은 개화開花요, 덕의 개화는 활동의 시작입니다.

덕의 결과는 견인입니다. 견인의 결과와 열매는 습관이요, 습관의 결과는 성품입니다.

선한 성품은 두려움을 낳고, 두려움은 하늘과 땅의 계명들을 준수하게 합니다. 계명을 지키는 것은 사랑을 나타내는 것이요, 사랑의 출발점은 겸손이며, 겸손은 무정념의 결과입니다. 무정념을 소유하는 것은 사랑의 충만입니다. 사랑의 충만이란 무정념을 통해서 마음이 깨끗해져서 하나님을 보게 될 사람들 안에 하나님께서 완전히 거하시는 것을 의미합니다(마 5:8). 하나님을 영원히 찬양할지어다. 아멘.

스물일곱 번째 계단

정적

우리는 계약을 맺어 악한 정념들에게 팔린 노예들과 같습니다. 그렇기 때문에 그것들의 속임수와 사기와 책략을 조금은 압니다. 우리는 불쌍한 우리 영혼 안에서 이루어지는 그것들의 폭정을 압니다. 한편 성령의 역사 및 스스로 성취한 자유 때문에 그것들의 책략을 완전히 이해하는 사람들도 있습니다. 병든 우리는 건강의 좋은 점을 상상할 수 있을 뿐이지만, 그들은 건강하기 때문에 질병에 따르는 쇠약함을 이해하고 이야기할 수 있습니다.

나는 약하고 우유부단하기 때문에 독거의 항구에 대해서 이야기하기를 주저합니다. 선한 교제의 식탁 앞에는 빵부스러기를 먹으려고 기다리는 개, 다시 말해서 빵부스러기를 입에 물고 달려 나가서 천천히 먹는 영혼이 있습니다. 나는 그러한 기회를 살피고 있는 사람들에게 기회를 제공할 말을 하고 싶지 않습니다. 담대하게 우리의 왕을 따르는 사람들에게, 전쟁터에 나가있는 용사들에게 평화에 대해 말하는 것은 옳지 않다고 생각합니다. 나는 단지 싸움에서 약해지지 않는 사람들에게는 평화와 평정이라는 면류관이 준비되어 있다고 말하렵니다.

그러나 누구의 기분도 상하지 않게 하려면 이 장의 주제를 언급해야 합니다.

그러므로 정적stillness; hesychia에 대해서 간단히 언급하겠습니다.

몸의 정적은 우리의 감정과 지각작용에 대해 정확하게 알고 관리하는 것입니다. 영혼의 정적은 자신의 생각을 정확히 아는 것이요, 난공불락의 정신입니다.

용감하고 단호한 생각은 정적의 동반자입니다. 그것은 마음의 문을 지키며, 침입하는 개념들을 죽이거나 몰아냅니다. 마음 깊은 곳에서 정적을 실천하는 사람은 이 말의 의미를 이해하겠지만, 초심자는 그것을 경험하거나 알지 못할 것입니다.

기민한 헤시카스트hesychast에게는 말이 필요하지 않습니다. 그는 말보다는 행위에 의해서 가르침을 받습니다.

정적의 출발점은 모든 시끄러운 것들을 영혼의 깊은 곳을 어지럽게 만든다고 여겨 거부하는 것입니다. 그것의 종착점은 더 이상 시끄러운 소란을 두려워하지 않는 상태입니다. 내적 고독을 유지하는 사람은 외출할 때도 관대하고 완전히 사랑을 소유하며, 쉽게 말하거나 노여워하지 않습니다.

이상한 말 같지만 헤시카스트는 자신의 영적 자아를 몸이라는 집 안에 가두어 두기 위해 싸우는 사람입니다.

고양이는 쥐를 붙잡고 놓지 않습니다. 헤시카스트의 생각은 영적인 쥐를 붙잡고 놓지 않습니다. 이 비유를 우습게 여기는 사람은 정적의 의미를 이해하지 못한 사람입니다.

독수도사는 다른 수도사들과 함께 사는 수도사와 다릅니다. 독수도사는 많이 경계해야 하며, 정신이 민첩해야 합니다. 다른 수도사들과 함께 사는 수도사는 종종 형제의 도움을 받지만, 독수도사는 천사들의 도움을 받습니다.

영혼 안에서 정적을 실천하는 사람의 삶과 예배에는 하늘나라 권세들이 함께 참여합니다.

　교의의 깊은 사상은 위대합니다. 그러나 독수도사의 정신은 안전하게 그것을 뛰어넘습니다.

　옷을 입은 채 수영하는 것은 위험합니다. 정념의 노예는 신학에 손을 대지 말아야 합니다.

　헤시카스트의 수실은 그의 몸입니다. 그의 내면은 지식의 거처입니다.

　영혼이 정념으로 병든 사람이 홀로 지내는 것은 배에서 바다에 뛰어들어 널빤지를 타고 안전하게 해안에 도착할 것이라고 생각하는 것과 같습니다.

　자신의 몸과 싸우는 사람은 영적 지도자의 지도하에 적절한 시기에 홀로 수도생활을 해야 합니다. 만일 당신이 홀로 수도생활을 하려면, 천사의 힘이 필요합니다. 이것은 영적으로나 육체적으로 진정한 독거생활을 하는 사람에 대한 말입니다.

　헤시카스트가 게을러지면 거짓말을 하기 시작합니다. 그는 자신이 독거생활을 그만둘 것을 사람들에게 넌지시 암시하며, 수실을 떠날 때는 마귀들을 탓합니다. 그러나 자기 자신이 마귀로 변했다는 것을 알지 못합니다.

　나는 하나님을 향해 한없이 타오르는 갈망을 지닌 헤시카스트들을 알고 있습니다. 그들은 열심에 의해서 열심을, 사랑에 의해서 사랑을, 갈망에 의해서 갈망을 만들어 냅니다.

　헤시카스트는 세상에 사는 천사와 같습니다. 그는 사랑의 종이와 열심의 문자로써 자신의 기도를 나태와 부주의로부터 해방시킨 사람입니다. 그는 공개적으로 "하나님이여 내 마음이 확정되었습니다"(시 57:7), "내가 잘지라도 마음은 깨었다"(아 5:2)라고 외칩니다.

　수실의 문을 닫아 당신의 몸이 들어오지 못하게 하고, 혀의 문을 닫아 말하지 못하게 하고, 내면의 문을 닫아 악한 영들이 들어오지 못하게 하십시오. 한낮의 뜨거운 태양 아래 있거나 바람이 없어서 배를 멈출 수밖에 없을 때에 선원의 인내심은 시험을 받습니다. 독수도사의 인내심은 필요한 물건이 부족할 때 시험을 받습니다. 선원은 조급해지면 바다에 뛰어들어 헤엄치며, 낙심한 독수도사는 많은 사람들을 찾아 나섭니다.

시끄럽고 허튼 말을 두려워하지 마십시오. 애통의 영은 그것을 두려워하지도 않고 그것 때문에 당황하지도 않습니다.

참된 기도에 익숙해진 정신의 소유자들은 마치 황제의 귀에 속삭이듯이 주님께 직접 이야기합니다. 소리 내어 기도하는 사람은 원로원 앞에 선 것처럼 주님 앞에 엎드립니다. 세상에 사는 사람은 붐비는 사람들 가운데서 황제에게 청원합니다. 기도의 기법을 체계적으로 배운 사람은 이 말의 의미를 이해할 것입니다.

할 수 있다면 높은 곳에 앉아서 지켜보십시오. 그러면 도둑들이 오는 것을 볼 것입니다. 언제, 어디에서, 어떻게, 어떤 종류의 도둑이 얼마나 와서 우리의 포도송이를 도둑질해 가는지 발견할 것입니다.

파수꾼은 피곤하면 일어서서 기도한 후에 다시 앉아서 담대하게 임무를 수행합니다.

이 모든 것들을 경험하여 아는 사람이 그것들에 대해 상세히 묘사하기를 원했습니다. 그러나 그는 두려웠습니다. 그는 이미 그 일을 시작한 사람들을 낙심으로 이끌고 싶지 않았고, 또 자기의 말 때문에 그 일을 시작하려는 사람들이 겁을 내어 도망치게 하고 싶지도 않았습니다.

정적에 대한 지식을 가지고서 명석하게 말하기 시작하는 사람은 마귀들을 자극하여 자신을 대적하게 만듭니다. 왜냐하면 다른 사람은 마귀들의 일을 그처럼 멸시하게 만들 수 없기 때문입니다.

정적을 이룬 사람은 신비의 중심에 이른 사람입니다. 만일 그가 악한 영들의 소리와 파도소리를 보고 듣지 않았다면, 만일 그 물이 그에게 튀지 않았다면 그는 결코 그곳에 도착하지 못했을 것입니다. 바울이 이것을 확인해 줍니다. 만일 그가 낙원에 끌려 올라가지 않았다면, 그는 말로 표현할 수 없는 말을 듣지 못했을 것입니다(고후 12:4 참조). 독수도사는 하나님에게서 놀라운 말을 들을 것입니다. 그렇기 때문에 지혜로운 욥은 "어떤 말씀이 내게 가만히 이르고 그 가느다란 소리가 내 귀에 들렸었나니"라고 말합니다(욥 4:12).

독수도사가 사람들에게서 도망치는 것은 그들을 미워하기 때문이 아닙니다. 독수도사는 하나님의 사랑스러움에서 떨어지는 것을 원하지 않습니다.

당신이 가진 모든 것을 나누어 주십시오. 당신이 가진 것을 가난한 수도사들에게 주어 그들로 하여금 홀로 수도하는 당신과 함께 기도하도록 하십시오. 순종하면서 당신의 십자가를 지고 가십시오. 좌절된 당신의 의지의 짐을 인내하며 지고 가십시오. "그리고 와서 나를 따르라"(마 19:21). 복된 정적과 함께 오십시오. 그리하면 영적 권세들의 활동과 행위를 가르쳐 주겠습니다. 그들은 자기를 지으신 분을 영원히 찬양합니다. 정적의 천국에 들어간 사람은 자기를 지으신 분을 쉬지 않고 찬양합니다. 영들은 물질적인 것을 생각하지 않으며, 육체적인 몸 안에서 영적으로 변화된 사람들은 음식에 관심을 두지 않을 것입니다. 전자는 그것을 전혀 알지 못하고 후자는 그것에 대한 약속을 필요로 하지 않으며, 전자는 돈과 가재家財에 대해 무관심하며 후자는 악령들의 악의에 주의를 기울이지 않습니다. 하늘에 거하는 사람들은 눈에 보이는 피조물을 동경하지 않으며, 세상에 거하는 사람들은 감각될 수 있는 것을 동경하지 않습니다. 전자는 쉬지 않고 사랑 안에서 전진하며, 후자는 쉬지 않고 그들을 본받기 때문입니다. 전자는 자신의 진보의 가치를 잘 알고 있으며, 후자는 자신의 사랑 및 천국으로 올라가는 데 대한 동경을 이해합니다. 전자는 스랍 천사의 세계로 올라갈 때만 진보를 단념할 것이며, 후자는 천사가 될 때 천국에 대한 동경을 멈출 것입니다. 소망을 갖는 사람이 복되며, 살아 있을 때 천사가 된다는 약속을 보는 사람은 세 배나 복됩니다.

여러 종류의 정적

모든 학문들의 개념과 목표는 각기 다릅니다. 모든 사람에게는 열심이 부족하거나 능력이 부족한 데서 생기는 결점이 있습니다. 어떤 사람들은 혀를 지배하지 못하거나 육체에 속한 과거의 습관 때문에 독수생활의 항구나 바다나 심연에 들어갑니다. 어떤 사람은 사람들과 함께 있을 때 좋지 않은 성질을 억제하지 못하거나 다른 사람의 지도를 받으면서 살기보다는 홀로 지내는 것이 낫다는 오만한 생각 때문에 독수생활을 시작합니다. 어떤 사람들은 자신이 물질들을 소유하는 한 그것들이 없이는 살 수 없기 때문에, 독수생활을 시작합니다. 어떤 사람은 독수생활이 열심을 강화해 줄 것이라고 생각하기 때문에, 어떤 사람은 자기의 잘못을 은밀하게 벌하기 위해서 독수생활을 시작합니다. 어떤 사람은 그 생활이 가져다 줄 영광을 생각합니다. 또 하나님의 사랑을 향한 갈망 때문에 이 거룩한 생활을 시작하는 사람들이 있습니다. 그들은 낙담을 완전히 버린 후에 비로소 그러한 연합을 성취합니다. 낙담을 하나님 사랑과 연결하는 것은 간음하는 것과 같습니다.

나는 아는 것이 빈약하여 이류 기술자밖에 되지 못하지만, 지금까지 거룩을 향해 올라가는 사다리를 조립했습니다. 각 사람은 자신이 올라서 있는 계단에 주목해야 합니다. 그것이 이기심의 계단입니까, 명예의 계단입니까, 수다의 계단입니까, 격한 성질의 계단입니까? 아니면 소유욕의 계단입니까? 그것이 대속의 계단입니까, 보다 큰 열심의 계단입니까? 점점 더 뜨거워지는 사랑의 계단입니까? "먼저 된 자로서 나중 되고 나중 된 자로서 먼저 될 자가 많을 것입니다"(마 19:30). 처음 일곱 가지는 세상에서의 한 주간에 행하는 일인데, 선한 것도 있고 그렇지 못한 것도 있습니다. 그러나 여덟 번째 계단은 다음 세대의 표식을 가지고 있습니다.

독수도사는 사나운 짐승들이 활동하는 시간을 경계해야 합니다. 그렇지 않으면 적절한 덫을 준비할 수 없을 것입니다. 만일 그가 낙담을 털어버렸다면 이것은 불필요한 일이 되겠지만, 여전히 낙담에 시달리고 있다면 홀로 지내는 생활을 어떻게 견뎌낼 수 있을지 나는 알지 못합니다.

왜 타벤니시Tabennisi의 교부들 중에는 스케티스Scetis의 교부들만큼 많은 현인들이 없었습니까?[63] 나는 그 이유를 말할 수 없고, 말하고 싶지도 않습니다.

어떤 사람은 정념들을 억제하기 위해서 일합니다. 어떤 사람들은 대부분의 시간을 시편을 노래하고 기도하면서 보냅니다. 어떤 사람은 깊은 관상기도를 실천합니다. 어떤 상황이든지 사다리에 따라서 조사하고 주님 안에서 받아들여야 합니다.

수도원에는 게으른 영혼들이 있습니다. 그들은 게으름을 육성하는 모든 것

---

[63] 상부 이집트의 타벤니시는 파코미우스(Pachomius)의 최초의 수도원이 있었던 곳이다. 이 수도원의 특징은 수도원장 밑에서 엄격한 공동생활을 하며 공동 식사와 공동 예배를 행한 것이었다. 하부 이집트의 스케티스(Wadi al-Natrun)는 은둔자들이 거처하는 중심지였다. 그곳에서는 독수도사들이나 소그룹의 수도사들이 헤시키아를 실천할 수 있었다. 스케티스는 종종 일반 명사로 사용되어 북쪽으로 약 40마일 떨어진 곳에 있는 니트리아를 포함하기도 했다. 사막 교부들의 금언집에 수록된 많은 유명한 교부들은 스케티스 또는 니트리아 출신이었다.

에 굴복하여 완전히 좋지 못한 결과에 이릅니다. 반면에 공동체 안에 살면서 게으름을 완전히 제거하는 사람들도 있습니다. 이런 일은 부주의한 사람들에게서 발생할 뿐만 아니라 열성적인 사람들에게서도 발생합니다.

독수생활에 대해서도 같은 말을 할 수 있습니다. 많은 노련한 수도사들은 독수생활을 시작했지만 지도자가 없어 실패함으로써 자신이 쾌락을 사랑한다는 것을 입증했습니다. 어떤 사람들은 심판에 대한 두려움과 염려 때문에 이 생활을 받아들여 열심을 기울였습니다.

자만심이 강하고 성질이 더러운 사람, 위선적이고 불평이 많은 사람이 독수생활을 시작해서는 안 됩니다. 자칫하면 전혀 유익을 얻지 못하고 오히려 건강한 정신을 잃을 염려가 있습니다. 이러한 결점들이 없는 사람들 중에는 무엇이 가장 선한지 아는 사람이 있을 것입니다.

다음은 정적을 바르게 실천하고 있음을 알려주는 징조와 증거요, 그 단계들입니다: 즉 침착한 정신, 정화된 기질, 주님 안에 있는 큰 기쁨, 영원한 고통을 기억함, 죽음의 긴박함, 기도하고픈 충족되지 않는 충동, 끊임없는 경계, 육욕의 부재, 애착을 느끼지 못함, 세속성의 부재, 탐식의 종식, 신학을 실천할 수 있는 기초,[64] 분별의 샘, 눈물을 동반하는 휴식, 수다의 종식 등인데, 이것들은 대부분의 사람들에게 생소한 것들입니다.

다음은 정적을 잘못 실천하고 있음을 보여주는 표식들입니다: 영적 보물의 부족, 노염의 증가, 분개의 성장, 사랑의 감소, 허영의 급증. 이것들의 뒤를 따르는 것들에 대해서는 이야기하지 않겠습니다.

이제 순종하며 사는 사람들에 대해 이야기하겠습니다.

---

64) 여기에서 신학이란 하나님에 대한 직접적인 체험을 의미한다.

이 조용하고 바람직한 순종의 길과 합법적으로 순결하고 순수하게 결합한 사람들의 표식이 있습니다. 그것은 날마다 증가하고 성장합니다. 기본적인 겸손이 진보합니다. 나쁜 기질은 감소하는데, 그것은 쓸개즙처럼 완전히 고갈되어야 합니다. 어둠이 흩어지고 사랑이 다가옵니다. 징념들을 멀리하며, 미움을 피합니다. 육욕이 끊임없이 비판을 받아 감소하고, 낙담이 사라지며, 열심이 증가합니다. 자비로운 사랑이 생기고, 교만이 쫓겨납니다. 이것은 모든 사람이 구해야 하는 것이지만, 이 일에 완전히 성공하는 사람은 거의 없을 것입니다. 물이 없는 우물을 우물이라 할 수 없습니다.

결혼생활에 성실하지 못한 여인은 몸을 더럽힙니다. 서원에 충실하지 못한 영혼은 자기의 영을 더럽힙니다. 결혼생활에 성실하지 못한 여인은 미움을 받고 비난을 받고 매 맞고 쫓겨납니다. 서원에 충실하지 못한 영혼에게 발생하는 일은 타락, 죽음의 망각, 만족을 모르는 식욕, 시선을 제어하지 못함, 허영, 잠자고 싶은 욕망, 냉담한 마음, 무감각, 악한 생각들의 축적, 마음의 포로됨, 영적 대격변, 불순종, 논쟁을 좋아함, 사물에 대한 애착, 불신앙, 의심, 수다, 거리낌 없고 안일한 대인관계 등입니다. 가장 비참한 것은 가책을 느끼지 못하는 마음인데, 그 뒤에는 무감각이 따라옵니다. 무감각은 타락의 근원이요, 마귀들의 근원입니다.

여덟 가지 악한 영들 중에서 다섯 가지는 독수도사를 공격하고, 세 가지는 순종하며 사는 사람들을 공격합니다.[65]

정적hesychia을 실천하면서 낙담과 싸우는 수도사는 종종 해를 입습니다. 왜

---

[65] *Scholion* 14 (1120C)에서는 다섯 가지를 낙담, 허영, 교만, 의기소침, 노염이라고 밝히며, 세 가지는 탐식과 음란과 탐욕이라고 밝힌다.

냐하면 기도하고 관상하며 보내야 할 시간을 자신의 문제와 싸우기 위해 필요한 씨름에 보내기 때문입니다.

언젠가 나는 태만하게 수실에 앉아 있었습니다. 나는 수실을 떠날 생각을 하고 있었습니다. 그런데 손님들이 찾아왔습니다. 그들은 나의 헤시카스트생활을 칭찬하기 시작했는데, 그때 나의 태만함이 허영심이 강한 생각으로 변했습니다. 나는 뿔이 세 개 달린 이 마귀가 모든 사람들을 대적하는 방법에 놀랐습니다.

낙담의 영은 우리의 동반자입니다. 매 시간 그를 지켜보십시오. 그의 움직임, 성향, 얼굴의 변화에 주목하십시오. 그의 특성과 그가 취하는 방향을 주시하십시오. 성령에게서 평온의 은사를 받은 사람은 이 말을 이해할 것입니다.

정적의 우선적인 임무는 선한 일이든 나쁜 일이든 전혀 개입하지 않는 것입니다. 선한 일에 대한 관심은 나쁜 일로 이어집니다. 둘째 임무는 절박하게 기도하는 것입니다. 셋째 임무는 거역할 수 없는 마음의 활동입니다. 알파벳을 모르면 책을 읽을 수 없듯이, 첫째 임무를 행하지 않으면 나머지 두 가지 일을 행할 수 없습니다.

나는 이것들 중 둘째 임무를 행하면서 중간 단계에 들어갔습니다. 나는 갈급한 상태에서 주님이 눈에 보이는 형체를 취하시기 전에 어떤 모습이셨는지 질문했는데, 그때 하나의 빛이 나에게 임했습니다. 천사는 그것을 말하는 것을 허락받지 못했기 때문에 나에게 말해줄 수 없었습니다. 나는 천사에게 "주님은 지금 어떤 상태이십니까?"라고 물었는데, 주님은 우리에게는 적절하지 않지만 그분에게 적절한 상태에 계시다는 대답을 들었습니다. 나는 "아버지의 우편에 앉거나 서는 것의 본질은 어떤 것입니까?"라고 물었습니다. 천사는

"그러한 신비를 인간의 귀로는 들을 수 없습니다"라고 대답했습니다. 나는 그에게 내 마음이 갈망하는 곳으로 데려가 달라고 간청했지만, 그는 내 안에서 썩지 않는 불이 충분히 강하게 타오르고 있지 않기 때문에 아직 때가 되지 않았다고 말했습니다. 이런 일이 벌어지는 동안 내가 몸 안에 있었는지 몸 밖에 있었는지 말할 수 없습니다(고후 12:2 참조).

특히 여름 낮에는 졸음을 떨쳐 버리기 어렵습니다. 그럴 때 육체 노동이 허락됩니다.

낙담의 마귀는 육욕의 마귀가 들어올 수 있는 길을 열어줍니다. 그것은 헤시키아를 실천하는 사람들의 몸을 약하게 만들고 잠들게 만들어 내면을 부패하게 합니다. 이 마귀들과 열심히 싸우십시오. 그러면 그것들도 무섭게 우리를 공격할 것입니다. 그것들은 노동이 가치가 없다고 말하여 우리로 하여금 노동을 그만 두게 만들려 할 것입니다. 그러나 마귀들이 난폭하게 우리를 공격하는 것은 그들의 목적이 실패했음을 보여주는 가장 좋은 증거입니다.

공개적으로 외부에 나갈 때는 우리가 지금까지 쌓아올린 것을 보호해야 합니다. 새장의 문이 열리면 새들은 날아갑니다. 그런 일이 발생하면, 계속 정적을 유지할 목적이 없어집니다.

눈에 들어간 눈썹 하나가 눈을 괴롭게 하듯이, 사소한 염려가 정적을 방해합니다. 정적이란 생각들을 배제하는 것, 심지어 합리적인 염려까지도 거부하는 것을 의미합니다.

정적을 획득한 사람은 육체를 무시합니다. 하나님은 거짓 약속을 하시지 않습니다.

하나님께 깨끗한 마음을 바치기 원하면서도 염려에 시달리는 사람은 마치 두 다리가 묶인 채 빨리 걸으려 하는 사람과 같습니다.

세상의 철학에 뛰어난 전문가는 많지 않습니다. 정적의 철학에 탁월한 사람은 그보다 훨씬 더 적습니다.

하나님 경험이 없는 사람은 독수생활을 시작하지 말아야 합니다. 만일 그런 사람이 홀로 수도생활을 한다면 많은 위험에 직면할 것입니다. 정적은 경험이 없는 미숙한 사람을 질식시킵니다. 그런 사람은 하나님의 사랑을 맛보지 못했기 때문에 공격을 받을 때 낙담하고 분심한 상태에서 시간을 허비합니다.

기도의 가치를 경험한 사람은 마치 야생 당나귀를 피하듯이 북적이는 사람들을 피합니다. 결국 기도는 그로 하여금 당나귀를 닮게 하고 모든 사람들을 피하게 합니다.

광야에 살면서 정념에 사로잡힌 사람은 정념이 속삭이는 쓸데없는 소리에 귀를 기울입니다. 나는 복된 조지 아르실라이테스George Arsilaites[66]에게서 이것을 배웠습니다. 그는 당신[67]도 아는 분이며, 과거에 나에게 헤시키아를 가르쳐 준 영적 지도자였습니다. 그는 다음과 같이 말했습니다: "내가 관찰한 바에 의하면 허영의 마귀와 색욕의 마귀는 주로 아침에 우리를 공격합니다. 낮에는 낙담의 마귀, 우울의 마귀, 그리고 노염의 마귀가 공격합니다. 저녁에는 식욕과 관련된 마귀들이 공격합니다."

생각을 지배하지 못한 채 독수생활을 하기보다는 순종하며 가난하게 사는 편이 낫습니다.

좋은 이유로 헤시키아를 시작했으면서도 그것이 날마다 얼마나 유익을 주는

---

66) 아나스타시우스의 이야기에 종종 등장하는 영적 교사이다.

67) 라이투(Raithu)의 수도원장 요한을 말한다. 『사다리』는 이 사람의 요청을 받아 저술한 것이다.

지 알지 못하는 것은 헤시키아를 실천하는 방법이 잘못되었거나 자부심 때문에 침묵을 실천하지 못하기 때문입니다.

헤시키아는 쉬지 않고 하나님을 바라고 예배하는 것입니다.

호흡할 때마다 예수님을 기억하십시오.[68] 그렇게 하면 정적의 가치를 이해할 것입니다.

이기심이 순종하며 사는 수도사를 멸망하게 합니다. 그러나 독수도사를 망하게 하는 것은 기도를 중지하는 것입니다.

만일 손님들이 당신의 수실을 찾아왔다고 해서 당신이 기뻐한다면, 당신은 자신이 낙담으로부터 오는 휴가가 아니라 하나님에게서 오는 휴가를 누리고 있음을 깨달아야 합니다. 그러므로 당신은 부당한 일을 당한 과부처럼 기도해야 하며(눅 18:1-8), 위대한 은수사 아르세니우스를 헤시키아의 본보기로 삼아야 합니다. 독수생활을 하면서 이 훌륭한 헤시카스트를 생각하십시오. 또 그가 좋은 편을 빼앗기지 않으려고 자기를 찾아오는 사람들을 어떻게 돌려보내곤 했는지 기억하십시오.

종종 마귀들은 돌아다니기를 좋아하는 어리석은 사람들을 부추겨 바르게 살고 있는 은둔자들을 찾아다니게 합니다.[69] 마귀들이 이렇게 행하는 것은 가능하다면 이러한 사람들을 통해서 그들을 방해하기 위해서입니다. 그러한 사람들을 조심하며, 경건한 행동에 의해서 그들의 기분을 상하게 하는 것에 대해 근심하지 마십시오. 실제로 이런 식으로 기분을 상하게 함으로써 그들로 하여

---

68) 예수님을 기억하는 것은 예수기도를 실천하는 배경이 된다. 이 문장은 예수기도를 의미한다.

69) 『사막 교부들의 금언』(The Sayings of the Desert Father, 은성출판사), 『사막 교부들의 삶』(The Lives of the Desert Fathers, 은성출판사) 중 아르세니우스 부분을 보라.

금 돌아다니는 일을 그만 두게 할 수도 있습니다. 그러나 갈급하여 물을 얻으려고 당신을 찾아오는 영혼들의 기분을 상하게 하는 실수를 범하지 않도록 조심하십시오. 매사에 신중해야 합니다.

특히 독수도사들이 실천하는 정적생활은 양심과 상식을 따라야 합니다. 만일 당신이 올바르게 경주를 한다면, 모든 행동과 말과 생각과 움직임이 주님의 뜻대로 행해진다면 주님이 실제로 그곳에 계시는 것 같은 영적 인식과 더불어 주님의 일이 이루어질 것입니다. 어떤 식으로든지 정적을 빼앗기는 사람은 아직 덕에 따라 생활하고 있지 않는 사람입니다.

수금으로 나의 오묘한 말과 내가 원하는 것을 설명할 것이며(시 49:4 참조), 그것은 나의 불완전한 판단과 일치할 것입니다. 나는 기도할 때 내 뜻을 하나님께 바치고 하나님에게서 보증을 끌어낼 것입니다.

믿음은 기도의 날개입니다. 만일 그것이 없다면, 나의 기도는 내 품으로 돌아올 것입니다. 믿음은 흔들림이 없는 영혼의 자세로서, 어떤 역경에도 흔들리지 않습니다. 하나님을 믿는다는 것은 하나님이 모든 일을 하실 수 있다고 생각하는 것이 아니라, 자신이 모든 것을 얻을 것이라고 신뢰하는 것입니다. 예수님의 오른편 십자가에 달린 강도가 증명한 것처럼, 믿음은 바라지 않던 것들을 가능하게 해주는 효과적인 원인입니다(눅 23:42-43). 믿음의 원천은 근면한 행위와 고결한 마음입니다. 전자는 믿음을 세워주고, 후자는 믿음이 지속되게 해줍니다. 믿음은 헤시카스트의 근원입니다. 믿지 않는 사람이 어떻게 정적을 실천할 수 있겠습니까?

감옥에 갇힌 사람은 재판관을 두려워하며, 수실에 앉아 있는 수도사는 하나님을 두려워합니다. 그러나 죄수가 법정에서 느끼는 두려움보다 수도사가 하나님의 심판대 앞에서 느끼는 두려움이 더 큽니다. 정적을 실천하려면 크게 두려워해야 합니다. 두려움은 낙담을 쫓아내는 데 가장 효과적입니다. 죄수는 판사가 감옥에 오는지 항상 경계하지만, 참 수도사는 죽음이 오는 것을 항상 경계합니다. 전자는 슬픔의 무게에 짓눌리며, 후자는 하염없는 눈물을 흘립니다.

인내의 지팡이를 손에 잡으십시오. 그리하면 개들이 뻔뻔스럽게 괴롭히지 않을 것입니다. 인내는 영혼을 짓누르지 않습니다. 인내는 방해를 받아도 동요하지 않습니다. 인내하는 수도사는 자기의 잘못을 승리로 변화시킨 사람, 나무랄 데 없는 일꾼입니다. 인내는 일상적인 고난의 공격에 경계선을 설정합니다. 인내는 핑계를 대지 않으며, 자아를 무시하지 않습니다. 일꾼에게는 음식보다 인내가 필요합니다. 인내는 면류관을 가져다 주지만, 음식은 멸망을 초래합니다. 인내하는 사람의 수실은 그의 무덤입니다. 그는 이 세상을 떠나기 전에 이미 죽은 사람입니다. 인내는 소망과 애통에서부터 오며, 이것들이 부족한 사람은 낙담의 노예가 됩니다.

그리스도의 군사는 멀리 있는 원수와 가까이 있는 원수를 공격하는 방법을 압니다. 때로는 싸워서 면류관을 얻고, 때로는 마지못해 싸워 불행을 당합니다. 우리 모두의 성품과 기질이 각기 다르기 때문에 획일적인 규칙을 세울 수는 없습니다.

서 있거나 걸어갈 때, 앉아 있거나 일어설 때, 기도하거나 잠잘 때 어느 때든 끊임없이 공격하는 영을 경계하십시오.

정적의 경주를 하는 사람은 항상 "내가 여호와를 항상 내 앞에 모심이여"(시 16:8)라는 말을 생각합니다. 그러나 천국의 떡덩이들 모두가 같은 모양을 가진 것은 아닙니다. 어떤 사람들은 "너희의 인내로 너희 영혼을 얻으리라"(눅 21:19), 어떤 사람은 "깨어 기도하라"(마 26:41), 어떤 사람은 "네 일을 밖에서 다스리며 밭에서 준비하고"(잠 24:27), 어떤 사람은 "내가 어려울 때에 나를 구원하셨도다"(시 116:6), 어떤 사람은 "현재의 고난은 장차 우리에게 나타날 영광과 비교할 수 없도다"(롬 8:18), 어떤 사람은 "내가 너희를 찢으리니 건질 자 없으리라"(시 50:22)를 끊임없이 숙고합니다. 모두가 경주하지만, 수고하지 않고 상을 받는 사람은 오직 한 사람입니다.

일부 진보한 사람은 깨어 있을 때뿐만 아니라 잠잘 때도 일합니다. 그러므로 어떤 사람들은 잠자는 동안에 자기에게 접근하는 마귀들을 멸시하며, 상상 속의 방탕한 여인들에게 순결을 권합니다. 그러나 이러한 현상을 앞질러 대비하고 경계하지 마십시오. 왜냐하면 정적의 조건은 근본적으로 단순하고 자유로운 것이기 때문입니다.

정적의 방과 탑을 쌓으려고 계획하는 사람은 먼저 앉아서 비용을 계산할 것입니다. 그는 기도로써 길을 더듬어 찾을 것입니다. 그는 자기 안에 그 임무를 완성하는 데 필요한 것이 있는지 곰곰이 생각할 것이며, 기초를 쌓은 뒤에 원수들의 조롱거리가 되거나 수고하는 사람들을 방해하지 않도록 조심할 것입니다(눅 14:28-30).

영혼 안에 있을 수 있는 달콤한 것을 주시하십시오. 그것은 잔인하고 교활한 마귀들이 조합해 놓은 것일 수도 있습니다.

밤에는 기도로 대부분의 시간을 보내고 남은 시간에는 시편을 찬송하십시오. 낮에는 가능한 한 밤의 기도와 찬송을 준비하십시오.

성경을 읽으면 정신에 빛과 평정이 임합니다. 말씀은 성령의 말씀으로서 읽는 사람들을 인도해 줍니다. 당신은 행하는 사람이 되어야 하므로, 행동하기 전에 성경을 읽으십시오(약 1:22 참조). 그 말씀을 실천하십시오. 그런 후에 더 이상 성경을 읽을 필요가 없을 것입니다. 책이 아닌 노동을 통해서 구원의 말씀의 조명을 받으려고 노력하십시오. 또 영적 능력을 얻기 전에 다양한 층의 의미를 가진 책[70]을 읽지 마십시오. 그런 책들은 의미가 모호하기 때문에 약한 사람들을 맹목적으로 만들 수 있습니다.

포도주의 풍미를 알려면 단 한 잔을 마시는 것으로 충분하듯이, 헤시카스트가 식별력이 있는 사람에게 준 한 마디 말은 그의 내면의 상태와 활동 전체를 드러내줄 수 있습니다.

자만심만큼 파괴적인 것은 없습니다. 그러므로 영혼의 눈은 항상 자만심을 경계해야 합니다.

수실 밖에서는 입을 조심하십시오. 자칫하면 한 순간에 많은 수고의 열매가 사라질 수 있습니다.

당신과 관계없는 것에 개입하지 마십시오. 호기심만큼 정적을 더럽히는 것은 없습니다.

손님들이 찾아오면, 그들의 몸과 영에 필요한 것을 제공하십시오. 만일 그들이 우리보다 더 지혜로운 사람이라면, 정적으로 우리의 지혜를 드러내십시오. 만일 그들이 우리와 같은 생활을 하는 형제들이라면, 적절히 그들과 대화의 문을 열어야 합니다. 가장 좋은 것은 모든 사람을 우리보다 윗사람이라고 여기는 것입니다.

나는 수련수사들이 공동 철야기도 시간에 힘든 일에 참여하는 것을 금하고 싶었습니다. 그러나 밤새도록 외투 속에 모래를 담고 다니는 수도사 때문에 그렇게 하지 못했습니다.[71]

---

70) 풍유적인 책들을 의미한다. 그러한 책의 참된 의미를 통찰하려면 영적 분별이 필요하다.

71) 팔라몬(Palamon)은 젊은 파코미우스로 하여금 철야기도 시간에 깨어 있게 하기 위해서 이런

교리는 피조된 것이 아닌 거룩한 삼위일체에 대해 말합니다. 여기에 찬송 받으실 삼위일체의 세 위격들 중 한 분의 섭리적 성육신에 대한 말과 다른 것이 있습니다. 삼위일체 안에서 복수인 것이 성육하신 그리스도 안에서는 단수입니다. 삼위일체 안에서는 단수인 것이 그리스도 안에서는 복수입니다.[72] 마찬가지로 정적의 길에 적절한 수행이 있고, 순종하며 사는 사람들에게 적절한 수행이 있습니다.

사도 바울은 "누가 주의 마음을 알았느냐?"라고 말했습니다(롬 11:34). 나는 "육체적으로나 영적으로 헤시카스트가 된 사람의 마음을 누가 알았느냐?"라고 말하렵니다.

왕의 권세는 부와 많은 신하들로 이루어집니다. 헤시카스트의 능력은 풍성한 기도로 이루어집니다.

식으로 훈련했다. 그러나 실제로 그들은 모래 바구니를 운반했다: Pachomius, *Vita Prima*, § 6; Rosweyde, *Vita Patrum*, p. 115. 은성출판사의 『파코미우스의 생애』(엄성옥 역)를 참조하라.

72) 삼위일체 안의 세 위격은 본질상 하나이며, 그리스도 안에 있는 한 위격은 두 본성을 갖는다.

스물여덟 번째 계단

기도

    기도는 본질적으로 인간과 하나님의 대화요 결합입니다. 그것은 세상을 결속시키는 결과를 낳습니다. 그것은 하나님과의 화목을 이룹니다.

    기도는 눈물의 원천이요 결과입니다. 그것은 죄의 속죄요, 시험을 건너는 다리요, 고통을 막는 방벽입니다. 기도는 갈등을 씻어냅니다. 그것은 천사들의 일이요, 모든 영적 존재들의 양식입니다. 기도는 장래의 기쁨이요, 끝없는 활동이요, 덕의 원천이요, 은혜의 근원이요, 은밀한 발전이요, 영혼의 양식이요, 정신의 조명이요, 낙심을 잘라내는 도끼요, 증명된 희망이요, 제거된 슬픔입니다. 그것은 수도사의 재산이요, 독수도사의 보물이요, 소멸된 분노입니다. 그것은 발전의 거울이요, 성공의 증거요, 우리의 상태를 보여주는 증거요, 계시된 미래요, 영광의 상징입니다. 진심으로 기도하는 사람들의 기도는 법정이요, 주님의 재판정이며, 장래의 심판에 선행하는 것입니다.

    거룩한 덕의 여왕이 큰 소리로 "수고하고 무거운 짐진 자들아 다 내게로 오라 내가 너희를 쉬게 하리라. 나의 멍에를 메고 내게 배우라 그리하면 너희 마음이 쉼을 얻고(마 11:28-29), 상처에 바를 향유를 얻으리라. 나의 멍에는 쉽고, 큰 죄를 낫게 할 치료약이라"고 말하는 소리에 주목하십시오.

왕이신 하나님 앞에 서서 함께 이야기하려면 서둘지 말고 준비해야 합니다. 우리가 옷을 제대로 입지 않고 무기도 없이 오는 것을 멀리서 보실 때 왕은 종들에게 우리를 잡아서 쫓아내고 우리의 청원서를 찢어 우리 앞에 던져버리라고 명령하실 것입니다.

주님 앞에 나아가는 영혼은 더 이상 기억되지 않는 악들의 실로 짠 옷을 입어야 합니다. 그렇지 않으면 우리 기도가 소용이 없을 것입니다.

단순하게 기도하십시오. 세리와 탕자는 간단하게 기도함으로써 하나님과 화해했습니다.

모든 사람들이 동일한 태도로 기도하지만, 기도의 종류는 여러 가지입니다. 어떤 사람은 친구나 스승을 대하듯이 하나님을 대하며 이야기하고, 하나님을 찬양하며 자기 자신이 아니라 이웃을 위해서 하나님께 요청합니다. 어떤 사람은 기도할 때 보다 큰 영적 보물과 영광, 보다 큰 확신을 구합니다. 어떤 사람은 원수에게서 완전히 해방되게 해달라고 애원합니다. 어떤 사람은 지위를 구하고, 어떤 사람은 빚의 탕감을 구합니다. 어떤 사람은 자기에게 가해진 비난을 제거해 달라고 기도합니다.

그러나 우리는 기도할 때 우선 진심에서 우러나서 감사해야 합니다. 그 다음에는 죄고백과 영혼의 참된 통회가 이루어져야 합니다. 그 다음에는 우리가 원하는 것을 우주의 왕께 요구해야 합니다. 이 기도 방법은 천사가 어느 형제에게 말해준 것으로서 가장 좋은 기도입니다.

만일 당신이 판사 앞에 출두한 경험이 있다면, 그것을 기도할 때 행동하는 방법의 본보기로 사용해도 좋을 것입니다. 법정에 서거나 반대심문을 당한 경험이 없다면, 환자들이 수술을 받기 전에 의사에게 하소연하는 방법에서 힌트를 얻으십시오.

기도할 때 말을 지나치게 많이 하려 하면, 적절한 단어를 찾으려다가 정신이 산만해지기 쉽습니다. 세리의 한 마디, 예수님의 십자가 오른편에 달린 강도의 한마디가 하나님을 회유했습니다. 수다스러운 기도는 정신을 산만하게 하고 미혹시킵니다. 반면에 간결한 기도[73]는 정신집중을 강화해 줍니다.

기도할 때 어떤 단어가 우리의 내면에 즐거움이나 양심의 가책을 일으킨다면, 얼마 동안 그 단어로 기도하십시오. 그 순간에 우리의 수호천사가 우리와 함께 기도할 것입니다.

아무리 순결한 사람이라도 하나님과의 관계에서 주제넘게 행동해서는 안 됩니다. 지극히 겸손하게 하나님께 나아가면, 한층 더 큰 담대함이 우리에게 주어질 것입니다. 혹시 덕의 사다리를 완전히 올라갔다고 해도, 여전히 죄 사함을 얻기 위해 기도하십시오. "죄인 중에 내가 괴수니라"(딤전 1:15)는 바울의 말에 주목하십시오.

소금과 기름은 음식에 첨가하는 조미료이며, 순결과 눈물은 기도에 날개를 달아줍니다.

만일 우리가 온유와 노염으로부터의 자유라는 옷을 입는다면, 사로잡혀 있는 정신을 어렵지 않게 해방시킬 수 있을 것입니다.

참된 기도를 획득하지 않는 한, 우리는 어린아이에게 걸음마를 가르치는 사람과 같을 것입니다.

정신을 들어 올리거나 기도의 표현 안에 담으려고 노력하십시오. 정신이 어린아이처럼 지쳐서 비틀거리면, 다시 일으켜 세우십시오. 정신은 본래 불안정하지만, 전능하신 하나님은 정신을 견고히 인내하게 해주실 수 있습니다. 그

---

[73] 헬라어로 *monologia*, 즉 다양한 내용을 가진 짧은 기도.

러므로 인내하면서 이렇게 행하면 피곤하지 않을 것입니다. 정신의 바다에 경계를 정하신 분이 기도하는 당신에게 오셔서 "네가 여기까지 오고 더 넘어가지 못하리라"고 말씀하실 것입니다(욥 38:11). 성령은 구속을 받지 않지만, 그분이 발견되는 곳에서는 만물이 영을 지으신 분께 복종합니다.

당신이 태양이신 하나님을 본 적이 있다면, 적절한 방식으로 그분과 대화할 수 있을 것입니다. 그러나 그분을 본 적이 없는데 어떻게 그 분에게 말을 할 수 있겠습니까?

기도의 출발점은 처음부터 하나의 생각에 의해[74] 분심거리들을 쫓아내는 것입니다. 중간 단계는 기도하면서 하는 말과 생각에 집중하는 것입니다. 마지막 단계는 주님 안에 있는 큰 기쁨입니다.

공동체 안에서 사는 사람에게 주는 기도의 기쁨과 정적생활을 하면서 기도하는 사람에게 주는 기도의 기쁨은 다릅니다. 종종 전자의 특징은 의기양양함이며, 후자에게서는 항상 겸손이 발견됩니다.

정신을 조심해서 훈련하여 방황하지 않게 만든다면, 식사할 때도 정신은 우리 곁에 머물 것입니다. 그러나 정신이 거리낌 없이 돌아다니도록 허락한다면, 결코 정신을 우리 곁에 두지 못할 것입니다. 크고 고귀한 기도를 실천한 바울은 "깨달은 마음으로 다섯 마디 말을 하는 편"을 택하겠다고 말합니다(고전 14:19). 그러나 어린아이같이 미숙한 영혼들은 이런 종류의 기도에 익숙하지 않으며, 우리는 불완전하기 때문에 기도할 때 양질良質의 말뿐만 아니라 많은 양의 말도 필요합니다. 후자는 전자를 위해 길을 마련합니다.

기도의 손상, 기도의 사라짐, 기도의 약탈, 그리고 기도의 더러움에는 차이

---

74) 이것은 "짧은 기도를 반복함에 의해서"라는 의미이다.

점이 있습니다. 우리가 빗나간 것들이 들끓는 정신 상태로 하나님 앞에 설 때 기도가 손상됩니다. 우리가 무익한 염려에 빠질 때 기도가 사라집니다. 의식하지 못하는 사이에 우리의 생각들이 빗나갈 때 기도가 강탈당합니다. 우리가 어떤 모양으로든 마귀의 공격을 받을 때 우리의 기도는 더럽혀집니다.

기도하는 시간에 홀로 있지 않으려면, 내면적으로 기도하는 태도를 형성해야 합니다. 만일 칭찬의 종들이 우리와 동석하지 않는다면, 우리가 공개적으로 기도하는 사람의 모습을 취할 수도 있습니다. 연약한 사람들의 정신은 종종 육신에 순응하기 때문입니다.

모든 사람에게 철저한 통회가 필요하지만, 특히 죄 사함을 얻기 위해서 왕 앞에 나온 사람들에게 필요합니다. 우리는 아직 감옥에 있는 동안, 베드로처럼 순종의 옷을 입고 자신의 소원을 버리고 주님의 뜻을 구하고 기도하면서 주님께 가까이 가라고 말한 사람의 말에 귀를 기울여야 합니다(행 12:8 참조). 그렇게 하면 우리 영혼의 키를 잡고 안전하게 안내해 주시는 하나님을 영접할 것입니다.

세상에 대한 사랑과 쾌락에 대한 사랑에서 벗어나십시오. 염려를 버리고, 정신을 벗어버리고, 육신을 부인하십시오. 기도란 눈에 보이는 세상과 보이지 않는 세상을 외면하는 것입니다. 나는 하늘나라에서 무엇을 소유합니까? 아무것도 소유하지 않습니다. 내가 이 세상에서 당신 외에 무엇을 갈망했습니까? 분심하지 않고 기도하면서 항상 당신에게 매달리는 것 외에 갈망하는 것이 없습니다. 어떤 사람은 재산을, 어떤 사람은 영광을, 어떤 사람은 부를 즐기지만, 내가 원하는 것은 하나님께 매달리며 하나님 안에 내 무정념의 소망을 두는 것입니다(시 73:25, 28 참조).

믿음은 기도에 날개를 달아줍니다. 날개가 없는 사람은 하늘나라로 날아갈 수 없습니다.

정념에 휩쓸린 사람들은 쉬지 않고 주님께 기도해야 합니다. 정념에 휩싸인 모든 사람들이 정념에서 무정념으로 나아갔습니다.

비록 재판장이 하나님을 두려워하지 않아도, 영혼이 죄에 의해 하나님에게서 멀어지고 타락에 의해 하나님을 어지럽게 했기 때문에, 하나님은 영혼의 원수인 육신, 그리고 영혼에게 전쟁을 선포하는 영들에게 보복하실 것입니다(눅 18:1-7 참조).

선하신 우리의 구속자는 우리가 부탁하는 것을 속히 허락하심으로써 감사하는 사람들을 자신의 사랑에게로 끌어당기십니다. 그러나 감사하지 않는 영혼들은 오랫동안 하나님 앞에서 기도하며 원하는 것을 갈망하도록 내버려 두십니다. 왜냐하면 제대로 훈련받지 못한 개에게 먹을 것을 주면 주인을 버려두고 서둘러 달려가 버리기 때문입니다.

오래 기도한 후에 아무것도 얻지 못했다는 말을 하지 마십시오. 왜냐하면 당신은 이미 무엇인가를 얻었기 때문입니다. 주님께 매달리며 주님과의 연합 안에서 참고 견디는 것보다 더 고귀한 선이 무엇입니까?

죄수가 판결을 두려워하는 것을 열성적인 사람이 기도 시간을 갈망하는 것과 비교할 수 없습니다. 빈틈없고 현명한 사람은 이것을 기억할 것이며, 그렇기 때문에 책망, 노염, 불안, 염려, 고통, 포만, 유혹, 분심 등을 피할 수 있을 것입니다.

영혼 안에서 쉬지 않고 기도함으로써 정해진 기도 시간을 준비하십시오. 그렇게 하면 곧 진보할 것입니다. 탁월하게 순종하는 사람, 정신적으로 하나님을 계속 생각하려고 노력하는 사람들이 정신을 완전히 지배하며 서서 기도할 때 하염없이 눈물 흘리는 것을 나는 보았습니다. 거룩한 순종으로 말미암아 그렇게 할 준비가 되어 있었기 때문입니다.

회중 안에서 시편 찬송을 하는 것이 우리를 방해하고 분심을 일으킬 수 있습니다. 독수도사에게는 이런 일이 발생하지 않습니다. 그러나 독수도사는 낙담의 공격을 받을 수 있고, 공동체 안에서 살 때는 열심 있는 형제들의 도움을 받을 수 있습니다.

전쟁은 왕에 대한 군인의 충성을 드러내 줍니다. 기도의 실천과 기도하는 시간은 하나님을 향한 수도사의 사랑을 나타내 줍니다. 우리의 기도는 우리가 서 있는 위치를 보여줍니다. 신학자들은 기도를 수도사의 거울이라고 말합니다.

하던 일을 기도 시간에도 계속하는 사람은 마귀들의 조롱거리가 됩니다. 왜냐하면 이 도둑들의 목표는 우리의 기도 시간을 조금씩 도둑질하는 것이기 때문입니다.

비록 우리에게 기도의 은사가 부족하더라도 다른 사람의 영혼을 위해 기도해 달라는 부탁을 거절하지 마십시오. 종종 기도를 부탁하는 사람의 믿음이 부탁받은 사람을 구원하는 회개를 일으킬 수 있기 때문입니다. 다른 사람을 위해 드린 기도의 응답을 받았다고 해서 자만하지 마십시오. 기도의 응답에 효과적으로 작용한 것은 상대방의 믿음이기 때문입니다.

교사들은 아동들이 학습한 것을 살피기 위해서 매일 시험을 치릅니다. 우리가 하나님에게서 받은 능력을 생각하려면, 우리가 드리는 모든 기도에 대한 평가가 있어야 합니다. 맑은 정신으로 기도한 후에는 곧 원수들이 목표로 하는 나쁜 성질의 발작에 대비해야 합니다.

우리가 행하는 모든 고결한 행위들 중에서 특히 기도는 신중하게 드려야 합니다. 노염을 극복한 영혼은 신중하게 기도합니다.

끈질기게 오래 기도하여 얻은 것은 헛되이 사라지지 않습니다.

주님을 발견한 사람은 기도할 때 말을 사용하지 않습니다. 왜냐하면 성령께서 친히 말할 수 없는 탄식으로 그를 위해 기도해 주실 것이기 때문입니다(롬 8:26 참조).

기도하는 동안 감각적인 환상이 떠오르면 확실히 분심될 것입니다.

기도하는 동안에 구하는 것을 얻을 것이라는 확신이 나타날 것입니다. 확신은 의심의 부재이며, 불확실한 것들의 증명입니다.

기도에 관심을 가진 사람은 자비로워야 합니다. 자비를 베푼 자는 그보다 백배나 큰 보상을 받을 것이며, 내세에서 다른 모든 것을 받을 것입니다.

마음에 들어와 거하는 불은 기도를 소생시킵니다. 기도가 소생하여 하늘로 올라가면, 불의 후손이 영혼의 다락방을 차지합니다.

어떤 사람은 죽음을 기억하는 것보다 기도가 낫다고 주장합니다. 그러나 나는 한 위격 안에 있는 두 본성을 찬양합니다.[75]

훌륭한 말은 사람을 태우면 힘을 내어 속도를 내어 달립니다. 시편 찬송은 속도요, 단호한 정신은 말입니다. 그것은 멀리서 전쟁을 감지하고 대비하며 현장을 주도합니다.

목마른 사람이 마시는 물을 빼앗는 것은 좋지 않은 일입니다. 가책을 느끼며 기도하는 영혼이 갈망해온 기도를 마치기도 전에 그에게서 기도를 빼앗는 것은 한층 더 좋지 않습니다.

하나님의 은혜에 의해서 불과 물이 소진되지 않는 한[76] 기도를 멈추지 마십

---

75) 기도와 죽음을 기억하는 것(사랑과 두려움)은 그리스도 안에 있는 신성 및 인성과 유사한 통일체를 형성한다

76) 즉, 뜨거움과 눈물이 남아 있는 한.

시오. 자칫하면 평생 죄 사함을 요청할 수 있는 기회를 갖지 못할 수도 있기 때문입니다.

기도의 맛을 아는 사람이라도 부주의한 한 마디 말로 정신을 더럽힐 수 있으며, 그렇게 되면 그는 기도할 때 자신이 원하는 것을 얻지 못할 것입니다.

정규적으로 마음을 감시하는 것과 정신에 의해서 마음을 지키는 것은 각기 다른 일입니다. 왜냐하면 정신은 그리스도께 영적 제물들 드리는 대제사장이요 통치자이기 때문입니다. 하늘나라의 거룩한 불은 아직 정화되지 않아 감시받는 마음을 붙잡아 태웁니다. 이것은 신학자라는 호칭을 부여받은 사람의 말입니다.[77] 그러나 정신에 의해 지켜지는 마음은 그것이 이룬 완전함에 비례하여 조명됩니다. 그것은 소멸시키는 불이라고 불리는 것(히 12:29), 비추는 빛(요 1:9)과 동일한 것입니다. 이런 까닭에 어떤 사람은 기도를 마친 후에 마치 뜨거운 용광로에서 나오듯 모든 물질적 더러움이 제거된 것처럼 됩니다. 또 어떤 사람들은 빛이 가득하고 겸손과 기쁨의 옷을 입은 사람처럼 됩니다. 이러한 결과들 중 어느 것도 경험하지 못하는 사람들은 영적으로 기도한 것이 아니라 육적으로 기도한 사람들입니다.

한 사람이 다른 사람과 접촉하면 그의 행동이 변화됩니다. 그러므로 무죄한 손으로 하나님의 몸을 만진 사람에게 변화가 없을 수 없습니다.[78]

지극히 선하신 왕은 때때로 일부 세상의 군주처럼 친히 군사들에게 어떤 때는 친구나 종을 통해서, 어떤 때는 은밀한 방법으로 선물을 나누어 주시는데, 그것은 각 사람이 입은 겸손의 옷에 비례할 것입니다.

---

77) St. Gregory of Nazianzus: cf. *Or.* 21, 2 (*PG* 35, 1084D).

78) 즉, 성찬에 참여하여 그리스도의 몸을 받은 사람은 변화되지 않을 수 없다.

세상의 왕 앞에 서 있는 사람이 고개를 돌려 왕의 원수들에게 말을 건다면, 왕은 불쾌하게 여길 것입니다. 마찬가지로 기도하는 사람이 더러운 생각을 향한다면 주님이 불쾌하게 여기실 것입니다. 그러므로 만일 개가 끈질기게 다가온다면 막대기로 때려 쫓아내며 결코 그것에게 굴복하지 말아야 합니다.

눈물로 구하고 순종함으로 찾고 인내하면서 문을 두드리십시오. "구하는 이마다 받을 것이요 찾는 이가 찾아낼 것이요 두드리는 이에게는 열릴 것입니다"(마 7:8).

기도할 때 이성異性을 위해서 지나치게 많은 것을 구하지 마십시오. 원수가 무방비 상태에 있는 우리를 공격할 수도 있습니다.

자신의 육욕적인 행동을 상세히 고백하겠다고 고집하지 마십시오. 자칫하면 당신 자신을 배반할 수 있습니다.

기도 시간에 자신에게 필요한 것이나 영적 임무에 관해 생각하다 보면, 더 좋은 것을 잃어버릴 수 있습니다(눅 10:42 참조).

기도의 지팡이를 잡은 사람은 넘어지지 않을 것입니다. 기도는 경건하게 하나님을 조르는 것이므로(눅 18:5), 혹시 넘어져도 치명적인 상처를 입지는 않을 것입니다.

교회에서 예배하는 동안에 마귀들이 우리를 공격하는 방법을 근거로 기도의 가치를 추측할 수 있고, 원수에 대한 승리로부터 기도의 열매를 추론할 수 있습니다. "내 원수가 나를 이기지 못하오니 주께서 나를 기뻐하시는 줄을 내가 알았나이다"(시 41:11). 시편 기자는 "여호와여 내가 전심으로 부르짖었사오니"(시 119:145)라고 소리칩니다. 그는 몸과 혼과 영혼을 언급하고 있으며, 혼과 몸이 모인 곳에 하나님이 계십니다(마 18:20 참조).

우리가 육체적으로나 영적으로 모두 동일한 것은 아닙니다. 어떤 사람은 빠르게 시편을 찬송함으로써 유익을 얻고, 어떤 사람은 느리게 시편을 찬송함으로써 유익을 얻습니다. 전자는 분심을 대적하여 싸우며, 후자는 무지를 대적합니다.

만일 당신이 원수들과 관련하여 항상 왕이신 하나님과 대화한다면, 원수들이 공격할 때마다 용기를 내십시오. 곧 원수들이 저절로 항복하기 때문에, 당신은 오래 싸울 필요가 없을 것입니다. 이 불경한 것들은 당신이 기도를 통해서 그것들과 싸워 이기고 면류관을 얻을까 두려워할 것입니다. 또 기도의 채찍을 맞으면 마치 불을 피하듯이 도망칠 것입니다.

항상 담대하십시오. 그러면 하나님께서 당신에게 기도를 가르쳐 주실 것입니다.

누군가에게서 보는 방법을 듣는다고 해서 보는 방법을 배울 수는 없습니다. 우리에게 선천적으로 시력이 있어야 합니다. 마찬가지로 사람들의 가르침을 통해서 기도의 아름다움을 발견할 수는 없습니다. "지식으로 사람을 교훈하시는"(시 94:10) 하나님이 기도를 가르치는 특별한 교사가 되십니다. 하나님은 기도하는 사람에게 기도를 주시며, 의인의 삶을 축복하십니다.

스물아홉 번째 계단
무정념

우리는 이 세상에서 무지의 깊은 구덩이, 몸의 어두운 정념들, 사망의 그늘에 빠져 있으면서도 천국이라는 주제를 장황하게 다루고 있습니다.

별들이 하늘을 장식하듯 덕은 무정념을 아름답게 만들어 줍니다. 무정념이란 마음 안에 있는 정신의 천국을 의미하며, 그것은 마귀들의 술책을 비열한 농담으로 간주합니다. 육체에서 부패함을 완전히 씻어버린 사람, 정신을 모든 피조물 너머로 들어 올리고 모든 감각의 주인으로 만든 사람, 영혼을 끊임없이 주님 앞에 거하게 하며 힘껏 주님에게 손을 내미는 사람이 무정념의 사람입니다. 무정념이 몸의 부활에 선행하는 영혼의 부활이라고 주장하려는 사람들이 있고, 또 그것이 하나님에 대한 완전한 지식으로서 그것을 능가하는 것은 천사들의 지식뿐이라고 주장하려는 사람들도 있습니다.

무정념은 완전한 자들의 완성되지 않은 완전입니다. 이것은 내가 무정념을 맛본 사람에게서 들은 말입니다. 그것은 정신을 거룩하게 하고 물질적인 것들로부터 떼어냅니다. 그렇기 때문에 이 거룩한 항구에 들어온 사람은 세상에서 사는 동안 대체로 천국에 있는 사람처럼 큰 기쁨을 느끼며, 하나님을 관상하게 됩니다. 이것을 경험한 사람은 "하나님은 온 땅의 왕이심이라 지혜의 시로 찬송할지어다"(시 47:7)라고 말합니다. 사람들과 함께 두 손을 들고 오랫동안 기도한 이집트 사람[79]도 그러한 사람이었습니다.

무정념한 사람이 있고, 무정념한 사람들보다 더 무정념한 사람이 있습니다.[80] 전자는 악을 미워할 것이며, 후자는 다함 없는 덕을 소유할 것입니다. 또 순결을 무정념이라고 말하기도 합니다. 왜냐하면 그것은 일반 부활 및 썩어질 것의 썩지 않음을 미리 맛보는 것이기 때문입니다. 어느 무정념한 사람은 자신이 주님의 마음을 가졌다고 말했습니다(고전 2:16). 자신이 주님을 두려워하지 않는다고 말한 이집트 사람[81]도 무정념한 사람입니다. 또 자기의 정념들이 돌아올 수도 있다고 기도한 사람도 무정념한 사람입니다.[82] 시리아의 에프렘만큼 다가오는 영광에 앞서 많은 무정념을 받은 사람은 없을 것입니다. 가장 영광스러운 선지자 다윗은 "주는 나를 용서하사 내가 떠나 없어지기 전에 나의 건강을 회복시키소서"라고 말하지만(시 39:13), 시리아의 에프렘은 "당신의 은혜의 물결로부터 나를 구해 주십시오"라고 외칩니다.

정념에 사로잡힌 영혼이 쾌락에 빠지듯이, 무정념한 영혼은 덕에 빠집니다.

배가 고프지 않은데도 음식을 먹는 것이 탐식의 절정이라면, 배고픈 사람의

---

79) 『사막교부들의 금언』(The Sayings of the Desert Fathers, 은성출판사), Abba Tithoes를 참조하라.

80) 고전 주석(Scholion 3, 1153B)에 의하면, 무정념한 사람은 사물에 애착하지 않는 사람이요, 무정념한 사람들보다 더 무정념한 사람은 사물에 대한 기억조차도 초월한 사람이다.

81) 『사막교부들의 금언』(The Sayings of the Desert Fathers, 은성출판사), 대 안토니를 참조하라.

82) 『사막교부들의 금언』(The Sayings of the Desert Fathers, 은성출판사), 난장이 요한 편을 참조하라.

당연한 본성의 충동마저 억제하는 것은 절제의 절정입니다. 동물들과 무생물에 대해서까지 사납게 날뛰는 것이 색욕의 절정이라면, 모든 사람을 생물처럼 대하는 것은 순결의 절정입니다. 만족을 모르고 모아들이는 것이 탐욕의 궁극적인 단계라면, 자신의 몸까지도 기꺼이 나누어주려 하는 것은 가난의 궁극적 단계입니다. 완전한 평화 안에 살면서도 인내하지 않는 것이 낙담의 최종 단계라면, 고통의 한복판에서도 안식한다고 생각하는 것이 인내의 마지막 지점입니다. 독거하면서도 격분하는 것을 진노의 바다라고 말한다면, 비방하는 사람이 앞에 있든지 없든지 항상 평정을 잃지 않는 것은 오래 참음의 바다라고 할 수 있습니다. 칭찬해주는 사람이 없을 때도 잘난 체하는 것이 허영의 절정이라면, 면전에서 칭찬을 받으면서도 생각을 제어하는 것은 허영이 없다는 확실한 증거입니다. 초라한 옷을 입고서도 오만한 것, 즉 교만이 멸망의 상징이라면, 고결한 행위와 큰 성공을 거두고서도 겸손히 생각하는 것은 겸손의 상징입니다. 마귀들이 우리 안에 뿌려놓은 것에 신속하게 복종하는 것은 정념에 완전히 사로잡혀 있다는 증거입니다. 한편 거룩한 무정념의 표식은 "사악한 마음이 내게서 떠날 것이니 악한 일을 내가 알지 아니하리로다"(시 101:4), "나는 악한 자가 오는 이유와 시간을 알지 못하며, 또 어떻게 떠나가는지도 알지 못합니다. 나는 완전히 하나님과 연합했으며 앞으로도 영원히 연합할 것이므로, 그러한 일은 전혀 알지 못합니다"라고 말할 수 있는 것입니다.

생전에 이러한 사람이 될 자격이 있다고 여겨지는 사람의 내면에는 하나님이 거하시면서 그의 말과 행동과 생각을 인도해 주십니다. 내적 조명을 통해서 주님의 뜻이 그의 내면의 음성이 됩니다. 인간의 가르침들은 그보다 못하게 여겨집니다. 그는 "내가 어느 때에 나아가서 하나님의 얼굴을 뵈올까"(시 42:2)라고 말합니다. "나는 더 이상 사랑의 힘을 참고 견딜 수 없습니다. 내 육신이 태어나기 전에 당신이 주신 영원한 아름다움을 갈망합니다."

더 말할 필요가 없습니다. 무정념한 사람은 이제 그 자신이 사는 것이 아니라 그리스도께서 그 안에 살고 계십니다(갈 2:20). 이것은 선한 싸움을 싸우고 달려갈 길을 마치고 믿음을 지킨 사람의 말입니다(딤후 4:7 참조).

왕관은 한 종류의 보석으로 만들어지는 것이 아닙니다. 마찬가지로 만일 우리가 지극히 평범한 덕들 중 하나라도 소홀히 한다면, 무정념은 불완전한 것이 될 것입니다.

무정념을 하늘나라 궁전이라고 생각해 보십시오. 도시에 많은 집이 있듯이 그곳에 많은 집이 있다고 생각하십시오(요 14:2 참조). 죄 사함을 이 예루살렘을 방어해 주는 담이라고 생각하십시오. 우리는 이 궁전의 신방으로 달려 들어가야 합니다. 만일 과거에 보낸 세월이나 습관이 우리를 방해한다면, 그것은 큰 불행이 아닐 수 없습니다. 우리는 적어도 신방 가까이에 있는 집 중에 하나를 거처로 삼아야 합니다. 만일 우리가 약하거나 비틀거린다면 적어도 담 안에는 머물러야 합니다. 종말이 되기 전에 그곳에 도착하지 못한 사람, 즉 담을 넘지 못한 사람은 사막에서 야영해야 하기 때문입니다. 이것이 기도하는 사람이 "내 하나님을 의지하고 담을 뛰어넘나이다"(시 18:29)라고 말한 이유이며, 이사야가 "오직 너희 죄악이 너희와 너희 하나님 사이를 갈라 놓았다"(사 59:2)라고 말한 이유입니다.

우리는 이 막힌 담(엡 2:14 참조), 즉 우리가 불순종하여 세웠으며 우리에게 해가 된 담을 헐어야 합니다. 그곳에서 우리 죄의 용서를 구해야 합니다. 왜냐하면 지옥에는 우리를 용서해 줄 수 있는 분이 없기 때문입니다. 경건한 사람들의 목록에 우리 이름이 기록되어 있으므로, 우리는 이 일에 헌신해야 합니다. "타락", "시간이 없다", "짐" 등에 대한 말을 하지 말아야 합니다. 세례 받을 때에 주님을 받아들인 모든 사람에게 "하나님의 자녀가 되는 권세"가 주어졌습니다(요 1:12). 그분은 "너희는 가만히 있어 내가 하나님 됨을(시 46:10), 그리고 무정념 됨을 알라"고 말씀하십니다. 지금부터 영원히 하나님을 찬양하십시오.

복된 무정념은 가난한 정신을 땅에서 하늘로 끌어올려 주고 정념의 거름더미에 앉아있는 거지를 들어 올려 줍니다. 그리고 사랑은 그를 왕자들, 즉 거룩한 천사들과 하나님의 백성의 방백들과 함께 앉힙니다(시 113:7-8).

서른 번째 계단

믿음과 소망과 사랑

　이제 마지막으로 모든 것을 결합하고 확고하게 해주는 연합인 믿음과 소망과 사랑에 대해서 말할 단계입니다. 사랑은 하나님 자신의 이름이므로(요일 4:8 참조) "그 중에 제일은 사랑입니다"(고전 13:13). 그것들은 하나는 광선이요, 하나는 빛이요, 하나는 원반처럼 보이며,[83] 세 가지 모두가 하나의 광채를 이루는 것처럼 보입니다. 믿음은 만물을 만들고 창조할 수 있습니다. 하나님의 자비는 소망을 둘러싸며 혼란으로부터 보호해 주십니다. 사랑은 결코 떨어지지 않고 중도에 정지하지 않으며, 그것의 황홀함에 의해서 상처받은 사람을 쉬도록 내버려두지 않습니다.

　사랑에 대해서 말하려는 사람은 하나님에 대해서 말하기 시작합니다. 그러나 하나님에 대해서 말하는 것은 위험한 일이며, 경솔한 사람이 하나님에 대해서 말하는 것은 한층 더 위험합니다. 천사들은 사랑에 대해서 말하는 방법을 알지만, 자기들의 내면에 있는 빛에 비례하여 말합니다.

　하나님은 사랑이십니다(요일 4:8). 그러나 이것을 정의하려는 것은 바다의

---

83) 이것은 삼위일체의 통일성을 표현하기 위해서 교부들이 흔히 사용하는 이미지이다.

모래를 세려는 것처럼 무모한 일입니다.

 본질상 사랑은 인간적으로 가능한 한도까지 하나님을 닮는 것입니다. 그 활동에 있어서, 사랑은 영혼의 취한 상태입니다. 그것의 특징은 믿음의 샘, 인내의 심연, 겸손의 바다입니다.

 사랑은 악을 생각하지 않으므로, 모든 종류의 모순을 배척합니다.

 사랑과 무정념과 양자 결연은 명칭으로만 구분됩니다. 빛과 불과 불길이 결합하여 하나의 행동을 만듭니다. 사랑과 무정념과 양자 결연도 그렇습니다.

 사랑이 떠나면 두려움이 나타납니다. 그러므로 두려움이 없는 사람은 사랑이 가득한 사람이거나 영이 죽은 사람입니다.

 하나님에 대한 갈망, 두려움, 관심, 열심, 봉사, 사랑 등을 인간적으로 유추하는 것은 잘못이 아닙니다. 서로 사랑하는 연인처럼 하나님을 사랑하고 동경하는 사람은 운이 좋은 사람입니다. 피소되어 재판관 앞에 선 사람처럼 하나님을 두려워하는 사람은 운이 좋은 사람입니다. 충실한 종이 그 주인에게 열심을 나타내듯이, 하나님께 열심을 나타내는 사람은 운이 좋은 사람입니다. 질투하는 남편이 아내를 감시하듯이 덕에 관심을 갖는 사람은 운이 좋은 사람입니다. 왕 앞에 선 신하처럼 하나님 앞에서 기도하는 사람은 운이 좋은 사람입니다. 사람을 기쁘게 하려고 노력하듯이 하나님을 기쁘시게 하려고 끝없이 노력하는 사람은 운이 좋은 사람입니다.

 젖먹이 아기가 어머니에게 매달리는 것을 사랑의 아들이 항상 주님께 매달리는 것과 비교할 수 없습니다.

 사랑에 빠진 사람은 정신의 눈앞에 연인의 얼굴을 두고 부드럽게 포옹합니다. 그는 심지어 잠자는 동안에도 연인에게 속삭이며, 연인을 향한 갈망이 가라앉지 않고 계속됩니다. 이러한 현상은 육체에도 나타나고 영혼에도 나타납니다. 사랑의 상처를 입은 사람은 자신에 대해서 "내가 (본성의 명령 때문에) 잘지라도 마음은 (내 사랑의 풍성함 때문에) 깨었다"(아 5:2)라고 말해야 합니다. 사슴, 즉 영혼은 뱀들을 죽이며, 화살에 맞은 것처럼 사랑의 불이 타오르면 하나님의 사랑을 갈망하여 기절합니다.

배고픔의 영향이 항상 분명한 것은 아니지만, 갈증은 분명하고 뚜렷한 결과를 나타냅니다. 갈증은 그 사람에게 열이 있음을 드러내 줍니다. 이런 까닭에 하나님을 갈망하는 사람은 "내 영혼이 하나님 곧 살아 계시는 하나님을 갈망한다"(시 42:2)라고 말해야 합니다.

사랑하는 사람의 모습을 볼 때 우리는 완전히 변화되어 염려를 버리고 즐거워하고 기뻐합니다. 하물며 깨끗한 영혼 안에 눈에 보이지 않게 거하러 오시는 주님의 얼굴을 볼 때 우리가 느끼는 기쁨이 얼마나 크겠습니까?

영혼의 깊은 곳에서 솟아나는 두려움이 더러움을 없애줍니다. 그렇기 때문에 성경에는 "내 육체가 주를 두려워함으로 떨며"라고 기록되어 있습니다(시 119:120).

거룩한 사랑은 무엇인가를 사로잡습니다. 이것이 "네가 내 마음을 빼앗았구나"(아 4:9)라는 말의 의미입니다. 그것은 사람들을 생기 있게 만들고 기뻐 날뛰게 합니다. 이와 관련하여 "내 마음이 그를 의지하여 도움을 얻었도다 그러므로 내 마음이 크게 기뻐하며"(시 28:7)라고 기록되었습니다. 마음이 즐거우면 얼굴이 기쁨으로 빛납니다. 하나님 사랑으로 넘쳐흐르는 사람의 몸에는 영혼의 광채, 즉 모세가 하나님을 대면하여 보았을 때 지녔던 것과 같은 광채가 드러납니다.

이 거룩한 상태를 획득한 사람은 종종 음식을 먹는 것도 망각합니다. 이는 반대되는 갈망이 식욕을 몰아냈기 때문입니다. 또 이런 사람들의 몸은 정념의 불을 꺼버리는 순결의 불에 의해 성화되고 썩지 않게 되었으므로 병에 걸리지 않습니다. 그들은 자기 앞에 차려진 음식을 아무런 즐거움이 없이 받는 듯합니다. 왜냐하면 지하수가 식물의 뿌리에 물을 공급해 주듯이, 천국의 불이 그들의 영혼을 부양해 주기 때문입니다.

두려움의 증가는 사랑의 출발점이요, 완전한 순결은 신학의 기초입니다.[84]

우리의 감각이 완전히 하나님과 연합되면, 신비하게도 하나님이 말씀하신 것이 분명해집니다. 이런 종류의 연합이 없이는 하나님에 대해 말하기 어렵습니다.

동일본질의 말씀[85]은 순결을 완성하며, 그분의 임재는 사망을 파괴합니다. 사망이 제거되면, 신성한 지식의 제자들이 조명을 받습니다. 주님의 말씀은 주님에게서 나온 것이기 때문에 영원히 순결합니다.

하나님을 알지 못하는 사람은 하나님에 대해 추측으로만 이야기합니다.

순결은 하나님에 대해 말할 수 있는 사람을 제자로 삼으며, 제자는 계속해서 삼위일체의 지식으로 나아갈 수 있습니다.

주님을 사랑하는 사람은 먼저 형제를 사랑한 사람입니다. 후자는 전자의 증거입니다. 이웃을 사랑하는 사람은 비방하는 사람을 용납하지 않을 것이며, 불을 피하듯이 그를 피할 것입니다. 주님을 사랑한다고 하면서 이웃에게 화를 내는 사람은 실제로 달리지 않으면서 달린다고 생각하는 사람과 같습니다.

---

84) 학문을 통해서 얻는 것이 아니라 경험을 통해서 얻는 신지식(神知識)을 말한다.

85) 또는 내주하시는 말씀.

소망은 사랑의 배후에 있는 능력입니다. 소망은 우리로 하여금 사랑의 상을 고대하게 만듭니다. 소망은 감추어진 풍성한 보물입니다. 그것은 우리를 위해 준비되어 있는 부의 보증입니다. 그것은 노동으로부터의 휴식, 사랑의 입구입니다. 그것은 낙심을 제거해 줍니다. 그것은 아직 현존하지 않는 것의 이미지입니다. 소망이 부족한 곳에서는 사랑도 부족합니다. 싸움은 소망의 속박을 받으며, 수고는 소망을 의지하며, 자비는 소망을 에워쌉니다. 소망을 가진 수도사는 낙담을 죽입니다. 소망은 주님의 선물을 받아본 경험에서 비롯됩니다. 그러한 경험이 없는 사람은 항상 의심할 것입니다. 소망은 노염에 의해 파괴됩니다. 그렇기 때문에 소망은 낙심하지 않으며, 성난 사람은 은혜를 받지 못합니다.

사랑은 예언과 기적을 줍니다. 그것은 깊은 조명이요, 솟아올라 목마른 영혼을 태우는 불의 샘입니다. 그것은 천사들의 상태요, 영원의 진보입니다.

모든 덕 중에 가장 아름다운 덕이여, 당신이 어디서 양들을 먹이는지, 어디서 한낮에 휴식을 취하는지 말해 주십시오(아 1:7 참조). 우리를 비추어 주고, 우리의 갈증을 해소시켜 주며, 우리를 인도하며 길을 보여주십시오. 우리는 당신에게로 날아오르기를 간절히 원합니다. 당신은 모든 것을 다스립니다. 당신은 내 영혼을 도취시켰습니다. 나는 당신의 불길을 억제할 수 없기 때문에 당신을 찬양하며 앞으로 나아갈 것입니다. "주께서 바다의 파도를 다스리시며 그 파도가 일어날 때에 잔잔하게 하시나이다 주께서 교만한 생각들을 부상당한 사람처럼 겸손하게 하시고 주의 원수를 주의 능력의 팔로 흩으셨고"(시 89:9–10 참조), 주를 사랑하는 사람들을 대적할 자가 없게 하셨습니다.

나는 당신이 사다리 위에 움직이지 않고 있는 것을 야곱이 어떻게 보았는지 알고 싶습니다(창 28:12 참조). 어떻게 사다리 위에 올라갔는지 말해 주십시오. 연인은 자기 마음의 사다리에 고정시킨 계단들을 어떤 방식으로, 어떤 법에 의해 결합했습니까? 그 계단들의 수효와 그것들을 올라가는 데 필요한 시간을 알고 싶습니다. 당신의 노력과 이상을 발견하신 분이 우리에게 안내자에 대하여 말씀하셨습니다. 그러나 그분은 그 이상은 말하려 하지 않았고, 말할 수도 없었습니다.

이 여왕(사랑)은 마치 천국에서 오는 듯이 내 영혼에게 이렇게 말했습니다: "내 사랑아, 네가 육체의 천박함에서 벗어나지 않는 한 내가 얼마나 아름다운지 알지 못할 것이다. 그러니 이 사다리에게서 덕들의 영적 연합에 대해 배워라. 나는 사다리 꼭대기에 있다. 어느 위대한 사람, 나를 잘 아는 사람은 '믿음, 소망, 사랑 이 세 가지는 항상 있을 것인데 그 중에 제일은 사랑이라'(고전 13:13)고 말했다."

요약과 권면

 형제들이여, 열심히 사다리를 올라가십시오. 올라가기로 결심하십시오. "오라 우리가 여호와의 산에 오르며 야곱의 하나님, 나의 발을 사슴과 같게 하사 나를 나의 높은 곳으로 다니게 하신 분(합 3:19)의 전에 이르자(사 2:3)"라는 말을 경청하십시오.
 "우리가 다 하나님의 아들을 믿는 것과 아는 일에 하나가 되어 온전한 사람을 이루어 그리스도의 장성한 분량이 충만한 데까지 이르리니"(엡 4:13)라고 말한 사람과 함께 달리십시오. 그리스도는 세상에서 삼십 세 때 세례를 받으시고, 영적 사다리의 서른 번째 계단에 오르셨습니다. 이는 하나님은 사랑이시기 때문입니다. 하나님께 주권과 권세와 찬송을 돌리십시오. 하나님 안에 모든 선한 것의 원인 · 과거 · 현재 · 미래가 영원히 있습니다. 아멘.